班组安全 100 丛书

矿山企业班组安全生产事故分析精编

"班组安全 100 丛书"编委会　组织编写

中国劳动社会保障出版社

图书在版编目（CIP）数据

矿山企业班组安全生产事故分析精编/“班组安全 100 丛书”编委会组织编写. -- 北京：中国劳动社会保障出版社，2020
（班组安全 100 丛书）
ISBN 978-7-5167-4485-7

Ⅰ. ①矿⋯ Ⅱ. ①班⋯ Ⅲ. ①矿山企业-生产小组-安全事故-事故分析 Ⅳ. ①F407. 166

中国版本图书馆 CIP 数据核字（2020）第 113440 号

中国劳动社会保障出版社出版发行
（北京市惠新东街 1 号　邮政编码：100029）
*
北京市艺辉印刷有限公司印刷装订　新华书店经销
880 毫米×1230 毫米　32 开本　9. 375 印张　219 千字
2020 年 7 月第 1 版　2020 年 7 月第 1 次印刷
定价：28. 00 元

读者服务部电话：（010）64929211/84209101/64921644
营销中心电话：（010）64962347
出版社网址：http://www.class.com.cn

“班组安全100丛书”编委会

内容简介

矿山企业地质条件复杂，灾害类型多，特别是煤矿井下员工，在进行生产作业活动过程中，容易遭受顶板、瓦斯、机电、运输、爆破、火灾、水害及其他事故造成的人身伤害，还容易引发职业病。因此，矿山企业需要坚持“安全第一、预防为主、综合治理”的方针，强化安全基础管理，建立长效机制，加强对员工的宣传教育和技术培训，增强员工的安全意识，促使员工从“要我安全”向“我要安全”转变。而学习事故案例、吸取事故教训，对于增强员工安全意识，促使员工转变安全观念具有十分重要的作用。

本书对煤矿常见多发的瓦斯爆炸事故、煤与瓦斯突出事故、火灾事故、透水事故、顶板事故、运输事故、煤矿其他常见事故以及铁矿、铜矿、金矿常见事故，选择近年来所发生的典型事故案例，按照事故基本情况、事故经过、事故原因、事故教训和整改措施、相关知识与管理借鉴的顺序，进行了详细讲解和细致分析，是矿山企业特别是煤矿企业进行安全教育和技术培训的有效教材，也是班组安全学习的实用读本。

前言

随着科学技术的进步，工业化大生产应用于各行各业，机械、电子设备的广泛使用极大地提高了劳动生产率，也使工作环境日益得到改善。然而，工业化也带来了由于工作环境越来越复杂所产生的安全问题，要么不发生事故，要么会发生更加严重的事故。因此，生产方式的进步对作业人员安全意识的提高和安全习惯的养成提出了更高的要求。

俗话说“安全不安全，自己管一半”。有些伤害是操作者本人引发的事故造成的，有些伤害是他人引发的事故造成的。因此，管住自己违章的“手”，就能有效地减少事故的发生，在减少由此给自己带来伤害的同时，也减少对别人的伤害。如果每个人都能做到这一点，事故的发生率就会大大降低。另外，如果掌握了先进的安全科技知识和应急避害技能，即使遇到了事故，人们也能有效地采取合理的措施，减少甚至避免伤害的发生。从这个角度讲，“安全不安全，自己管一半”可以改为“安全不安全，自己说了算”。

大量事实表明，许多刚参加工作的人员非常重视工作技能的学习，但却忽视了安全知识的掌握，非得经历一次事故才能真正明白安全生产的重要性。但是，一次安全生产事故有可能导致非常严重的后果，甚至使人遗憾终身。因此，企业一定要贯彻“安全第一、预防为主、综合治理”的方针，督促员工学习先进的安全生产科技知识和技能，养成遵章守纪、不自作主张的良好习惯，确保安全生产，从而保障企业、员工的切身利益。

“班组安全 100 丛书”以案例的形式，从事故预防的角度教育企业负责人和作业人员，从以往发生的事故案例中吸取教训，从而提高安全生产意识，以免重蹈事故伤害的覆辙。

“班组安全 100 丛书”共有十三个分册，分别是：

《班组安全管理经验和方法精编》《违章违纪与操作失误事故分析精编》《危险作业现场隐患事故分析精编》《设备设施潜在隐患事故分析精编》《生产班组亲历事故教训精编》《机械制造企业班组安全生产事故分析精编》《冶金企业班组安全生产事故分析精编》《矿山企业班组安全生产事故分析精编》《道路交通运输企业班组安全生产事故分析精编》《化工企业班组安全生产事故分析精编》《建筑企业班组安全生产事故分析精编》《企业负责人安全生产责任分析与事故预防精编》《企业管理人员安全生产责任分析与事故预防精编》。

丛书案例均选自真实发生的生产事故，有的还来自当事人的自述，按照企业培训和员工自学的使用要求进行分类，经过精心编排，具有很重要的参考意义，适合企业对员工的安全生产培训，有助于员工安全生产意识的提高。

编者

2020 年 3 月

目录

CONTENTS

五、煤矿顶板事故/130

六、煤矿运输事故/174

七、煤矿其他常见事故/207

一、煤矿瓦斯爆炸事故

矿井瓦斯是伴随煤炭生成的一种气体，是井下以甲烷为主的有毒、有害气体的总称，有时单独指甲烷。空气中瓦斯含量过高时，氧浓度降低会使人窒息。条件具备时，瓦斯可燃烧、爆炸，是矿井五大自然灾害（煤尘、火灾、水灾、顶板、瓦斯）之一。瓦斯灾害的治理是矿井生产的一项重要任务。

矿井瓦斯无色无味，人体感官很难鉴别空气中是否有瓦斯存在，因此，检测瓦斯时必须使用专门的检测仪器。瓦斯比空气轻，所以易在高处积聚。瓦斯难溶于水，但如果煤层中有较大的含水裂隙或流动的地下水通过，经过漫长的地质年代，可从煤层中带走大量瓦斯，降低煤层中的瓦斯含量。瓦斯的扩散能力很强。生产中若有瓦斯从某一地点向外涌出，瓦斯就能很快在巷道中扩散。瓦斯与空气混合达到一定浓度后遇火能发生爆炸（或燃烧），这就是瓦斯爆炸事故。

瓦斯爆炸是煤矿生产中最严重的灾害之一，每年都因此造成大量的人员伤亡和财产损失。1942 年 4 月 26 日辽宁本溪煤矿发生的瓦斯煤尘爆炸事故，死亡 1 549 人，伤 146 人，成为世界煤矿开采历史上最大的伤亡事故。中华人民共和国成立以来，我国发生一次死亡百人以上的瓦斯爆炸事故 22 起，其中铜川矿务局发生过 2 起死亡百人以上的瓦斯爆炸事故，1975 年 5 月 11 日焦坪煤矿前卫斜井瓦斯爆炸死亡 101 人，2004 年陈家山煤矿瓦斯爆炸死亡 166 人。近年来，瓦斯爆炸事故虽已逐渐减少，但还未完全杜绝。为此，掌握防止瓦斯爆炸的措施，极为重要。

1. 某煤矿采空区大面积空顶瓦斯积聚重大爆炸事故

2014 年 6 月 3 日 16 时 58 分，重庆市某矿业公司（本案例中简称矿业公司）某煤矿发生重大瓦斯爆炸事故，造成 22 人死亡、7 人受伤，直接经济损失 1 654. 59 万元。

（1）企业基本情况

1）企业相关情况。矿业公司成立于 1957 年 11 月，2003 年破产重组改制为国有股份制企业。事故煤矿位于重庆市万盛经济技术开发区丛林镇，始建于 1958 年，1959 年 12 月投产，矿井设计生产能力 45 万 t/a，2006 年核定生产能力 33 万 t/a，有职工 1 218 人。该矿持有采矿许可证、煤矿安全生产许可证、工商营业执照、矿长安全资格证，属证照齐全的合法生产矿井。

2）煤矿开采现状。事故煤矿有 3 个采煤工作面和 8 个掘进工作面。矿井采用走向长壁采煤法和伪斜柔性掩护支架采煤法，放炮或风镐落煤；两翼对角抽出式通风，采用双回路供电，6 kV 高压入井，井下设中央变电所、采区变电所、采区石门配电点；地面建有一套瓦斯永久抽放系统。矿井有监测监控、人员定位、通信联络、紧急避险、压风自救、供水施救“六大系统”。

3）事故工作面情况。事故工作面位于矿井南翼六采区，工作面设计采用下行通风、均压防灭火技术、气雾阻化、风巷埋管注黄泥浆、进风巷增湿、监测监控、定期取样分析等措施，但实际未严格实施。事故发生前掩护支架背局部无垫层，采空区无喷雾，无注氮，未做板墙。风巷、机巷和工作面安装了 3 台甲烷传感器和 1 台一氧化碳传感器；机巷石门进风流安设了 2 台 2×11 kW 局部通风机，对采空区进行均压。事故发生时采煤工作面正常生产。

（2）事故经过和救援情况

2014 年 6 月 3 日 14 时，事故当班全矿 185 人入井，其中事故工作面 29 人。16 时 58 分，发生瓦斯爆炸事故，机巷皮带输送机司机杨某某和风巷瓦斯检查工陈某某分别向矿调度室报告，矿调度室立即向矿领导和矿业公司报告，并组织井下 156 人安全出井。

事故发生后，重庆市人民政府立即启动应急预案，在现场应急处置指挥部的统一领导下，展开抢险救援工作。同时，现场应急处置指挥部调集矿业公司救护大队及所属各煤矿救护中队立即赶到现场，开展抢险救援。经抢救，至次日 6 时 25 分，22 名遇难人员遗体全部运出井，7 名受伤人员被送往当地医院医治，事故抢救工作结束。

（3）事故原因分析

1）直接原因。4406S2 段采煤工作面采空区漏风且大面积空顶，积聚大量瓦斯，达到爆炸浓度，遇火源引起瓦斯爆炸。

2）间接原因如下：

①采空区防止漏风措施执行不到位。工作面掩护支架平架上方未严格按该矿 4406S2 段采煤工作面采煤作业规程规定设置板墙，掩护支架背局部垫层的厚度未达到规定的 1 m，向采空区漏风增大。

②工作面采空区未按该矿 4406S2 段采煤工作面强制放顶安全技术措施规定布置炮眼放顶，增大了采空区瓦斯积聚的空间。上隅角采空区放炮的随意性大，工作面已采 70 m，按规定应放炮 50 次，实际调度记录放炮 7 次。放顶炮眼深度规定为 1.6～1.8 m，实际深度为

1. 3～1. 4 m。规定炮眼排距 1. 4 m，间距 0. 3 m；实际炮眼排距 2. 1 m，间距 0. 4 m。规定仰角为 26°～30°，与煤层走向夹角 30°；实际仰角 15°左右，与煤层走向夹角大约 15°。

③防灭火措施落实不到位。未按 4406S2 段采煤工作面防灭火安全技术措施规定每班实施气雾阻化，实际只实施了 4 次气雾阻化，向上隅角采空区撒盐 9 次；规定的喷雾量为 1 550 kg，实际喷雾量为 600 kg；未实施采空区注浆辅助防灭火措施。

④煤矿安全管理不到位。煤矿未认真开展事故隐患排查，对强制放顶、防采空区漏风、防灭火措施现场落实差等问题未及时发现和整改；工作面 5 月 21 日后的初采期未按规定安排科室人员跟班。事故当班 185 名入井人员中有 79 人的人员定位识别卡使用不正常，造成人数清理困难。

⑤煤矿安全教育培训不力。煤矿未按应急救援预案开展应急演练；煤矿职工未随身携带自救器，自救、互救意识差。

⑥矿业公司安全生产监督检查不力。在事故工作面尚未安装注浆设施、一氧化碳传感器数量不足的情况下，仍通过投产验收，审核把关不严；开展“一通三防”等安全检查工作不力，未能及时发现并督促整改事故工作面存在的事故隐患。

（4）事故教训和整改措施

这起事故，经调查认定，是一起责任事故。对这起事故，应积极吸取教训，做好事故预防工作。

1）切实加强采空区顶板管理，严格执行强制放顶措施。强制放顶炮眼数量、深度、方位角和组距等应符合安全措施规定，并按计划实施装药、放炮，防止采空区大面积空顶。

2）切实加强通风设施管理，确保矿井通风系统、工作面通风有效、可靠。加强对矿井通风设施维护检查，防突工作面必须采用专用回风巷回风，并严禁在专用回风巷作业。严格执行防灭火规定，严防采空区煤炭自燃，切实从气样采集、分析化验、预警指标等方面加强采空区自燃发火监测分析。加强对工作面采空区防漏风设施和工作面掩护支架垫层厚度的监督检查，严格控制采空区漏风。

3）切实加强现场管理，严格执行“四不生产”原则。切实加大煤矿事故隐患整改力度。认真执行煤矿事故隐患排查、治理和报告制度，对排查出的事故隐患，要严格按照“五定”要求落实整改责任，及时消除事故隐患。严格执行安全生产规章制度，严肃查处“三违”行为。

4）切实加强安全培训，提高职工安全综合素质。加强安全生产法制教育，提高安全生产法制意识。加强应急知识培训，认真组织开展应急演练，提高职工井下安全生产自救、互救能力。

（5）相关知识与管理借鉴

这起事故之后，事故煤矿的矿长和总工程师因明知事故工作面未采取防灭火注浆措施仍强行组织生产，煤矿安全管理不到位，未认真组织开展事故隐患排查治理，对这起事故的发生负主要责任，涉嫌重大责任事故罪，被移交公安机关依法处理。

瓦斯事故重在预防。为了有效地预防瓦斯爆炸事故的发生，在煤矿生产过程中，要防止瓦斯积聚，应重点做好以下工作：

1）加强通风。加强通风是防止瓦斯积聚的重要手段，为此，生产中要做好以下通风管理工作：

①矿井必须有完整的独立通风系统。进、回风巷必须贯穿整个采区，严禁一段为进风巷、一段为回风巷。

②采、掘工作面应实行独立通风。若同一采区内，同一煤层上下相连的两个同一风路中的采煤工作面、采煤工作面与其相连接的掘进工作面、相邻的两个掘进工作面，布置独立通风有困难时，在采取措

施后，可采用串联通风，但串联通风的次数不得超过1次。必须在进入被串联工作面的风流中装设甲烷断电仪，其瓦斯和二氧化碳浓度都必须小于0.5%。

③开采有瓦斯喷出或有煤（岩）与瓦斯（二氧化碳）突出危险的煤层时，严禁任何两个工作面之间串联通风。

④有煤（岩）与瓦斯（二氧化碳）突出危险的采煤工作面不得采用下行通风。

⑤临时停工的地点，不得停风；否则必须切断电源，设置栅栏和警示标志，禁止人员入内。

⑥严禁在停风或瓦斯超限的区域内作业。

2）及时处理局部积聚的瓦斯。井下容易积聚瓦斯的地点主要有采煤工作面的上隅角、冒顶空洞内、低风速巷道的上顶、停风的盲巷、采空区边界处以及截槽中等。处理局部积聚的瓦斯，是矿井日常瓦斯管理工作的重要内容。其处理措施主要是采取有效手段提高瓦斯积聚地点的风速，增大风量，以稀释和排除瓦斯。常用的处理方法如下：

①采煤工作面上隅角局部积聚瓦斯的处理，可采用风障引导风流法、水力引射器处理法、尾巷排放法、沿空留巷排除法、充填置换法等。

②巷道冒落空间局部积聚瓦斯的处理方法主要是导风板引风法。

3）加强瓦斯检查。做好瓦斯检查工作，是及时了解瓦斯涌出情况和及早发现局部瓦斯积聚的唯一手段。因此，瓦斯检查工作只能加强，不能松懈，应做到以下几点：

①瓦斯检查工必须按规定的巡回检查路线进行检查，并按《煤矿安全规程》（国家安全生产监督管理总局令第87号）规定，低瓦斯矿井每班至少检查2次，高瓦斯矿井每班至少检查3次，严禁空班漏检和假检。安装瓦斯监控系统的矿井，要发挥其连续监控的作用，

现场人员要正确使用和维护好瓦斯传感器。

②当采掘工作面及其他作业地点风流中的瓦斯浓度达到1%时，必须停止用电钻打眼。爆破地点附近20 m以内风流中瓦斯浓度达到1%时，严禁爆破。

③当采掘工作面及其他作业地点风流中、电动机或其开关安设地点附近20 m以内风流中的瓦斯浓度达到1.5%时，必须停止工作，切断电源，撤出人员，进行处理。

④采区回风巷、采掘工作面回风巷风流中瓦斯浓度超过1%时，必须停止工作，撤出人员，采取措施，进行处理。

⑤采掘工作面及其他巷道内，体积大于0.5 m^3的空间内积聚的瓦斯浓度达到2%时，附近20 m内必须停止工作，撤出人员，切断电源，进行处理。

4）杜绝引爆火源的产生。杜绝引爆火源，是防止瓦斯爆炸的根本性措施。因此，井下生产的各个环节都要做好防范工作，切不可麻痹大意、违章操作，更不可存有侥幸心理。要牢固树立“安全第一”思想，提高安全生产意识。井下引起瓦斯爆炸的火源主要有井下使用电气焊、电流短路产生的电弧、电气火花、井下爆破火焰、井下吸烟、撞击火花和摩擦生热等。

2. 某煤矿通风能力不足瓦斯积聚违章放炮引发爆炸事故

2014年8月19日3时56分，安徽省淮南市谢家集区某煤矿非法越界区域发生重大瓦斯爆炸事故，造成27人死亡、1人受伤，直接经济损失4 511万元。

（1）企业基本情况

1）企业相关情况。事故煤矿位于安徽省淮南市谢家集区望峰岗镇境内，1996年5月建矿，1997年12月投产，设计生产能力3万t/a，开采D、E组煤层。该矿设安监科、技术科、调度监控室、通风队、机运队、采煤队、掘进队和巷修队，在册职工211人。该矿营业执照、采矿许可证、安全生产许可证、矿长安全资格证齐全有效。

2）矿井情况。事故煤矿2013年瓦斯等级鉴定为瓦斯矿井，绝对瓦斯涌出量1.01 m^3/min，相对瓦斯涌出量6.61 m^3/t；水文地质条件为简单型，正常涌水量0.5 m^3/h，最大涌水量4.0 m^3/h。

该矿矿井安装KJ70N型安全监控系统，并与淮南市煤炭管理局（安监局）监控中心联网，安装有甲烷传感器、一氧化碳传感器、风速传感器、温度传感器、烟雾传感器、负压传感器、风门开关传感器等。此外，在混合立井上口和清理斜巷2号密闭墙前安装摄像头，并与淮南市煤炭管理局（安监局）视频监控系统联网。

（2）事故经过和救援情况

2014年8月18日20时40分，生产副矿长和总工程师主持召开夜班调度会。随后，掘进副矿长刘某某到采煤队召开班前会，安排采煤队在-530 m C13回煤工作面作业，采用“以掘代采”的采煤方法。合法区域未安排采掘作业。放炮员陶某某领取10发雷管和20卷炸药。当班共安排39人下井作业（带班矿领导韩某某当班未下井，实际下井38人）。19日3时56分，-530 m C13回煤工作面放炮时发生瓦斯爆炸。

8月19日3时56分许，第4部皮带机司机突然听到“轰隆”一声，一股烟雾冲过来，他立即撤至-450 m绕道新鲜风流中，并电话向矿调度室报告。3时58分，调度室接报告后，立即报告矿领导。4时50分，安全副矿长韩某某电话报告矿长于某某；在外地的于某某于4时58分电话向淮南市煤炭管理局（安监局）报告；同时，事故煤矿调度室调度员电话向淮南市谢家集区煤炭管理局（安监局）报告。淮南市煤炭管理局（安监局）及谢家集区煤炭管理局（安监局）接报告后立即逐级上报。

19日6时25分，淮南市政府、安徽省政府接到事故报告后，立即启动事故应急预案，成立了省、市事故救援现场指挥部，调集附近救护大队开展事故抢险救援。经自救和救援，11人（含1名受伤的瓦斯检查工）安全升井；至8月26日0时50分，井下事故区域外围的6名遇难人员升井。

因事故区域巷道断面狭小、垮落严重，设备、材料阻塞巷道，瓦斯浓度一直在1%左右，且时常有煤炮声，救援工作十分困难。9月22日，指挥部决定终止遇难人员搜寻。10月8日，指挥部决定对事故煤矿闭坑封井，至10月12日井口密闭结束，21名遇难人员遗体遗留井下。

（3）事故原因分析

1）直接原因。事故区域煤层瓦斯含量高，没有进行瓦斯抽采；采用国家明令淘汰的“以掘代采”采煤方法；通风能力不足，利用局部通风机提供循环风；瓦斯积聚，违章放炮产生火源引起瓦斯爆炸。

2）间接原因。事故煤矿在生产过程中，存在着以下问题：

①非法越界开采。2010年9月至2014年8月19日事故发生，该矿非法越界开采长达近4年，开采C13煤层面积约0.27 km^2，开采煤量超20万t。

②蓄意隐瞒非法违法生产行为。通过开掘暗道，采取假图纸、假资料、假密闭、假视频监控、假人员定位，以及遮挡绞车天轮，及时转运非法生产的煤炭，设置暗哨等手段逃避监管。

③越界区域现场管理混乱，不具备基本的安全生产条件。一是通

风管理混乱。−530 m C13 回煤工作面未形成全风压通风系统；局部通风机未实现“三专两闭锁”，一台局部通风机同时向 2 个作业地点供风，利用局部通风机提供循环风，且随意停开。二是瓦斯管理混乱。未装设安全监控系统，出现煤与瓦斯突出预兆后没有采取针对性措施；违规对瓦斯浓度实行放限管理；工作面及其回风流瓦斯经常超限，不停产、不撤人；瓦斯检查不记录，不填写瓦斯日报和台账，班中检查不汇报，瓦斯检查工不现场交接班。三是爆破管理混乱。未编制爆破作业说明书；随意布置炮眼和确定填装药量，不使用水泡泥、坐底泥；未执行“一炮三检”和“三人连锁”放炮制度。四是技术管理混乱。无设计、无规程、无措施。五是未执行安全管理制度。未装设人员定位系统，带班矿领导经常不下井，事故当班带班矿领导未下井。

④违法储存、使用爆炸材料。2013 年 7 月 23 日以来，该矿私自启用被公安机关责令停止使用的非法爆炸材料存储点；淮南市防汛抗旱指挥部汛期小煤矿停产指令下达后，擅自启封封条并领取和使用爆炸材料。

（4）事故教训与整改措施

1）加强对煤炭行业发展、安全生产工作中重大问题的沟通协调并及时研究解决，形成煤矿安全监管工作合力；督促各职能部门深入基层，深入现场，做到严格执法、公正执法、廉洁执法，促进煤矿安全生产形势持续稳定好转。

2）切实落实各部门监管职责。煤矿安全监管部门要强化煤矿日常安全监督检查工作，加强对派驻煤矿安全监督员的管理，加大对煤矿非法违法生产行为的查处力度。公安部门要加强对煤矿爆炸材料的监管，严厉查处非法储存和使用爆炸材料的行为，并联合煤矿安全监管部门，根据矿井的实际生产能力，量化煤矿爆炸材料的需用量。

3）督促煤矿企业严格落实安全生产主体责任。地方各级人民政府和有关部门要针对这起事故暴露出的问题，督促煤矿企业认真学习贯彻相关法律、法规，自觉做到不超层越界开采，合理采掘布局，加强瓦斯管理，完善安全监控系统和人员定位系统；加强爆炸材料管理，严格执行煤矿爆炸材料领退、保管等制度和井下爆破作业规定，严格执行“一炮三检”和“三人连锁”放炮制度；严格技术管理，加强职工培训。

（5）相关知识与管理借鉴

瓦斯是无色无味的气体，难溶于水，不助燃也不能维持呼吸，达到一定浓度时，能使人因缺氧而窒息，并能发生燃烧或爆炸。由于瓦斯是与煤同时生成的，并存储于煤层和围岩之中，在煤炭开采的过程中，随着煤炭的开采瓦斯溢出，容易发生人员窒息死亡事故或者火灾、爆炸事故。

瓦斯爆炸事故的发生，主要源于瓦斯积聚超限的异常状态、引爆火源产生的异常状态，以及瓦斯、引爆火源、空气中氧气三者异常结合。因此，瓦斯爆炸需要同时具备三个条件：一是要有瓦斯源的存在，瓦斯浓度为5%~16%；二是要有引爆火源存在；三是要有足够的氧气参与爆炸反应，一般氧气浓度在11%以上。预防和控制瓦斯爆炸事故，首先应从认识和掌握瓦斯积聚超限和引爆火源产生的规律着手。

能够导致瓦斯积聚超限的原因如下：

1）瓦斯积聚超限来自自身的存在。例如，煤层中的瓦斯含量高，这样相对瓦斯涌出量就大；地质构造复杂，形成瓦斯窝；盲巷、采煤面上隅角、局部采空区等处瓦斯易积聚超限。

2）管理不善导致瓦斯积聚。例如，瓦斯抽放不好，抽放条件恶劣，抽放时间短，抽放量小以及开采程序、巷道布置、采掘方法不合理，均能导致瓦斯积聚超限。

3）通风不良导致瓦斯积聚超限。例如，通风系统不健全不合理；随意停开或停电停风；局部通风设置不合理，在串联风、循环风下作业；通风网络混乱，风门经常打开，造成风流短路，出现零点通风、倒流风等。

4）瓦斯检测失控。例如，瓦斯检测人员数量不足造成漏检或者失职未检，不能及时发现瓦斯积聚，因而不能及时排除瓦斯，导致瓦斯积聚超限。

在这起事故中，事故煤矿采取假图纸、假资料、假密闭墙、假视频监控、假人员定位以及开掘通往越界区域暗道等手段，蓄意隐瞒越界生产行为，逃避监管；对矿井通风、瓦斯和放炮管理混乱未采取措施；并采用明令禁止的“以掘代采”的非正规采煤方法组织生产；越界区域采掘作业不编制设计、作业规程和安全技术措施，如此混乱，导致发生事故就有其必然性。

3. 某煤业公司氧气和瓦斯浓度达到爆炸极限引发爆炸事故

2014 年 7 月 5 日 20 时 43 分，新疆生产建设兵团第六师某煤业有限责任公司（本案例中简称煤业公司）一号井+708 m 水平西翼中大槽煤层综采工作面顶板巷在锁风启封压缩板闭时发生一起重大瓦斯爆炸事故，事故共造成 17 人遇难、3 人受伤，直接经济损失 1 800 多万元。

（1）企业基本情况

1）企业相关情况。煤业公司下辖一号井、七号井，由公司直接管理一号井，2012 年 2 月起，由公司副总经理李某某兼任矿长。2005 年，一号井生产能力为 60 万 t/a，2010 年核定生产能力为

100 万 t/a。该矿采矿许可证、工商营业执照、安全生产许可证和矿长安全资格证等证照齐全，均在有效期内。

2）矿井工作面布置情况。井田内地质构造简单，井田可采和大部分可采煤层 5 层。矿井布置 3 个采煤工作面，708 工作面为此次事故工作面。该工作面采用全部垮落法顶板管理，走向长壁斜切分层综采放顶煤采煤工艺，运输巷沿煤层顶板布置，标高为+708 m，工作面上部为 735 工作面采空区。

（2）事故经过和救援情况

1）事故发生经过。2014 年 7 月 1 日，煤业公司总经理冉某、分管生产副总经理李某某、分管安全副总经理赵某某、总工程师及有关部门负责人召开了 735 和 708 采面接替和开拓掘进专题会议，对 735 和 708 采面接替及开拓掘进进行了研究。会议认为从 735 工作面启封时的检测气体指标看，所采取的注氮、灌浆等灭火措施距离火区较远，火区高温并未消除；708 工作面前方 735 工作面采空区可能存在火区，必须超前治理。会议决定对 708 顶板巷密闭墙进行压缩，在距工作面煤帮以东施工灭火措施巷，治理 708 工作面火区，同时超前处理上部 735 工作面采空区，确保 708 工作面启封后安全生产。同时，708 顶板巷的水抽完后，锁风启封原密闭墙，清理巷道，综掘二队配合在皮带机机尾处重新打密闭墙。

7 月 2 日，公司救护队尝试从 750 底板巷进入 708 工作面，因巷道积水严重，未能进入。

7 月 2 日 17 时，总经理冉某再一次主持召开了公司防灭火专题会议，安排救护队修订压缩方案，制定瓦斯排放安全措施。

7 月 2 日 17 时 36 分，公司救护队开始对 708 巷道断层处的积水进行抽排，至 7 月 4 日 3 时左右积水降到巷道顶板以下。

7 月 3 日，公司救护队修订的压缩方案和瓦斯排放安全措施经公司通风部、安监部有关负责人和分管安全副总经理、总工程师审核通过。

7 月 4 日 23 时至 7 月 5 日 1 时，公司组织救护队进行了封闭区锁风检查，在 708 工作面的上、中、下部采样点对氧气、瓦斯、一氧化碳、环境温度等进行了现场检测和取样，并对综采支架、高压管、电缆线等进行了现场观察记录。

7 月 5 日，总经理冉某、分管安全副总经理赵某某召集有关管理及技术人员召开了晨会，分管安全副总经理赵某某通报了 708 工作面情况和现场气体检测数据。晨会对相关情况进行了研究，决定对 708 顶板巷进行锁风启封压缩板闭。

7 月 5 日中班井下共安排 5 个作业地点，共入井 147 人。16 时救护队 13 人到达井口布置锁风启封压缩 708 顶板巷板密闭任务，综掘二队派 9 名工人配合运料和清理断层处的巷道。16 时 30 分，救护队到达 708 顶板巷原板闭处，留 2 名救护队队员管理锁风闭，其他队员进入封闭区施工新的板闭，救护队总工孙某某负责检测气体。救护队进入封闭区后，确定在距工作面 1. 8 m 处施工板闭墙，检测瓦斯浓度为 2%，无一氧化碳。完成第一道板闭后，留 2 名队员抹面，其他队员后退 1. 5 m 施工第二道板闭。救护队总工孙某某检测瓦斯浓度超过 2%，氧气很充足，要求大家抓紧干活儿，注意安全。20 时 31 分完成板闭施工任务，第一道板闭用时近 2 h，第二道板闭用时 1 个多小时。此时外面 2 道板闭锁风门已打开，2 道板闭均被拆掉 2 块板（长约 2 m，宽约 0. 3 m），风筒口距锁风闭约 3 m 远。

施工完后，救护队副队长田某某出去打电话汇报，其他队员收拾好工具撤离，其中救护队队员段某某负责收尾工作，正在与综掘二队副队长耿某商量建砖闭位置和运料事宜。此时救护队副队长田某某进来告诉段某某其妻子受伤，让他立即升井。段某某立即往外走，走出约 100 m 处遇到掘进队几人在清理淤泥、杂物，先前撤出的救护队队员也行至此处。段某某继续急行过断层积水正准备翻下皮带时，感觉到耳膜一鼓，听到一声闷响，随即被冲倒并前推 6~7 m。他反应过来时，感觉呼吸到高温气体，嗓子有灼烧感，右后耳有灼烧感觉，并闻到有头发烧焦的气味。

2）应急救援情况。20 时 43 分，矿井调度室监控系统显示 708 顶板巷临近区域气体波动，沿途气体、温度传感器断线，判断井下发生事故。值班调度员陈某某立即于 20 时 45 分通知煤业公司有关领导和救护队，并利用人员定位系统紧急呼叫井下人员撤离。22 时 17 分，井下除被困和入井搜救人员外全部撤离。

救护队 13 名指战员接警后立即赶到井口待命，21 时 16 分安监部部长谭某某带领第一组 6 名队员入井进行搜救，21 时 26 分分管生产副总经理李某某带领第二组 6 名队员入井支援搜救。救护队在搜救过程中发现第一名幸存者在断层积水段以东约 5 m 处；4 名遇难人员在 2 号上山处；2 名遇难人员在 2 号上山东面约 10 m 处；再往东不远处又发现第二名幸存者，在其附近发现 2 名遇难人员；在 2 名遇难人员东边不远处的皮带下发现第三名幸存者；在此往东约 10 m 处，发现 1 名遇难人员，未找到其他人员。至 7 月 5 日 23 时 50 分成功救出 3 名幸存人员，17 名人员遇难，所有入井搜救人员于 7 月 6 日 0 时 5 分全部升井。

7 月 7 日开始实施临时封闭，7 月 9 日完成。7 月 11 日开始施工防爆密闭墙，至 7 月 15 日早班对矿井西翼 708 工作面以上全部封闭，抢险救援工作暂告结束。

（3）事故原因分析

1）直接原因。该矿在 708 工作面密闭火区未熄灭的情况下，盲目决定缩小封闭范围。在违规打开原密闭、施工新密闭过程中，新鲜风流进入封闭区域，氧气和瓦斯浓度达到爆炸极限，遇采空区明火，发生瓦斯爆炸。

2）间接原因如下：

①煤业公司组织结构不清，职责不明。煤业公司和一号井实为一体，公司即是一号井，一号井又为公司，公司直接对一号井生产经营、安全生产等进行管理，原一号井副矿级领导干部和职能科室等行政机构撤销后，保留矿长职位，由分管生产的副总经理兼任，无决策权力，形同虚设。

②煤业公司技术管理不到位。一是没有以科学的态度和方法对矿井隐蔽致灾因素进行普查，特别是对矿井火区分布情况掌握不清、把握不准，没有采取有效措施对地面、井下采空区等火区进行有效治理。二是没有科学研究制定急倾斜特厚煤层、煤与瓦斯突出矿井安全开采技术方案，在火区下部区段进行开采未留设隔离煤柱，开采后垮落导致上下采区相通，下部开采区向上部采空区漏风，上部采空区火灾向下部开采区蔓延。三是以总工程师为首的技术管理体系不健全，安全、生产、通风等技术管理部门未认真履行“一通三防”技术管理职责，未对照《煤矿安全规程》（国家安全生产监督管理总局令第87号）对灾区基础资料进行认真分析，未严格按照《煤矿安全规程》（国家安全生产监督管理总局令第87号）有关规定对压缩方案审核把关。

③煤业公司火区管理不力。一是地面裂隙与井下相通导致向封闭的采空区漏风；水封巷道抽水后，通过板闭向封闭区严重漏风。二是未按《煤矿安全规程》（国家安全生产监督管理总局令第87号）规定在708工作面预先设置防火门。三是对采取的注浆、注氮措施效果以及相关检测数据是否满足防灭火需求未进行认真分析。

④煤业公司锁风启封方案不科学。制定的压缩方案章节不全，内

容不完善，无启封时井下或相关区域必须停电撤人的规定，未明确井下基地设置地点，设定的瓦斯超限撤人浓度不符合规定等。

⑤劳动（施工）组织混乱无序。一是在危险区域内施工密闭时，安排大量人员井下多地点平行作业，特别是在实施锁风启封区域时安排人员清理巷道，致使人员长期滞留在危险区域内。二是未严格按照《煤矿安全规程》（国家安全生产监督管理总局令第 87 号）和《矿山救护规程》（AQ 1008—2007）的相关规定进行火区处理。三是未向配合单位综掘二队提交 708 工作面锁风启封方案，未告知作业人员锁风启封作业的危险性。四是救护队在危险区域内作业时未按《矿山救护规程》（AQ 1008—2007）规定检测瓦斯、一氧化碳、氧气等气体浓度，在瓦斯浓度超过 2%且氧气充足的情况下未立即终止施工，撤出人员。

（4）事故教训和整改措施

1）要加强企业技术管理工作。技术管理工作要严谨、细致，以科学的态度和方法开展矿井隐蔽致灾因素普查治理工作，认真排查和治理井下采空区的火灾隐患，按规定采取有效的防灭火措施，并加以彻底治理。为决策层提供科学的依据，并严格遵守国家的相关法律、法规和《煤矿安全规程》（国家安全生产监督管理总局令第 87 号）的要求，严禁提供伪数据。

2）进一步加强井下采空区的防灭火管理。要摸清矿区火区情况，编制相应的防止自然发火技术措施，采取地面覆盖和井下预防性灌浆或全部充填、注阻化泥浆、注惰性气体等措施对采空区、冒落孔洞等空隙进行处理。要在作业规程中明确灌浆（注惰性气体）时间、灌浆（注惰性气体）量和防灭火效果检验手段。发现自然发火征兆时，必须停止作业，采取有效措施进行处理；在自然发火征兆得不到有效控制时，必须远距离封闭发火危险区域。进行封闭施工作业时，所有区域非救护队队员必须全部撤出。

3）进一步加强安全教育与培训，强化劳动（施工）组织管理，切实保障煤矿企业员工权益。煤矿企业要加强员工的安全培训工作，严格从事煤炭安全生产管理人员和特种作业人员的学历和资格审查工作，确保100%持证上岗，全员考试合格后上岗。尤其是要有针对性地开展新工人上岗前的安全培训工作，向作业人员如实告知作业场所和工作岗位存在的危险因素、防范措施以及事故应急措施，增强防范事故的能力；有针对性地开展防治煤与瓦斯突出的安全技术培训；要增强职工的安全意识和维权意识，严禁灾区救护队队员和工人平行作业。

4）进一步建立健全事故应急预案，科学处置井下各类灾害。加强矿山救护基地和救援队伍建设，熟练事故应急预案。煤矿进行灾害处置时，应认真分析灾区现状以及可能发生的危险，制定科学的应急处置方案。

（5）相关知识与管理借鉴

在这起事故中，负责煤矿生产经营和安全生产工作的公司总经理，到岗工作时间短，只有6个月时间，履职能力不足，做出错误的决定。在708工作面密闭火区未熄灭的情况下，盲目决定缩小封闭范围。在违规打开原密闭、施工新密闭过程中，新鲜风流进入封闭区域，氧气和瓦斯浓度达到爆炸极限，遇采空区明火，发生瓦斯爆炸。

这起重大瓦斯爆炸事故，暴露出该公司在开采工艺的选取、井下采空区和火区的封闭及启封等方面存在不少问题，为防止同类事故再次发生，应注意以下事项：

1）切实加强放顶煤开采的安全管理。有煤（岩）与瓦斯（二氧化碳）突出危险的煤层，严禁采用放顶煤开采。使用放顶煤开采的煤矿，要针对煤层开采技术条件和放顶煤开采工艺特点，必须对防瓦斯、防火及采放煤工艺、顶板支护、初采和工作面收尾等制定安全技术措施。

2）切实加强防灭火管理，严防煤层自然发火。开采容易自燃和自燃煤层的煤矿，必须确定本矿井煤层的自然发火预测预报指标气体，确定指标气体浓度、温度的预报临界值；同时必须建立自然发火早期预测预报监控系统，采取矿井监控系统、人工日常巡检和定期取样分析“三位一体”的综合监测方法，及时检测和发现气体浓度、温度变化情况。开采容易自燃和自燃煤层的煤矿，必须对采空区、冒落孔洞等空隙采取预防性灌浆或全部充填、注阻化泥浆、注惰性气体等措施，编制相应的技术措施，防止自然发火。当井下发现自然发火征兆时，必须停止作业，立即采取有效措施处理。在发火征兆不能得到有效控制时，必须撤出人员，远距离封闭发火危险区。进行封闭施工作业时，其他区域所有人员必须全部撤出。

3）切实加强火区封闭和启封管理。开采容易自燃和自燃煤层的煤矿，必须提前制定防止自然发火及一旦发火及时封闭的专项措施，并预先选定安全的位置构筑防火门，确保防火门能随时有效关闭。封闭火区时，构筑防火门的位置必须远离着火点，确保施工人员安全。井下封闭不能确保人员安全的，必须全矿井封闭。启封已熄灭的火区前，必须制定安全措施，撤出其他区域作业人员，并在确认安全后，方可进行生产作业。

4. 某煤矿电源漏电工作面区域停电瓦斯积聚爆炸事故

2014 年 11 月 27 日 3 时 52 分，贵州省六盘水市盘县松河乡某煤矿发生一起重大瓦斯爆炸事故，造成 11 人死亡、8 人受伤，直接经济损失 3 003.2 万元。

（1）企业基本情况

1）企业相关情况。事故煤矿隶属于贵州某投资有限公司（本案例中简称投资公司），位于贵州省盘县松河乡，为证（照）齐全、设计生产能力 30 万 t/a 的生产矿井，属煤与瓦斯突出矿井。投资公司下属共有 8 处煤矿，设计生产能力 216 万 t/a。

事故煤矿矿井范围内有可采煤层和局部可采煤层 15 层，事故发生在 17 号煤层，该煤层的原始瓦斯含量为 21.61 m^3/t。矿井采用斜井、平硐联合开拓，并列抽出式通风，矿井主井进风 2 252 m^3/min，副井进风 893 m^3/min，总回风量为 3 465 m^3/min。原煤采用刮板运输机及胶带输送机运输，设备材料用矿车及专用材料车运输。

2）越界和多面组织生产情况。事故发生时，煤矿实际布置有 4 个采煤工作面和 3 个掘进工作面，其中 2 个采煤工作面和 2 个掘进工作面均已超出矿界。事故煤矿采取采掘面不上图，相关的传感器数据不上传，在有关部门检查时，采用临时密闭、不上图等办法逃避监管；通过缩短井筒、压缩采空区比例等方式，使矿井“三图”（采掘工程平面图、通风系统图、井上井下对照图）上显示的作业区域不越界。

3）事故区域及事故点情况。事故发生在 1705 工作面改造巷，1705 采面下出口前方有一条落差 2.2 m 的斜交正断层，拟掘 1705 工作面改造巷避开断层。设计净断面为 6 m^2，梯形棚支护，采用炮掘工艺，刮板运输机运输。10 月 29 日开始施工，由 1705 采面运输巷开口掘进，至事故发生时已掘进 62 m（向上掘进 40 m 穿过断层后，沿断层向下掘进了 22 m）。开口掘进按设计要求采用炮掘，在穿过断层后因煤质松软改用风镐、手镐掘进。

（2）事故经过和救援情况

1）事故发生经过。2014 年 11 月 27 日 0 时，值班矿领导刘某某主持召开生产调度会，安排103人到1705采面及1705工作面改造巷等7个作业点作业，其中1705采面及1705工作面改造巷共27人。

凌晨1时30分左右，井下1705采面区域（即1705工作面改造巷、1705采面）停电。1705工作面改造巷当班6名支护工到达作业点发现1705工作面改造巷局部通风机停电，不能作业后升井；采煤队负责人和安全员到运输巷外面查找停电原因，此时在1705采面区域的人员为19人。此后，机电队队长带领3名电工检查停电原因，查明1703监控分站电源漏电，甩开分站电源后，约3时50分恢复送电。3时52分，发生瓦斯爆炸。

11月27日3时55分，1705采面瓦斯超限达4%，监控员彭某某向当班调度员缪某某报告瓦斯超限，缪某某打电话到井下询问，在了解到发生事故后，立即通知井下撤人。4时15分左右，矿长刘某某、松河乡副乡长严某及安监站站长黄某某、驻矿员刘某某接到瓦斯超限报警信息后，分别赶到矿调度室，在了解井下出事后，均未向相关部门报告，而是下井核实情况。5时30分左右，严某、黄某某、刘某某3人升井，并由矿总经理杨某某向县安监局分管股长顾某某和分管局长包某某报告事故。

2）应急救援情况。事故发生后，约4时10分，矿长刘某某、安全矿长何某某、总工程师邓某某及生产副矿长杨某某先后赶到矿调度室，要求立即落实停电撤人；何某某、邓某某及杨某某3人随即带着矿兼职救护人员下井救援。

救援人员在1705工作面改造巷开口处发现6名遇难人员，准备进入1705工作面改造巷时因瓦斯浓度过高，未能进入；于是通过开口处沿1705运输巷、采面、回风巷搜索，陆续发现4名遇难人员和9名伤员，并把伤员送到地面。此后，救援人员在井下其他巷道进行了搜索，未发现伤亡人员。

盘县救护队和盘江某救护大队接到事故报告后，分别于 7 时 30 分和 11 时 39 分入井侦察并参加抢险救援，盘江某救护大队搜索进入 1705 工作面改造巷，确定无伤亡人员，至此，确定事故造成 11 人死亡、8 人受伤。16 时 30 分，最后一名遇难人员被搬运出井，抢险救援结束。

（3）事故原因分析

1）直接原因。因井下监控分站电源漏电造成 1705 工作面区域停电，1705 工作面改造巷停风，瓦斯积聚；恢复送电后，采取“一风吹”的方式将 1705 工作面改造巷内积聚的高浓度瓦斯压出；误启动 1705 改造巷开口往里 4 m 位置闲置的风机，变形叶片运转产生摩擦火花，造成瓦斯爆炸。

2）间接原因如下：

①事故煤矿局部通风、机电管理混乱。一是 1705 工作面改造巷局部通风机未采用“三专两闭锁”供电，未实现“双风机双电源”，1705 采面区域停电后，1705 工作面改造巷局部通风机停电，瓦斯超限后不能实现瓦斯电闭锁。二是事故当班，1705 采面区域停电，未按规定将作业人员撤至安全区域。三是 1705 工作面改造巷掘进工作面与 1705 采面违反规定同时作业，未实现专用回风。四是停送电制度不落实，在未检查送电区域瓦斯的情况下，井下人员随意送电。

②事故煤矿安全监测监控系统弄虚作假。煤矿故意不上传 1705 工作面改造巷等隐瞒头面的甲烷传感器数据；且 1705 采面回风流的甲烷传感器用塑料袋包住，导致安全监测监控系统不能反映真实情况。

③事故煤矿蓄意隐瞒越界、多面非法组织生产。事故发生前，井下实际布置有 4 个采面和 3 个掘进工作面，其中，1705 采面、1202 采面下段及 3 个掘进工作面均处于矿界之外。该矿蓄意隐瞒非法生产

行为，采取部分采掘工作面不上图、不提供生产管理记录，有关部门检查时，采用临时密闭不上图的方式来逃避监管。并且图纸造假、图实严重不符，掩盖其越界非法生产行为。

④事故煤矿安全管理制度不落实。矿级领导带班下井制度不执行。煤矿企业负责人和生产经营管理人员未按规定轮流带班下井，安排6名专职人员代替“五职”矿长带班下井。

⑤投资公司安全管理不到位。未建立健全相应的管理制度，公司内设机构人员严重不足，未配备安全、机电、生产副总经理，公司安全监察部、生产技术部等业务部室只有1名负责人，无专业技术人员。同时投资公司对所属矿井监管不到位。未定期对所属煤矿安全生产状况进行检查，也未召开相应的安全生产专题会议；对所属煤矿的重大安全技术措施等未按规定审批，对所属煤矿违法违规行为失察。

（4）事故教训和整改措施

1）认真吸取事故教训。一是杜绝超层越界、多头多面及图实不符组织生产。二是真正做到井下瓦斯超限、停电等立即撤人。三是切实加强局部通风和机电管理，局部通风机供电要实现“三专两闭锁”和“双风机双电源”。四是加强矿井安全监测监控系统的管理，确保对井下瓦斯实现在线监控，数据真实、断电可靠、闭锁灵敏。

2）投资公司要全面进行整改。投资公司要建立健全安全管理机构，配齐安全管理和技术人员，健全完善安全制度体系，切实加强下属煤矿安全监督检查和安全技术管理。

3）深入开展打击超层越界非法生产专项行动。政府相关部门要立即对辖区内的煤矿井下是否存在超层越界进行全面清查，严防煤矿超层越界非法生产；要加强交换图管理工作，督促煤矿按规定绘制矿用图件，按期交换；安全监管部门日常监管检查发现煤矿存在图实不符的，要督促其整改到位，对涉嫌超层越界开采的，要及时移送相关部门立案查处。

（5）相关知识与管理借鉴

这起事故是一起十分典型的非法违法生产酿成的重大责任事故，事故暴露出以下突出问题：一是该矿无视法律，无视矿工生命，长期非法组织生产。二是未采取任何安全措施，冒险蛮干。三是事故发生后，矿方未及时报告，盲目组织施救，延误最佳救援时机，且对入井登记记录弄虚作假。四是未按照有关标准实施彻底关闭矿井，有关监管部门严重失职。

事故之后，当地政府为深刻吸取事故教训，切实加强煤矿安全生产工作，有效防范和坚决遏制煤矿重特大事故，促进煤矿安全生产形势持续稳定，提出要采取以下措施：

1）严厉打击非法违法生产和建设行为。要保持高压态势，强化“打非”责任，完善联合执法机制，明确“打非”重点，严厉打击非法违法生产建设行为。要以事故多发地区和新建、技术改造、整合重组煤矿为重点，抓住关键，实施有效打击，该停产整顿的要坚决停产整顿，该取缔的要坚决取缔，该关闭的要坚决关闭到位。特别是对已经确定列入关闭名单的矿井，要按照有关要求和标准关实、关死，不给非法生产可乘之机。

2）切实规范煤矿资源整合。要认真落实有关规定要求，对于资源整合方案中的所有煤矿和兼并重组方案中的被兼并煤矿，必须立即停止生产，由原颁证（照）机关依法吊（注）销或变更相关证（照）。整合主体煤矿要严格履行煤矿项目建设程序，按规定申请办理全部建设审批手续后方可建设。要对整合、技术改造矿井进行全面清理整顿，对整合、技术改造期间非法违法组织生产或发生重特大事故的矿井，要坚决依法予以关闭。

3）切实加强煤矿监管监察工作。要以强化企业安全生产主体责任为重点，突出抓好煤矿复工复产验收工作，按照“谁验收、谁签字、谁负责”的原则，严查煤矿图实是否相符，严格按复产验收的程序和标准做好相关工作。对重点地区、矿区，要组织救护队等专业队伍深入井下，认真排查“一通三防”等方面的重大事故隐患，并对井下特别是采区内的机电设备进行防爆专项检查；要有针对性地加强对停产整顿、整合、技术改造和拟关闭矿井的监督检查，有效防范和坚决遏制重特大事故发生。

5. 某煤矿局部停风瓦斯涌出违章点火吸烟引发爆炸事故

2014 年 11 月 12 日 4 时 55 分，重庆市奉节县某煤矿+649 m 回风斜井 444 m 处发生瓦斯爆炸事故，造成 3 人死亡，直接经济损失 333. 64 万元。

（1）企业基本情况

1）企业相关情况。事故煤矿位于奉节县汾河镇花栎村，持有采矿许可证、安全生产许可证、工商营业执照、矿长安全资格证，属证照齐全合法的资源整合建设矿井。

2）矿井开采条件。矿井开采 K1 煤层和 K4 煤层。矿井采用平硐及暗斜井开拓，设计 7 个井筒，即+629 m 主平硐、+524 m 副斜井、+639 m 二采区回风平硐、+649 m 三采区回风斜井、+849 m 四采区回风平硐、+910 m 五采区回风平硐、K4 煤层排矸斜井；采用分区通风方式；斜井采用串车提升，大巷采用机车运输，运输巷由人力推车；采用双回路供电；设有 2 套排水系统；+629 m 主平硐安装监控系统、通信联络系统；+649 m 回风斜井无安全避险“六大系统”。

3）事故地点情况。2014 年 8 月 22 日至 10 月 13 日期间，事故煤矿就+649 m 井口抽水工作方案上报。10 月 1 日至 6 日，事故井安装排水管，做排水准备工作。10 月 7 日，矿井开始每天 24 小时排水，至事故发生时已将距井口 300 m 处一条 100 多米的平巷和距井口 400 余米处一条 80 m 的平巷水全部抽干。斜井水位降至距井口 450 m 处。事故井口安装有 1 台 5. 5 kW 局部通风机。

（2）事故经过和救援情况

1）事故发生经过。2014 年 11 月 11 日 19 时，根据技安员刘某某的安排，李某某、侯某某、胡某 3 人入井进行排水作业。11 日 23 时，李某某从井下打电话给地面的绞车工张某某，通知其开启地面的局部通风机。12 日 4 时，李某某又从井下打电话通知张某某开绞车下放水泵。

12 日 4 时 56 分，张某某听到“砰”的声响，看到绞车房卷帘门被打破，井口有烟冒出，井口已被炸平。此时，烧水工李某某来到井口询问张某某，张某某回答：“瓦斯爆炸了”，并立即向刘某某电话报告了事故情况。技安员和公司法定代表人刘某某及时赶到事故现场，组织清理井口垮落砖石，随后接电线，安装局部通风机，核实了井下被困的 3 名人员；及时向有关部门报告事故情况。

2）应急救援情况。事故发生后，奉节县立即启动应急预案，成立抢险救援指挥部，调集奉节县矿山救护中队的 2 个小队、巫山县矿山救护中队 1 个小队共 26 人，进行抢险救援工作。救援人员于 11 月 13 日 12 时 16 分将 3 名遇难者遗体全部运出井，抢险救援结束。

（3）事故原因分析

1）直接原因。在斜井排水过程中，局部通风机被关停，采空区积存的大量瓦斯涌出，造成斜井瓦斯积聚并达到爆炸浓度；工人违章吸烟点火引起瓦斯爆炸。

2）间接原因如下：

①煤矿安全机构安全管理规章制度不健全，安全投入不足，企业

主体责任不落实。煤矿未按规定设置安全机构，未配备安全副矿长、机电副矿长、技术负责人及“五队”等安全生产管理人员；未建立健全安全生产规章制度；未安排矿级管理人员带班下井和定期组织对事故隐患进行排查治理，无安全检查工、瓦斯检查工；+649 m 回风斜井未安装安全监控和人员定位系统；斜井排水未纳入矿井安全统一管理；煤矿将斜井以转让股份方式交由无安全资质的人员管理，放弃对斜井的安全管理。

②事故井局部通风机管理混乱。+649 m 回风斜井安设的局部通风机采用化纤风筒入井；斜井排水期间未明确专人管理局部通风机，随意关停局部通风机，造成瓦斯积聚，无风、微风作业；未安排专人对井下风量参数进行测定。

③矿井瓦斯管理混乱，斜井未执行瓦斯检查和入井人员检身制度。+649 m 回风斜井排水作业未按规定检查瓦斯，无瓦斯检查记录和台账；安排未取得特种作业操作资格证人员检查瓦斯；井下排水作业地点未安设甲烷传感器实施 24 小时连续监测；未安排入井检身人员对入井人员进行入井检身。

④斜井排水安全技术管理不落实。未制定+649 m 回风斜井排水安全技术措施，对斜井排水过程中的采空区涌出瓦斯无针对性措施；对斜井井下排干水的盲巷未及时进行密闭封堵，以防止瓦斯涌出。

⑤职工安全教育培训不力，现场人员违章作业。工人入井不按规定检身，携带烟草和点火用具下井；瓦斯检查工、电工、提升机司机等特种作业人员无证上岗；工人穿化纤衣服下井作业；井下使用化纤风筒；工人入井未随身携带自救器；无风、微风、不检查瓦斯作业等。

（4）事故教训和整改措施

1）加强矿井通风管理。完善配风计划，合理配风，严格按规定对井下各用风地点进行测风。加强对井下通风设施的检查维修，确保设施完好，通风可靠。对井下废弃巷道必须及时进行密闭。局部通风机装设必须符合规定要求，并明确专人管理，不得随意关停，避免造成瓦斯积聚、无风或微风作业。

2）严格执行瓦斯检查制度。必须由取得煤矿特种作业操作资格证的人员负责检查矿井瓦斯；严格瓦斯检查，建立瓦斯检查记录制度，井下现场作业地点设置瓦斯检查牌板；矿长、技术负责人必须严格执行瓦斯日报表审签制度；严禁不检查瓦斯和瓦斯超限作业。

3）建立完善矿井安全避险“六大系统”。加强矿井安全监控系统维护，保证正常使用。矿井要严格按规定安装甲烷传感器等各类传感器，实施实时监控，并定期对传感器进行维护和调校，确保监控有效。

4）加强电气设备管理，杜绝井下一切火源。加强电气设备检查维护，严防井下电气失爆；严禁井下使用无煤矿安全标志的设备设施、器材和化纤风筒等。矿井必须严格执行入井检身制度，配备入井检身人员，建立入井检身记录，严格入井人员检身。严禁入井人员携带烟草、点烟用具和穿化纤衣服入井。

5）加强技术管理，建立健全安全技术措施。煤矿企业必须配备技术负责人，并建立以技术负责人为首的技术管理体系，落实“一通三防”等重大安全技术措施。

6）加强安全培训，提高从业人员的安全素质。煤矿安全生产管理人员做到持证任职，特种作业人员持证上岗，从业人员经培训考核合格后方可下井作业。入井人员必须随身携带自救器。

（5）相关知识与管理借鉴

在这起事故中，工人违章吸烟点火，是引起瓦斯爆炸的重要原因。

瓦斯与煤同时生成，并存储于煤层和围岩之中，在煤炭开采的过程中，随着煤炭的开采瓦斯溢出，积聚到一定程度，遇到点火源会发生火灾、爆炸事故。为了预防井下吸烟引发瓦斯爆炸事故以及火灾事故，井下作业人员严禁携带烟草和点火物品入井。吸烟本来是人们日常生活中极为平常的小事，但是，如果在矿井下吸烟，就有可能引发事故。如果矿井内瓦斯积聚过量，吸烟就会引起瓦斯燃烧爆炸，不仅会伤害自己，也会伤害到他人。类似井下吸烟导致瓦斯爆炸的事故案例很多，教训深刻。由于井下吸烟而引起的瓦斯爆炸事故，造成的伤亡人数约占瓦斯爆炸事故总伤亡人数的30%。因此，严禁携带烟草和点火物品入井，是保障矿井和人身安全的必要措施。

按照规定，入井人员必须戴安全帽，随身携带自救器和矿灯，严禁携带烟草和点火物品，严禁穿化纤衣服。化纤衣服是指用合成纤维纺织而成的衣料制品。由于化纤衣料绝缘电阻大，当它和人体或衣料之间发生摩擦时，就可能产生静电，其放电能量可达0.4 mJ。而静电点燃浓度为8.5%的瓦斯空气混合物只需0.32 mJ，点燃浓度为20%的氢气空气混合物只需0.013 mJ。因此，如果穿化纤衣服下井，遇到工作地点瓦斯浓度超限或在井下充电硐室内工作，就可能引起瓦斯、氢气的燃烧和爆炸。另外，化纤衣服易燃，万一发生火灾，还会使穿化纤衣服的人员立即被灼伤皮肤，甚至导致死亡。因此，《煤矿安全规程》（国家安全生产监督管理总局令第87号）专门规定，严禁穿化纤衣服入井。

《煤矿安全规程》（国家安全生产监督管理总局令第87号）还规定，煤矿企业必须建立入井检身制度和出入井人员清点制度。实行这两种制度的目的，是对入井人员应该做到的基本要求的督促和检查，以便于当井下发生意外事故时，入井人员能及时得到救援。

6. 某矿井采空区积聚大量高浓度瓦斯导致爆炸事故

2016 年 10 月 12 日 22 时 40 分，内蒙古包头市石拐区国庆乡脑包沟村某矿井发生一起重大瓦斯爆炸事故，造成 9 名矿工死亡（其中 1 人失踪未找到），直接经济损失 52 万元。

（1）企业基本情况

1）企业相关情况。事故矿井是脑包沟村办煤矿，于 1984 年建井，该矿设计生产能力 3 万 t/a，实际生产能力 3 万 t/a。矿井由承包人自行经营管理，设有矿长 1 名，生产副矿长 1 名，技术副矿长 1 名，跟班矿长 2 名。全井共有职工 32 人，主要是聘用临时工，分 2 班生产，夜班无人作业。

2）矿井开采条件。事故矿井位于大青山煤田康包井田西部，东与脑包沟三井相接，西与万层窑煤矿毗邻，井田内可采煤层 3 层。矿井可采储量为 30 万 t。该矿为高瓦斯矿井，相对瓦斯涌出量为 21.6 m^3/t，无煤与瓦斯突出现象。煤尘具有爆炸性，爆炸指数（根据邻近白狐沟矿同一煤层鉴定资料）为 23%~47%。煤层具有自然发火倾向，发火期为 8~12 个月。矿井水文地质情况简单，无大的涌水。该矿采用斜井石门开拓方式，串车提升。斜井倾角 28°，二级提升，上部斜长 220 m，暗斜井长 150 m。矿井通风采用中央并列式，主扇功率 11 kW，矿井风量 580 m^3/min。

3）发生事故工作面状况。工作面为短臂式，走向长度 72 m，倾斜长 20 m，煤层厚度 10 m。3 层巷道布置，一楼为运输、进风巷，二、三楼为回风巷。发生事故时，该工作面沿走向回采 21 m。

该矿附近煤炭开采历史悠久，上部存在多年古窑火，此火一直到事故发生时也未熄灭。在开采过程中煤层有自然发火现象发生，事故矿井东与脑包沟三井、西与万层窑煤矿相邻，由于各矿规划井田范围较小，3 个井在开采过程中未按规定留设井田边界隔离煤柱，使得 3 个井上部采空区互相连通。由于该区域内煤层倾角较大，受长时间的采动影响，矿井与上方古窑塌通。3 号煤层作为 3 个井的主采煤层，在事故矿井上方东、西各有一处火区存在。

（2）事故经过和救援情况

2016 年 10 月 12 日 16 时，当班共有 12 名工人入井生产，在中部车场开绞车、推车、打信号 3 人，其余 9 人在 1310 工作面出煤。到 22 时 40 分的时候，共出煤 32 钩（64 车），这时，主井口突然冒出一股黑烟，并伴有不大的响声。

生产矿长李某某意识到井下发生了事故，一边安排电话通知区、乡有关部门，一边立即组织人员入井抢救，当走到一部车场时，发现中部车场的 3 人未受伤，随即派人护送升井，再往深部由于情况不明，未再贸然进入。某矿业公司救护队接到召请电话后，在副总经理王某某和总工程师刘某某的带领下，迅速赶往事故矿井，在简单了解事故情况后，首先派人到回风井进行检查，发现主扇运转正常，只是防爆门处被冲击波冲开一个小口，部分风流短路。

13 日 7 时 55 分，包头市、石拐区有关领导到达事故矿井，成立了抢险指挥部。救护队于 9 时 45 分升井汇报，在一楼运输巷共搜寻到 8 名矿工，已全部遇难。另一人下落不明。

由于排水管路破损严重，无法正常工作，又有巷道冒落堵塞危险，井下二部车场水位上升水深达 1 m 左右，考虑到灾情严重，抢救指挥部决定，让矿方组织人员配合救护队涉水搬运 8 名遇难矿工。救护队和矿方工人通过艰苦努力，在齐腰深的积水中用时 2 h 30 min，把 8 人运出井外。之后，救护队又组织人员进入二楼回风巷，搜寻最后一名瓦斯检查工梁某某，但由于二楼回风受冲击波破坏严重，巷道多处冒落，瓦斯检查工可能被冒落的浮煤埋住，未找到。此时井下各处有害气体浓度逐渐增大，一氧化碳浓度达 0.03%以上，甲烷浓度达 4.5%，并继续上升。后经抢救指挥部认定，救援成功的可能性不大，抢救工作结束。

（3）事故原因分析

1）直接原因如下：

①事故矿井属于高瓦斯矿井，事故发生时开采的 3 号煤层厚度 10 m，瓦斯涌出量大，采空区内积聚大量的高浓度瓦斯。

②由于工作面采动后和上方采空区相连通，在主扇负压、地表漏风和空气温度压差的作用下，形成为采空区供氧的条件。

③在该矿井田范围内，上部存在的古窑火与地表裂隙相通，多年来一直未熄灭，根据采高及垮落角计算，煤柱留设宽度不足，在开采过程中形成的采空区与古窑火区相通形成复燃火源。

2）间接原因如下：

①该矿技术人员在编制启封火区和回采作业规程时，未对火区管理进行具体规定，也未制定任何防范措施。

②在启封该工作面时，管理部门及矿方未认真研究火区对工作面的影响，未对 3 号煤层的开采方案、防火技术措施进行认真研究、分析。

③煤炭管理部门对煤矿的开采方案、防火技术措施未进行认真研究、分析，也未提出过任何防范措施，就审查同意煤矿进行回采。

④在煤矿的日常生产中，管理部门及矿方对上方火区的危险性认识不足，检查不到位。

⑤该矿未按《煤矿安全规程》（国家安全生产监督管理总局令第 87 号）规定为工人配备自救器，工人未按要求携带自救器。

（4）事故教训和整改措施

这次事故的发生，充分暴露了事故煤矿在安全管理中的漏洞，煤矿应认真吸取教训，采取有力措施，杜绝类似事故发生。

1）各煤矿必须完善各种基础资料，特别是各矿井开采情况、自然发火情况等。高瓦斯矿井采空区上部有火区的，不能盲目生产，应一律停产整顿，制定切实可行的安全防范措施，报上级有关部门批准。

2）各煤矿在启封火区时，必须进行充分论证，提出切实可行的措施，并经有关部门批准。

3）各部门管理人员要认真吸取事故教训，加大管理力度，严格落实各项管理制度，特别要加大对矿井瓦斯及火区的管理，同时加强对工人的安全教育，严格按规程作业。加强日常的安全检查，发现事故隐患要及时采取必要的安全措施，在日常生产中上下安全信息要畅通。

4）矿井必要的安全设施、设备要配置齐全，特别是瓦斯监测、监控及矿工自救器等设备要齐全。

（5）相关知识与管理借鉴

在这起事故中，该矿井属于高瓦斯矿井，瓦斯涌出量大，容易导致采空区内积聚大量高浓度瓦斯。对此，必须加强对瓦斯的管理和控制。

1）强化对瓦斯的安全管理，预防、控制瓦斯积聚超限。最大限度地抽放瓦斯，从根本上消除瓦斯爆炸的物质源。抽出开采层、邻近层和采空区等区域的瓦斯，减少矿井、采区和工作面瓦斯涌出，是超前预防、控制瓦斯爆炸事故的根本措施。

2）建立和健全可靠的通风系统，保证全矿井和工作面有足够的风量。强化通风的安全管理，保证工作面有足够的风量稀释瓦斯和驱散涌出的瓦斯，是防止瓦斯积聚超限、控制爆炸事故的最基本、最有效的措施。因此，每一矿井必须有完备独立的通风系统，而且要可靠、合理，按规定供给足够的风量。在瓦斯矿井中，采煤工作面和回风道都要采用上行通风。掘进工作面采用局部通风，禁止采用扩散通风，并要保证通风机正常运转，不准循环风和串联风。采空区密闭、风门及各种通风构筑物，应符合质量标准，设施位置要适当，并加强维修管理，以防漏风。

3）建立矿井瓦斯监测系统，发现并改变瓦斯积聚超限的异常状态。运用安全技术装备和瓦斯监测人员对矿井和工作面的瓦斯进行监测，做到及时发现并改变瓦斯积聚超限的异常状态，使之达到安全要求，是控制瓦斯爆炸事故的重要措施。

①在高瓦斯矿井安装瓦斯爆炸危险监控仪，对掘进巷道瓦斯、粉尘的异常状态进行监控，是预防、控制瓦斯爆炸事故的安全技术措施。该装置是由爆炸危险监测仪、瓦斯浓度传感器、粉尘浓度传感器、火焰传感器、声光报警器、断电仪、自动抑爆装置及监控软件组成。其功能是声光报警、断电和扑灭火焰，抑爆距离 4~10 m，并可抑制瓦斯燃烧、爆炸，还可以就地扑灭火源。

②严格落实瓦斯检查与管理制度。对矿井和工作面瓦斯进行检查，是瓦斯管理的具体内容，也是直接及时发现瓦斯异常的重要组织措施。因此，每一矿井都必须按规定配备足够的瓦斯检查人员，并要严格执行有关规定，切实做好日常生产过程中的瓦斯检查，做到及时发现并及时改变瓦斯积聚超限的异常状态，从而控制瓦斯爆炸事故的发生。

4）强化引爆火源的安全管理，超前预防、控制由于引爆火源的异常产生而导致的爆炸事故。

①强化矿井用火的安全管理，严防各种明火导致的瓦斯爆炸事故。例如，在井下严禁带入火种、吸烟和用灯泡取暖；井口房、扇风机房和瓦斯泵房及附近 20 m 不准有明火和用火炉取暖，井下和井口

房内不准进行电焊、气焊和使用喷灯焊接作业等，如需要时必须严格执行报批手续。

②强化矿井用电的安全管理，严防电火花导致的瓦斯爆炸事故。例如，井下的电气设备、工具必须防爆，并做好日常维护，保持良好的防爆性能，井下电缆接头不准有明接头、“羊尾巴”“鸡爪子”，电缆不容许漏电，并要装设漏电保护器；维修井下电气设备时必须停电作业等。

③强化井下放炮的安全管理，严防爆破火焰导致瓦斯爆炸事故。例如，井下火药、雷管要严格管理；井下放炮必须用安全炸药，不合格或变质炸药不准使用；打眼、装药、封泥必须按规程进行，严格执行“一炮三检”制度，不准放糊炮、明炮等。

④强化机械摩擦和金属撞击的安全管理，严防撞击火花导致的瓦斯爆炸事故。例如，不能在通风不良的地点使用能产生撞击火花的金属物体和开动机械；瓦斯超限区抢险救灾要用专用工具，如对采掘机截割部件进行处理，可采取喷雾降温措施等。另外，井下必须使用合格矿灯，如遇特殊情况，矿灯熄灭或损坏，绝对不准在井下打开电池盒或拧灯头进行修理，也不能敲打灯头和电池盒。

⑤强化静电安全管理，严防静电火花导致的瓦斯爆炸事故。例如，严禁穿化纤衣服下井；井下要使用抗静电风筒、电缆和橡胶塑料制品，普通塑料、橡胶、人造革不能用于井下。

7. 某煤矿未形成全负压通风系统瓦斯积聚引发爆炸事故

2013 年 4 月 20 日 13 时 26 分，吉林省延边州和龙市某煤业有限责任公司（本案例中简称煤业公司）煤矿发生一起重大瓦斯爆炸事故，造成 18 人死亡、12 人受伤，直接经济损失 1 633. 5 万元。

（1）企业基本情况

1）企业相关情况。煤业公司属于私营企业，有 4 对生产矿井，始建于 1995 年 11 月，1998 年 7 月投产，设计生产能力 15 万 t/a，2000 年矿井进行技术改造，改造后设计生产能力为 30 万 t/a，2012 年 4 月重新进行生产能力核定，降至 12 万 t/a。该矿工商营业执照、采矿许可证、安全生产许可证、煤炭生产许可证、矿长资格证和矿长安全资格证均在有效期内。全矿共有职工 180 人，分 3 班作业。

2）矿井情况。该矿采用斜井片盘开拓，3 段提升，采用中央并列式通风方式，主井、副井入风，风井回风。总入风量为 2 350 m^3/min，总回风量为 2 390 m^3/min，地面风井安装 2 台 4-72-1/№20B 型主要通风机，一台工作，一台备用。2011 年经吉林省能源局批复，矿井瓦斯等级鉴定结果为瓦斯矿井，绝对瓦斯涌出量为 1.34 m^3/min，相对瓦斯涌出量为 7.06 m^3/t，煤层自燃倾向性为Ⅱ类自燃，煤尘具有强爆炸性。

3）违规违法生产情况。事故发生前，矿井在+246 m 标高新三段暗绞布置了 2 个掘进工作面，分别掘进 60 m 和 150 m。该矿隐瞒位于三段暗绞+285 m 至+74 m 标高的 3 处作业地点，包括三段十一路巷道式采煤和三段十二路回撤（回撤前为开两帮出煤）、十五路回撤。三段十一路巷道式采煤工作面开采 MC3 煤层，煤层平均厚度 4.3 m，煤层倾角 29°～37°，从三段十一路车场掘送上、下顺槽，在下顺槽掘上山与上顺槽贯通，打眼放炮落煤。矿井采用 3 台 5.5 kW 局部通风机供风，其中一台给上顺槽供风，2 台给下顺槽供风。

该矿采取临时封闭暗绞三段绞车道，提供虚假图纸资料，不上传安全监测监控数据和不为隐瞒区域作业人员发放人员定位识别卡等欺骗手段，故意隐瞒违规违法开采区域，逃避政府及有关部门监管。

（2）事故经过和救援情况

2013 年 4 月 20 日白班，矿井入井作业人员 72 人，其中新三段区域 2 个掘进工作面 27 人，注浆队 8 人；三段十一路巷道式采煤工作面 12 人，三段十二路回撤作业地点 5 人，三段十五路回撤作业地点 3 人，其他管理和辅助人员 17 人。作业人员在技术矿长黄某某带领下，于 8 时入井。

13 时 26 分，在井下副二段绞车房检修绞车的机电矿长张某某听到一声闷响，几秒钟后，绞车房充满灰尘，张某某按电话上的呼叫器问发生了什么情况，九路人员回复发生了爆炸，张某某立即向地面调度室报告了事故。生产矿长李某某和安全矿长王某某接到事故报告后，组织人员入井抢救，并向公司总经理刘某某报告，请求救护队救援，董事长葛某在到达井口后向和龙市政府报告了事故。

事故发生后，井下人员第一时间组织自救，先后在九路主副井交岔点、三段十一路车场、三段十二路、三段十五路救出 9 名受伤人员，运送到安全区域。14 时 42 分，煤业公司矿山救护队接到事故救援电话，15 时 10 分到达矿井并入井救援。经井下侦察确认，在九路变电所门口、九路三段暗绞绞车房、三段十一路车场、三段十一路回风道、三段十二路回撤作业地点共有 18 人遇难，救援人员在三段十二路交岔点处救出 3 名受伤人员。

延边州、和龙市两级党委、政府及有关部门接到事故报告后，立即启动应急预案，成立抢险救援指挥部，全力组织施救，截至 21 时 10 分救援结束，共救出受伤人员 12 人，遇难人员 18 人。

（3）事故原因分析

1）直接原因。煤矿违法违规组织生产，蓄意隐瞒作业地点，在 +214 m 标高三段十一路采用国家明令禁止的巷道式采煤方法，未形成全负压通风系统，造成瓦斯积聚，违章放炮引起瓦斯爆炸。

2）间接原因如下：

①企业安全生产主体责任不落实，违法违规组织生产。煤矿拒不执行2013年3月30日省政府视频会议关于所有煤矿一律停产排查整改事故隐患的指令和要求，不但不组织隐患排查整改，而且还在停产整改期间严重违法违规组织生产。为达到违法违规组织生产的目的，该矿于3月30日至4月1日擅自将地面火药库内2 034 kg炸药和4 560枚雷管转移到井下，以逃避公安机关火工品收缴。

②隐瞒作业区域，逃避监管监察。为逃避政府及有关部门监管，该矿蓄意隐瞒三段暗绞以下作业区域，采取临时封闭暗绞三段绞车道，提供虚假图纸资料，不上传三段暗绞以下作业区域安全监测监控数据和不为隐瞒区域作业人员发放人员定位识别卡等欺骗手段，隐瞒非法开采区域。

③矿井技术管理混乱，采用国家明令禁止的巷道式采煤方法。煤矿依法办矿意识淡薄，未编制作业规程和安全技术措施，随意布置采掘作业地点；在事故区域采用国家明令禁止的巷道式采煤方法，不能形成全负压通风系统，从而造成瓦斯大量积聚。

④安全生产管理混乱，安全主体责任不落实。煤矿不按规定配齐特种作业人员，瓦斯检查工、安全检查工数量不足，以兼职代替专职；不按规定编制爆破说明书，随意确定炮眼深度、角度、装药量和封孔长度；不认真执行“一炮三检”及“三人连锁”放炮制，违章放炮。

⑤煤业公司安全主体责任不落实，安全管理机构不健全，设置的安全检查处未配备人员，不能履行安全检查管理职能；不落实省政府停产整改部署和要求，默许和纵容煤矿违法违规组织生产和采用国家明令禁止的巷道式采煤方法开采。

（4）事故教训和整改措施

1）切实提高企业依法办矿意识。要切实加强对煤矿企业安全生产法律、法规的宣传教育，引导煤矿企业牢固树立“以人为本、生命至上”的理念，切实增强依法办矿和依法管矿意识。煤矿企业必须严格遵守和认真执行安全生产法律、法规及国家安全技术标准，保证安全投入，按规定配齐安全管理机构和人员，落实各岗位安全生产责任制，加强安全教育和培训，认真组织开展隐患排查治理，切实做到安全生产自我约束、自我管理、自我提高。

2）要深入推进煤矿瓦斯防治，有效整治矿井通风系统不合理、治理措施不落实等重大隐患。加强对矿井安全监控系统的日常维护检查，保障系统正常运行、监控有效，凡监测监控系统不完善、数据不能按规定上传的，都必须坚决责令停产整顿；要严格执行瓦斯检查制度，配齐瓦斯检查人员，加强瓦斯巡回检查，严禁瓦斯超限作业；要采用正规采煤方法，严禁采用国家明令禁止的采煤工艺，对违反规定使用国家明令禁止的设备和工艺的企业，要从重从严处罚。

3）切实加强煤矿安全技术管理。煤矿企业要全面加强安全管理，健全各项安全管理规章制度；要按规定配齐安全管理人员，切实强化现场安全管理，严肃查处“三违”行为，加大隐患排查治理力度，确保隐患整治到位；要切实加强技术管理，严格执行安全生产法规标准和规程，严格执行规程措施的制定、审查、审批和落实，严禁无设计施工、无规程作业；要加强放炮管理，按规定编制爆破说明书，合理确定炮眼深度、角度、装药量和封孔长度等，并认真执行“一炮三检”及“三人连锁”放炮制度，严禁违章放炮。

4）严厉打击煤矿非法违法生产行为，严肃查处蓄意隐瞒作业地点问题。要认真吸取事故煤矿违法违规生产事故教训，切实将“打非治违”作为煤矿安全生产工作的一项重要内容制度化、长期化，做到真正强化政府监管责任，坚决治理纠正违法违规生产作业行为。

5）严格煤矿火工品管理。公安机关要严格火工品审批及供应管理，加强与相关部门配合，按照矿井核定的生产能力和工程量需求等实际情况核定火工品使用数量，及时查处煤矿非持证人员代签、代领、代发火工品等违法违规问题。对责令停产整顿的煤矿，要及时收缴、封存煤矿火工品，严防煤矿借机利用火工品违法违规生产。

（5）相关知识与管理借鉴

在这起事故中，煤矿依法办矿意识淡薄，未编制作业规程和安全技术措施，随意布置采掘作业地点；在事故区域采用国家明令禁止的巷道式采煤方法，不能形成全负压通风系统，从而造成瓦斯大量积聚。该矿也没有瓦斯检测系统，瓦斯超限还违章放炮，从而引起瓦斯爆炸。

根据国内外煤矿发生的瓦斯爆炸统计资料，煤矿瓦斯爆炸事故有这样一些规律：一是井下的一切高温热源都可以引起瓦斯燃烧或爆炸，但主要火源是井下放炮火焰和机电火花。二是煤矿绝大部分瓦斯爆炸事故发生在采掘工作面。三是采煤工作面容易发生瓦斯爆炸的地点主要是工作面的上隅角。四是采煤工作面另一个容易发生爆炸事故的地点是采煤机工作时切割机构附近。五是掘进工作面较易发生瓦斯爆炸的原因大多是通风不良造成瓦斯积聚。当瓦斯浓度达到爆炸浓度时，遇火即会发生爆炸。六是大多数瓦斯爆炸是人为因素造成的，与生产工艺水平关系不大。

8. 某煤矿巷道微风状态炮后回风流瓦斯积聚爆炸事故

2017 年 8 月 3 日 0 时 48 分许，贵州桐梓县松坎镇某煤矿发生一起较大瓦斯爆炸事故，造成 5 人死亡、3 人受伤，直接经济损失 571.5 万元。

（1）企业基本情况

1）企业相关情况。贵州某煤业集团有限公司（本案例中简称煤业公司）为私营企业，所属煤矿 14 处，设计生产规模共计 198 万 t/a，设置生产技术部、安全监察部、通防部、机运部、地测部、监控（调度）中心等部室对所属矿井的安全生产工作进行管理。

事故煤矿于 2014 年 7 月加入煤业公司，但至事故发生时，相关过户手续尚在办理中。2016 年 3 月，煤业公司与事故煤矿签订了《安全生产目标责任书》，将其纳入公司管理，对其相关的采掘等重大安全技术文件进行了审批。自 2017 年 2 月复工复产至事故发生，煤业公司到事故煤矿检查共 10 次。

2）事故煤矿情况。事故煤矿位于桐梓县松坎镇水柴村，由原桐梓县 4 家煤矿整合而成，设计生产能力 21 万 t/a，证照齐全。

该矿属煤与瓦斯突出矿井，鉴定范围内 K1 煤层在+1 010 m 标高以上、埋藏深度 280 m 以浅的区域内为非突区域，K3 煤层为突出煤层。矿井相对瓦斯涌出量为 12.96 m^3/t，绝对瓦斯涌出量为 3.15 m^3/min。

该矿采用平硐开拓，井田同一水平内分 4 个采区进行开采，井田南部+990 m 标高以上为一采区（事故发生时的生产采区）。矿井采用中央分列式通风，矿井总进风量 2 948 m^3/min，总回风量 3 023 m^3/min。矿井安装了 KJ73N 型矿用安全监测监控系统和 KJ237 人员位置监测系统。

3）事故区域及事故地点情况。事故煤矿采用“三八”作业制，事故前仅安排下午 4 点班和晚上 0 点班作业。事故发生时井下布置有 1302 采煤工作面、1304 底抽巷和 1304 运输巷 2 个掘进工作面。

事故发生在 1304 运输巷。1304 运输巷自+990 m 标高西进风上山平台与 1304 运输巷交叉处沿 K3 煤层由东向西掘进，设计走向长度 600 m。2017 年 3 月开始动工掘进，事故发生时已掘进 201.3 m。根据煤矿《1304 运输巷掘进作业规程》规定，采用炮掘工艺，设计 24 个炮眼，全断面一次爆破，放炮地点设置在距该巷道迎头大于 300 m 的防突反向风门外的进风侧。根据煤矿提供的 7 月 28 日测风记录，1304 运输巷进风风量为 234 m^3/min，回风风量为 247 m^3/min。

（2）事故经过和救援情况

1）事故发生经过。2017 年 7 月 30 日，李某某召集矿级管理人员及相关科室负责人开会，宣布恢复 1304 运输巷掘进，并于 4 点班开始恢复 1304 运输巷掘进，至事故发生时共掘进进尺 4. 3 m。

8 月 2 日，4 点班 1304 运输巷掘进班班长张某某和爆破员许某某等人到炸药库房领取 12 kg 炸药和 10 发雷管。因当班未进行爆破作业，许某某将未使用的炸药和雷管存放于 1304 运输巷的临时存放铁箱后升井。

8 月 3 日 0 点班，当班入井共 28 人，其中带班领导 1 人，安全员 1 人，瓦斯检查工 3 人。8 月 2 日 21 时左右，根据李某某安排，1304 运输巷掘进队班长张某某与 6 名工人先入井到 1304 运输巷作业。22 时，带班矿领导周某组织召开 3 日 0 点班班前会，安排当班工作，其他作业地点的工人陆续入井。

8 月 2 日 22 时 40 分，周某、安全员王某某、1304 运输巷瓦斯检查工李某某、1304 底抽巷瓦斯检查工石某某一起入井。李某某直接到 1304 运输巷。周某、王某某和石某某到 1304 底抽巷检查后，于 8 月 3 日 0 时左右到达运输上山皮带输送机机头处，看见电工李某某在检修皮带输送机电机，然后一起协助电工维修电机。

1304 运输巷掘进队班长张某某与 6 名工人到达 1304 运输巷后，李某某、赵某某、牛某某负责运料至迎头，张某某、王某某维修完刮板输送机后，与其余 2 人清理迎头浮煤并负责施工炮眼，张某某到迎头装药。8 月 3 日 0 时 20 分左右，张某某安排李某某和赵某某到

1304运输巷皮带输送机机头警戒，王某某3人和李某某（瓦斯检查工）撤至+990 m标高西进风上山上平台变坡处，张某某和牛某某撤至1304运输巷与+990 m标高西进风上山平巷交叉口约4m处，由张某某（无爆破员资格证）起爆。0时37分左右完成第一次爆破，张某某和王某某去掘进工作面查看爆破情况。0时48分，张某某回到+990 m标高西进风上山上平台起爆点进行第二次爆破作业时，发生了瓦斯爆炸，冲击波将在上平台处的张某某等6人冲倒，在1304运输巷皮带输送机机头的李某某和赵某某被冲击波冲倒受伤。

2）应急救援情况。事故发生后，煤矿井下人员立即组织自救，在+990 m标高西运输巷防突风门往里约30 m处发现受伤的牛某某后，救援人员一方面安排人员将牛某某抢救出井，另一方面往里接风筒继续搜救，在+990 m标高西进风上山发现4名遇难者。

事故发生后，遵义市、桐梓县立即启动应急预案，成立事故抢险救援指挥部，召请遵义市应急救援大队，并迅速协调各方力量开展应急处置。3时20分遵义市应急救援大队赶到煤矿，3时30分入井进行救援，到达+990 m标高西进风上山后通知矿方救援人员撤离出井。应急救援大队搜救至1304运输巷与+990 m标高西进风上山平巷交叉口往里约50 m垮塌处发现尚有生命体征的张某某，将其救出送往遵义医学院附属医院救治，7时左右应急救援大队将4名遇难者全部运送升井，现场救援工作结束。8月5日，张某某在医院经抢救无效死亡。截至2017年10月30日，3名受伤人员均已治愈出院，5名死者善后工作处理完毕。

（3）事故原因分析

1）直接原因。+990 m标高西运输巷防突风门调节风窗关闭，事故巷道处于微风状态，炮后回风流瓦斯进入事故巷道，造成瓦斯积聚达到爆炸浓度；掘进工作面二次起爆时，放炮母线明接头产生火花引爆瓦斯，导致事故发生。

2）间接原因如下：

①事故煤矿拒不执行监管指令，违法违规组织掘进。煤矿在被市、县有关部门下令停产整改、复查验收未通过的情况下，违法违规组织掘进作业。

②事故煤矿通风管理不到位，瓦斯监控及瓦斯检查弄虚作假。一是事故前+990 m 标高西运输巷防突风门调节风窗处于关闭状态，造成事故巷道微风，引起瓦斯积聚。二是瓦斯监控弄虚作假。煤矿在1304 运输巷掘进爆破前，将工作面甲烷传感器和工作面回风流甲烷传感器移至进风流中，致使其不能有效监控炮后 1304 运输巷内瓦斯变化情况。三是 1304 运输巷瓦斯检查工在总工程师授意下，不按规定如实填写瓦斯检查情况。

③事故煤矿井下现场安全管理混乱，违章放炮。一是违反规定一次装药分次起爆，放炮过程未严格执行“一炮三检”“三人连锁”放炮制度，放炮时未按规定将人员撤至防突风门外。事故当班第一次爆破后，在未检查起爆点瓦斯浓度的情况下，违规进行第二次放炮。二是事故当班井下放炮母线长度不够，违规采用监控线与放炮母线明接头混接用于放炮。三是事故当班 1304 运输巷爆破由无爆破资质人员进行爆破。四是井下爆破器材管理混乱，未按规定当天退库。

（4）事故教训和整改措施

1）煤业公司要认真落实企业安全生产主体责任，切实做到安全责任到位、安全投入到位、安全培训到位、安全管理到位，建立完善全员安全生产责任制。建立健全安全责任体系，保持煤矿管理机构稳定，突出主要负责人责任，落实好岗位责任制。

2）加强通风、瓦斯管理。通风设施设置应合理、可靠，加强通风设施的巡查管理，不得无风、微风作业，防止瓦斯积聚；严格遵守瓦斯管理规定，监测监控系统不得弄虚作假。

3）加强爆破管理。爆破作业必须严格执行《爆破安全规程》（GB 6722—2014）、《煤矿安全规程》（国家安全生产监督管理总局令第87号）等相关规定，爆破器材的发放、领取、使用、清退要符合《民用爆炸物品安全管理条例》。

4）加强全员安全培训，提高全员安全意识，杜绝“三违”作业，加强作业现场管理，带班领导要加强对井下作业现场检查，把控重点岗位、重点环节的管理，及时发现并制止现场人员的违章作业行为。

（5）相关知识与管理借鉴

在这起事故中，煤矿通风管理不到位、瓦斯监控及瓦斯检查弄虚作假，是引发事故的重要原因。该矿事故前+990 m标高西运输巷防突风门调节风窗处于关闭状态，造成事故巷道微风，引起瓦斯积聚。瓦斯监控弄虚作假，在1304运输巷掘进爆破前，将工作面甲烷传感器和工作面回风流甲烷传感器移至进风流中，致使其不能有效监控炮后1304运输巷内瓦斯变化情况。

有关规定明确提出，必须建立瓦斯零超限目标管理制度，以建立瓦斯零超限目标管理制度为核心，通过零超限目标管理倒逼瓦斯抽采、通风、现场管理等综合防治措施落实，构建追溯瓦斯防治过程中的薄弱环节和措施落实不到位的工作机制。

瓦斯零超限是瓦斯防治各项措施落实的综合体现，控制瓦斯超限也是落实瓦斯防治措施的最后防线，因此要建立瓦斯零超限目标管理制度。首先，要确定实现零超限的瓦斯防治工作目标，健全完善瓦斯防治责任体系，强化现场管理，建设实时监测瓦斯浓度的安全监控平台。其次，要以瓦斯抽采为核心，确保先抽后采、抽采达标，突出矿井必须落实区域防突措施，釜底抽薪，真正把煤层的瓦斯含量降下来。再次，要加强通风管理，确保通风系统合理可靠，严防无计划停电停风和局部通风管理混乱、无风微风作业，消除瓦斯积聚。最后，要从合理组织生产的角度出发，确保抽、掘、采平衡，通风或抽采能力不能满足要求的，必须降低产量，核减生产能力。

这起瓦斯爆炸事故，就是煤矿摆不正生产与安全的关系，心存侥幸、冒险作业，瓦斯超限后不采取措施、继续生产，导致人员伤亡事故的发生。

《煤矿安全规程》（国家安全生产监督管理总局令第 87 号）明确了安全监控系统甲烷传感器的设置地点及报警、断电、复电浓度和断电范围，对瓦斯超限停止作业、停电撤人等作了具体的规定。瓦斯超限必须停电撤人、分析原因、停产整改、追究责任。瓦斯超限距瓦斯事故仅一步之遥，是煤矿安全生产中不可触碰的“红线”和“高压线”，要进一步深化对瓦斯超限危害性的认识，消除侥幸心理，牢固树立“瓦斯超限就是事故”的理念，多措并举实现瓦斯零超限的目标，有效遏制煤矿瓦斯事故。

二、煤矿煤与瓦斯突出事故

煤（岩）与瓦斯（二氧化碳）突出是指在地应力和瓦斯的共同作用下，在极短的时间内破碎的煤（岩）和瓦斯（二氧化碳）由煤体内突然喷出到采掘空间的现象。煤与瓦斯突出事故是严重威胁煤矿安全生产的主要灾害之一。在防治煤与瓦斯突出事故方面，两个“四位一体”防突措施是预防事故的重要措施。两个“四位一体”防突措施是指局部综合防突措施和区域综合防突措施。局部综合防突措施包括工作面突出危险性预测、工作面防突措施、工作面措施效果检验和安全防护措施。区域综合防突措施包括区域突出危险性预测、区域防突措施、区域措施效果检验、区域验证。具体含义是对有突出危险性的矿井，采前进行突出危险性预测，当预测有突出危险时，制定并采取防突措施，对措施的效果进行检验，检验确定措施有效后，可采取安全防范措施进行采掘作业。若预测无突出危险时，可直接采取安全防护措施进行采掘作业。

9. 某煤矿作业区域防突不到位风镐落煤诱发突出事故

2016 年 7 月 5 日，四川省华蓥市某煤业有限责任公司发生较大煤与瓦斯突出事故，造成5人死亡，直接经济损失809万元。

（1）企业基本情况

1）企业相关情况。事故煤矿位于四川省广安市华蓥市溪口镇觉庵村，始建于1958年，1959年投产，2009年煤矿进行技术改造扩建，2013年通过建设工程竣工验收，生产能力为15万kt/a，为煤与瓦斯突出矿井。该矿工商营业执照、采矿许可证、安全生产许可证均在有效期内。该矿设置有生产技术科、通风科、安全科、机电运输科、调度室，以及采煤队、掘进队、机电队、通风队、运输队等机构。该矿有职工340人，其中特种作业人员60人（包括瓦斯检查工23人，监测监控工3人，安全检查工3人，防突工6人）。

2）矿井开拓、开采情况。事故煤矿采用平硐开拓，中央边界抽出式通风，双回路供电，平硐自流排水，建有地面固定瓦斯抽采系统。矿井设有KJ90NB型安全监测监控系统、KJ237型人员定位系统、紧急避险系统、通信联络系统、压风自救系统和供水施救系统。

2016年2月24日，经华蓥市煤炭管理局同意，该矿启动春节后复产前事故隐患整改，3月23日通过了复产现场验收，核定井下最大班作业人数不超过80人，三班制作业。事故发生前，批准的2个回采工作面正常生产，批准的2个掘进工作面已经施工结束。事故发生时施工的4个掘进工作面（+350 m水平南二石门K1煤层2111开切眼、2111回风巷、+350 m南四石门、+440 m南一石门小斜坡）均不在华蓥市煤炭管理局批准范围内。

3）事故区域基本情况。事故地点位于+350 m水平南二石门K1煤层2111开切眼掘进工作面。7月1日，该煤矿开切眼开始掘进，至事故发生时，已掘进约22 m。该工作面掘进时使用局部通风机压入式供风，掘进工作面及工作面回风流中装设有甲烷传感器，但矿井监控系统未对该作业地点和传感器进行定义，故该地点的传感器数据不能在监控主机上显示。

矿井采用钻屑指标法预测掘进工作面的突出危险性，经矿长和技术负责人审批后下达允掘通知。+350 m 水平南二石门 K1 煤层 2111 开切眼掘进工作面实行三班制作业，中班执行工作面突出危险性预测和打瓦斯排放钻孔的局部防突措施，早班和夜班掘进。按照矿井制定的安全技术措施，该掘进工作面应采取放炮掘进，实际采用风镐作业。

（2）事故经过和救援情况

1）事故发生经过。2016 年 7 月 5 日夜班，事故煤矿井下共 46 人作业，安全副矿长贺某某入井带班。7 月 5 日 21 时，掘进队队长何某某组织召开班前会，安排阳某某（班长）、夏某某、汪某某、张某某、黄某某 5 人到+350 m 水平南二石门 K1 煤层 2111 开切眼掘进工作面作业。21 时 52 分，阳某某等 5 人在未通知跟班瓦斯检查工曾某的情况下，提前入井（正常入井时间为 23 时左右）。5 人入井未检身，且未携带人员定位识别卡。瓦斯检查工曾某参加完通风队班前会后，于 22 时 45 分入井。

7 月 5 日 23 时 16 分，+350 m 水平南二石门 K1 煤层 2111 开切眼掘进工作面发生煤与瓦斯突出，突出的煤炭瞬间将阳某某等 5 名作业人员掩埋。经测算，此次突出煤量约 255 t，瓦斯量 13 850 m^3。

7 月 5 日 23 时 26 分，煤矿监控室值班员蒋某发现+650 m 总回风巷甲烷传感器报警，于是立即给地面值班副矿长黄某打电话报告。黄某接电话后立即通知矿长赵某某、技术负责人包某某到监控室。23 时 28 分，华蓥市监控平台发现该矿+650 m 总回风巷甲烷传感器三级报警，要求查明原因。23 时 30 分，井下瓦斯检查工刘某某向调度室报告：+350 m 运输大巷和 2141K4 回采工作面运输巷 2 处进风流瓦斯超限。调度室立即将情况报告给黄某，黄某与赵某等人随即赶到调度室，安排井下带班矿长贺某某查明情况。23 时 35 分，瓦斯检查工曾某在井下向调度室电话报告：+350 m 南二石门 K1 巷道可能垮塌，瓦斯浓度高，无法进入。黄某立即安排井下撤人。7 月 6 日 0 时 20 分，贺某某在井下向调度室报告：南二石门风门以内粉尘飞扬，估计发生突出，须立即派人救灾。0 时 40 分，煤矿对撤出人员清点核对，发现到+350m 水平南二石门 K1 煤层 2111 开切眼掘进工作面作业的阳某某等 5 人没有出井。

2）应急救援情况。事故发生后，经过撤人和清点人数，综合瓦斯监测和井下人员报告情况，有 5 人下落不明。矿长赵某某安排副矿长黄某组织人员入井施救。7 月 5 日 23 时 40 分左右，安全科科长付某、掘进队队长何某某及兼职救护队员等 6 人佩戴呼吸器入井开展抢险救援。7 月 6 日 7 时，煤矿召请的 4 名重庆市某矿业公司矿山救护队员入井参加救援。截至 7 月 6 日 20 时 30 分，搜救出 2 名被困人员，其余人员确认均已遇难。事故造成 5 人死亡，直接经济损失 809 万元。

（3）事故原因分析

1）直接原因。该矿未经批准违规安排+350 m 水平南二石门 K1 煤层 2111 开切眼掘进工作面作业，作业区域防突措施不到位，作业人员违规使用风镐落煤诱发煤与瓦斯突出，导致 5 名作业人员窒息死亡。

2）间接原因如下：

①技术管理不到位。一是煤矿未确切掌握 2141K4 回采工作面开采卸压保护范围，未认识到+350 m 水平南二石门 K1 煤层 2111 开切眼掘进工作面不在保护层开采卸压保护范围内。二是事故工作面超出穿层钻孔条带预抽煤层瓦斯控制范围，未补充执行预抽煤层瓦斯的区域防突措施。三是事故工作面用安全技术措施代替作业规程。

②防突工作管理不到位。一是由于存在保护层开采煤柱区，穿层预抽瓦斯钻孔布置存在空档。矿井将+350 m 水平 K1 煤层南一至南三石门段划分为一个评判单元进行达标评判不合理，且评判时瓦斯抽采量为估算数据，导致抽采达标评判结论失真。二是在事故地点使用的瓦斯突出参数测定仪超过检验有效期。三是事故工作面掘进施工工艺未严格按照编制的安全技术措施执行，规定为放炮掘进，实际采用风镐作业。

③劳动组织管理混乱。一是事故当班作业人员提前入井，在未经瓦斯检查工安全确认的情况下进行作业。二是煤矿未设置专职入井检身工，调度员兼任入井检身工，未对事故地点当班入井人员进行检身。三是事故当班入井时间记录不实，记录的事故地点人员入井时间为 22 时 50 分，实际入井时间为 21 时 52 分。

④私开头面，逃避监管。一是包括事故工作面在内的 4 个掘进工作面未经华蓥市煤炭管理局审批同意，煤矿擅自组织作业。二是煤矿在瓦斯监控系统中未对非批准掘进工作面甲烷传感器进行定义，致使其瓦斯监控数据无法在监控系统主机显示且不能上传到县级监控平台。三是出入井登记记录做 2 本账（一本登记批准作业点入井作业人员，另一本登记非批准掘进工作面作业人员）。四是非批准掘进工作面未如实填绘在图纸上。五是非批准掘进工作面的作业人员入井不佩戴人员定位识别卡。

⑤职工安全教育培训不到位。煤矿管理人员及从业人员防治煤与瓦斯突出意识差，现场作业人员安全意识淡薄，违规使用风镐落煤。

（4）事故教训和整改措施

1）切实落实煤矿企业安全生产主体责任。煤矿企业要提高遵纪守法意识，坚持依法依规办矿，严格按照批准的区域正规开采。不得隐瞒安全生产真实情况，逃避安全监管。切实保障安全投入，坚持不安全不生产。严格禁止违章指挥、违章作业行为。完善事故隐患自查、自报、自改制度，构建隐患排查治理长效机制。发生事故后必须及时如实向相关部门报告，不得瞒报、迟报、谎报、漏报。

2）强化防突管理工作。严格落实区域防突措施，准确掌握保护层开采卸压保护范围。保护层开采尽量不留设煤柱，须留设煤柱的，应准确上图并标注影响范围。穿层钻孔预抽煤层瓦斯存在抽采盲区时，应补充措施。区域防突措施效果检验必须测定煤层残余瓦斯含量、瓦斯压力等指标，残余瓦斯含量的测定必须由具备瓦斯基础参数测定能力的实验室或单位派员现场取样测定。严格落实局部防突措施，健全和落实有效监督考核制度。

3）夯实煤矿安全基础工作。一是合理采掘部署，保持开拓、准备、安全、回采煤量“四量”平衡。二是采掘工作面作业前，必须编制作业规程。三是及时填绘各类图纸，准确反映井下实际情况。四是强化安全培训，提高安全管理人员及作业人员的安全意识和操作技能。五是严格安全设施设备的安装使用、维护管理和检测检验。六是严格执行煤矿入井检身制度和出入井人员清点制度，所有入井人员必须佩戴人员定位识别卡。七是加强瓦斯监测监控系统管理，严禁弄虚作假行为。

（5）相关知识与管理借鉴

为加强矿井瓦斯管理，我国煤矿按照矿井相对瓦斯涌出量和绝对瓦斯涌出量的大小，以及瓦斯的涌出形式，将矿井瓦斯等级划分为低瓦斯矿井、高瓦斯矿井和煤（岩）与瓦斯（二氧化碳）突出矿井。事故矿井被确定为煤与瓦斯突出矿井，就需要特别重视对瓦斯的治理。

有关监管部门针对煤矿瓦斯治理，提出了明确要求，具体如下：

1）必须建立瓦斯零超限目标管理制度。瓦斯超限必须停电撤人、分析原因、停产整改、追究责任。

2）必须完善瓦斯防治责任制。煤矿主要负责人负总责，确保瓦斯防治机构、人员、计划、措施、资金“五落实”。

3）必须严格执行矿井瓦斯等级鉴定，煤矿对鉴定资料的真实性负责，鉴定单位对鉴定结果负责。煤与瓦斯突出矿井必须测定瓦斯含量、瓦斯压力和抽采半径等基础参数，试验考察确定突出敏感指标和临界值。

4）必须编制瓦斯防治中长期规划和年度计划，实行“一矿一策”“一面一策”，做到先抽后掘、先抽后采、抽采达标，确保抽、掘、采平衡。

5）高瓦斯矿井和煤（岩）与瓦斯（二氧化碳）突出矿井必须建立专业化瓦斯防治队伍。通风系统调整、突出煤层揭煤、火区密闭和启封时，矿领导必须现场指挥。

6）必须建立通风瓦斯分析制度，发现风流和瓦斯异常变化，必须排查隐患，采取措施。

7）煤（岩）与瓦斯（二氧化碳）突出矿井必须建立地面永久瓦斯抽采系统。新建煤（岩）与瓦斯（二氧化碳）突出矿井必须进行地面钻井预抽，做到先抽后建。必须落实以地面钻井预抽、保护层开采、岩巷穿层钻孔预抽为主的区域治理措施。

8）必须确保安全监控系统运行可靠，其显示和控制终端必须设在矿调度室，并与上级公司或负责煤矿安全监管的部门联网。安全监控系统不能正常运行的，必须停产整改。

9）必须通风可靠、风量充足。通风或抽采能力不能满足要求的，必须降低产量，核减生产能力。

10）必须严格执行爆破管理、电气设备管理和防灭火管理制度，防范爆破、电气失爆和煤层自燃等引发瓦斯煤尘爆炸。

瓦斯有煤矿“头号杀手”之称，防治瓦斯是煤矿安全生产工作的重中之重。上述要求是瓦斯防治关键节点，力求把复杂的技术问题转化为简洁明确、可操作易检查的要求，将防突、抽采等过程管理转化为控制瓦斯超限的结果管理，以瓦斯零超限为目标倒逼瓦斯防治综合措施落实到位。

10. 某煤矿出现突出预兆后违规清理落煤诱发突出事故

2015 年 7 月 6 日 3 时 56 分，陕西某矿业有限公司（本案例中简称矿业公司）某煤矿 3314 采煤工作面回风顺槽下部联络巷掘进工作面（以下简称 3314 下回联掘进工作面）发生一起煤与瓦斯突出事故（突出瓦斯量 11 232 m^3，煤量 500 t），造成 4 人死亡，直接经济损失约 1 000 万元。

（1）企业基本情况

1）企业相关情况。事故煤矿隶属于矿业公司，位于陕西省韩城市桑树坪镇，矿井证照齐全有效，设计生产能力 300 万 t/a，核定生产能力 165 万 t/a。煤矿下设机电动力部、通风管理部、地质测量部、生产技术部、生产调度部和安全监察部等职能部门，在册职工人数 3 139 人。

该煤矿于 1974 年 8 月完成矿井设计，由桑树坪平硐和桑树坪斜井 2 个独立的生产系统组成，1975 年 9 月开工建设，平硐于 1977 年 12 月投产，斜井于 1979 年 10 月投产，1991 年矿井核定生产能力为 210 万 t/a。2000 年 6 月，2 个生产系统通风联网合并为 1 个矿井，即事故煤矿。矿井核定生产能力为 165 万 t/a。该矿井属煤与瓦斯突出矿井，事故发生时开采 2 号、3 号、11 号煤层，其中 2 号、3 号为煤与瓦斯突出煤层。

2）矿井情况。矿井开拓方式为斜井开拓，开采水平为+280 m 水平。矿井分南、北 2 个采区，共布置有 2 个综采工作面及 6 个掘进工作面，其中北采区在 3 号煤层布置 1 个 4316 综采工作面及 4319 下回顺和 4319 切眼 2 个掘进工作面；南采区在 11 号煤层布置 1 个 3104 综采工作面及 3110 轨道巷和 3110 运输巷 2 个掘进工作面；在 3 号煤层布置 3314 上回顺和 3314 下回联 2 个掘进工作面。采煤工作面均采用倾斜长壁综合机械化采煤方法，全部垮落法管理顶板。

3）矿井监测监控系统。矿井安装有 KJ66N 型安全监控系统，南采区安装有监测分站 25 台，北采区安装有监测分站 24 台；安装有瓦斯、一氧化碳、风速、风门开关、温度、设备开停、负压、烟雾、流量、馈电等各类传感器共计 309 台。各类传感器的报警浓度、断电浓度、复电浓度和断电范围均符合《煤矿安全规程》（国家安全生产监督管理总局令第 87 号）规定。

4）事故地点情况。事故地点位于南采区北翼上山 3314 下回联掘进工作面。该掘进工作面处于未保护区域，巷道设计全长 118 m，事故发生时掘进至 111 m 处，处于上、下应力叠加区。

2015 年 7 月 1 日四点班至 7 月 3 日零点班，3314 下回联掘进工作面共掘进 3. 2 m，其间进行了 2 次工作面预测，第一次测定钻孔瓦斯涌出初速度 3. 8 L/min、钻屑量 4. 2 kg/m，第二次测定钻孔瓦斯涌出初速度 3. 6 L/min、钻屑量 4. 0 kg/m，施工钻孔时有喷孔、夹钻、煤壁片帮现象。对出现的突出预兆，矿井有关防突管理人员没有按规定立即停止作业，未查明原因，未采取有效措施进行处理，也未向上级报告情况。在上个循环掘进进尺完成后，矿井有关防突管理人员安排该工作面于 7 月 3 日八点班开始执行下一轮局部防突措施，截至 7 月 5 日四点班，共施工了 6 个超前排放钻孔，其中有 3 个钻孔因夹钻、顶钻等原因未达到设计要求。

（2）事故经过和救援情况

1）事故发生经过。2015 年 7 月 5 日四点班 21 时许，3314 下回联掘进工作面施工超前排放钻孔时，有大量煤渣排出，打钻过程中出现煤壁片帮、裂缝和瓦斯超限现象，片帮导致钻机前半部分被埋，当班瓦斯检查工王某、安全检查工赵某某采取了停止作业、撤人措施，同时瓦斯检查工王某将工作面出现的情况向通风调度室做了报告。之后通风调度室报告通风副总兼通风部部长张某某。通风副总张某某报告通风矿长张某后，张某责成通风副总张某某通知总工程师巨某某及相关部门研究分析原因，提出解决方案，并要求通风副总张某某立即确认工作面是否撤人，停止一切活动。7 月 5 日 22 时许，通风副总张某某询问通风调度室工作面情况，通风调度室回答："瓦斯检查工报告工作面瓦斯浓度恢复正常，当班工人未再进行作业。"随后通风副总张某某通知通风部值班技术员冯某某在 7 月 6 日零点班（7 月 5 日 22 时 30 分）矿调度会上说明情况，提出让调度室安排掘进三队清理工作面煤屑和片帮煤。

7 月 5 日 23 时，掘进三队队长张某某主持召开 7 月 6 日零点班班前会，副队长张某某、章某、田某某、段某某、刘某某、马某某、王某某 7 人参加。按照调度会安排，队长张某某布置了当班工作任务，副队长张某某负责带班，刘某某回收物料，其余 5 人到 3314 下回联掘进工作面清理浮煤和检修 2 部刮板输送机。班前会后，副队长张某某带领马某某、章某、田某某、段某某和王某某 5 人于 7 月 6 日凌晨 1 时左右到达 3314 下回联掘进工作面。副队长张某某安排马某某开 2 号联巷刮板输送机，王某某开皮带输送机，章某开工作面刮板输送机，自己带领田某某和段某某在工作面内清理浮煤。7 月 6 日 3 时 56 分 23 秒，监测室监测系统报警，3314 下回联掘进工作面瓦斯监测断线，回风流监测瓦斯浓度 3.50%。4 时 18 分，矿调度室接到王某某报告，3314 下回联掘进工作面发生煤与瓦斯突出，工作面 4 人被困。

2）应急救援情况。矿调度室接到事故报告后，立即按照相关程序通知值班矿领导、矿领导及相关区队、部室负责人，要求迅速到矿调度室集合。同时通知矿业公司救护队和韩城矿务局第二医院医护人员到井口待命，并及时向矿业公司调度室报告。4 时 28 分所有人员到达矿调度室，矿长冯某某命令矿井南采区所有工作面停电、撤人并宣布立即启动事故应急救援预案，成立事故救援指挥部，由冯某某担任总指挥。

4 时 30 分，救护队入井开展救援工作。15 时 26 分，在 3314 下回联掘进工作面皮带输送机机尾发现第一名遇难人员遗体。截至 7 月 8 日 12 时 50 分，4 名遇难人员已全部找到。这起事故造成 4 人死亡，直接经济损失约 1 000 万元。

（3）事故原因分析

1）直接原因。3314 下回联掘进工作面布置在突出煤层应力集中区，在出现喷孔、夹钻、片帮等突出预兆后，未消除突出危险，违反规定安排工人清理工作面片帮落煤，破坏了处于极限的应力平衡状态，诱发了煤与瓦斯突出。

2）间接原因如下：

①未严格落实 3314 下回联掘进工作面防突措施（以下简称防突措施）。7 月 1 日四点班工作面出现喷孔、片帮等异常情况后，防突预测人员仅按预测指标不超标，就判定工作面无突出危险；有关防突管理人员也没有按规定立即停止作业，反而安排工作面继续掘进 4 个小班，共进尺 3. 2 m，使安全保护煤柱减小，抵抗突出危险性的能力减弱。工作面煤层厚度发生变化后未及时变更设计方案，未调整工作面局部防突措施。对防突措施钻孔方位、倾角、深度等参数未进行监督校核，未绘制防突措施竣工图。

②现场防突安全管理不严，事故隐患排查治理不到位。未按防突措施规定在现场严密观察工作面情况，没有认真检查防突措施的现场落实情况。7 月 1 日至 6 日，工作面多次出现突出预兆，未按规定立即停止作业，查明原因，采取措施消除突出危险；重大事故隐患信息未及时上报。

③矿井安全培训不到位。有关防突管理人员和井下工作人员对喷孔、夹钻、片帮等突出预兆认识不足，均未引起重视而继续作业。

（4）事故教训和整改措施

1）严格执行防治煤与瓦斯突出相关规定。矿业公司及其所属煤矿要认真吸取事故教训，强化安全生产红线意识，树立“零死亡”的理念，夯实煤矿生产安全基础管理，针对事故暴露出的重大事故隐患信息不及时上报、突出事故预兆不查明原因、钻孔施工验收制度不落实等漏洞，采取强有力的技术、管理措施，查漏补缺，全面提高生产安全管理水平。

2）加强突出煤层安全技术管理。结合矿井实际，按照“一矿一策”“一面一策”原则，进一步完善矿井综合防突措施，切实做到抽采达标，不掘突出头、不采突出面；出现突出预兆后，必须立即停止作业，查明原因，采取措施。

3）优化矿井采掘布置。采掘工作面布置应避开应力集中区，未消除突出危险性的煤层，不得布置采掘工作面。开展低透气性煤层群无煤柱煤与瓦斯共采理论、方法和技术研究，综合治理 2 号、3 号煤层的突出问题。

4）强化安全培训教育。开展经常性警示教育活动，提高职工对煤与瓦斯突出预兆的认识，增强防突意识。

（5）相关知识与管理借鉴

在这起事故中，事故煤矿在出现喷孔、夹钻、片帮等突出预兆后，未消除突出危险，反而违反规定安排工人清理工作面片帮落煤，破坏了处于极限的应力平衡状态，诱发了煤与瓦斯突出。

在我国，有许多煤矿存在煤（或岩）与瓦斯（或二氧化碳）突出危险。尽管时至今日，人们还无法完全弄清发生煤（或岩）与瓦斯（或二氧化碳）突出的原因，但通过长期的生产实践，还是基本掌握了一些机理，特别是对发生煤与瓦斯突出的规律和预兆有了较高的认识，这对预防煤与瓦斯突出事故，防止和减少事故造成损失，都起到了重大作用。

煤（或岩）与瓦斯（或二氧化碳）突出是一种复杂的动力现象，是严重威胁煤矿安全生产的主要灾害之一，不仅会破坏井巷和通风系统，同时还会造成井下人员窒息和瓦斯爆炸事故，对此必须予以高度重视。

1）煤与瓦斯突出的一般规律如下：

①突出一般多发生在一定的采掘深度以后。

②突出多发生在地质构造附近。

③突出多发生在集中压力区。

④突出的次数和强度随煤层厚度特别是软分层厚度的增加而增加。同时，煤层倾角越大，突出的危险性也越大。

⑤突出与煤层中的瓦斯含量和压力没有固定的关系。

⑥大多数突出发生在落煤工序时，放炮震动更容易引起突出。

2）煤与瓦斯突出前，通常会发生以下预兆：

①有声预兆：煤体和支架的压力增大，煤壁移动加剧，煤壁向外鼓出，掉渣，煤块迸出，破裂声、煤炮声、闷雷声。

②无声预兆：煤质变得干燥，光泽暗淡，层理紊乱；瓦斯涌出量增大或忽大忽小；煤尘增多；气温降低；打钻时出现顶钻或夹钻等。

上述预兆在突出事故发生前并不都会显现，有时可能出现其中一种、两种或多种。生产中如遇到这些现象时，要立即停止工作，切不可冒险作业，以防事故发生。

11. 某矿业公司未采取区域综合防突措施导致突出事故

2014 年 3 月 21 日 10 时 35 分，河南某矿业有限公司（本案例中简称矿业公司）发生一起重大煤与瓦斯突出事故，突出煤岩量 970 t、瓦斯量 31 381 m^3，造成 13 人死亡，直接经济损失 1 555.46 万元。

（1）企业基本情况

1）企业相关情况。矿业公司为某集团控股的股份制企业，由集团所属某煤业公司下辖的某矿对其生产经营和安全进行监督管理。矿业公司位于河南省汝州市临汝镇，始建于 1988 年，原设计生产能力 21 万 t/a，2008 年核定生产能力 39 万 t/a；各种证照齐全；2009 年经审批进行升级改造，升级后生产能力 60 万 t/a。事故发生前，升级改造已完成，处于联合试运转期间。

2）矿井情况。矿井主采煤层为二 1 煤层，2008 年鉴定为煤与瓦斯突出（以下简称突出）矿井。该矿在二水平轨道下山-150 m 水平测得煤层瓦斯压力为 1.6 MPa，瓦斯含量 11.7 m^3/t。2013 年矿井绝对瓦斯涌出量 7.52 m^3/min，相对瓦斯涌出量 5.23 m^3/t。矿井煤尘具有爆炸危险性，爆炸指数为 20.17%。煤层具有自燃倾向性，自然发火类型为Ⅲ类不易自燃。

（2）事故经过

2014 年 3 月 21 日早晨，全矿共入井 250 人，带班领导为生产副经理苏某。6 时 30 分左右，综掘一队召开班前会，安排当班在二 1-21010 机巷掘进工作面和避难硐室正常掘进作业。7 时 40 分左右，跟班副队长王某某在井下现场安排 7 人在掘进工作面迎头作业，5 人在避难硐室作业，另有瓦斯检查工、皮带输送机司机、看风机工各1名，二1-21010机巷共出勤16人。

10时左右，掘进工作面迎头工人正在修棚打穿杆作业，避难硐室工人正在装填炸药，看风机工申某某往掘进工作面迎头送锯条，瓦斯检查工张某某开始从掘进头出来巡回检查。

10时35分左右，张某某在局部通风机处检查瓦斯，皮带输送机司机马某某和副队长王某某在皮带输送机机头查看变速箱异响情况，突然从掘进头吹出一股风，将王某某吹倒；在防突风门外的张某某听到“咚”的一声响，看到地面煤尘扬起，防突风门在晃动，发生了煤与瓦斯突出事故。

矿业公司调度室于10时35分发现二1-21010机巷掘进工作面瓦斯传感器和打钻视频监控系统全部断线，二1-21010机巷外瓦斯传感器显示瓦斯浓度40.09%。值班调度员打电话到掘进头询问情况，电话无人接听，随后接到井下瓦斯检查工张某某电话报告井下发生了事故，立即下令撤出井下人员。经核实，当班237人安全升井，13人下落不明。

11时11分，矿业公司调度室向某矿调度室报告了事故情况。11时25分，某矿调度室向煤业公司调度室进行了报告。同时，某矿矿长和调度室先后向集团总调度室报告了事故。

事故发生后，该矿组织救援人员将遇难人员运出井外。这起事故造成13人死亡，直接经济损失1 555.46万元。

（3）事故原因分析

1）直接原因。矿业公司矿井为煤与瓦斯突出矿井，所采二1煤层为突出煤层；二1-21010机巷掘进工作面出现了喷孔、顶钻等突出预兆，实际已进入突出危险区，但矿井未采取区域综合防突措施，没有消除突出危险性，继续掘进作业，工人修棚打穿杆作业扰动煤体，诱发煤与瓦斯突出。

2）间接原因如下：

①违章指挥工人冒险作业。二 1-21010 机巷掘进过程中未执行“矿业公司 2014 年度防突措施计划”规定的区域防突措施，在二 1-21010 机巷施工验证孔、措施孔和校检孔过程中均出现喷孔、顶钻等突出预兆和局部措施校检指标超限的情况下，未采取有效措施消除突出危险性，仍继续组织人员冒险作业。

②未严格执行有关防突规定和措施。该矿明知道对 0 m 标高以深区域（含二 1 煤层）的预测实际是开拓前预测，但仍违反相关规定指导工作面采掘作业；在煤厚大于 4. 2 m 地段，未按矿防突措施规定增加局部措施钻孔排数和数量；钻孔抽排时间未达到不低于 2 h 的规定，且抽放管路未安装计量装置。

③现场管理不到位。掘进工作面未配备专职瓦斯检查工，未按规定进行现场监钻，事发时瓦斯检查工不在掘进工作面；当出现喷孔现象后，现场人员没有按照专项防突措施规定停电、撤人；二 1-21010 机巷局部通风机司机擅离工作岗位；在二 1-21010 机巷工作面掘进同时安排避难硐室掘进施工，造成在避难硐室施工的 5 人死亡，导致事故扩大。

④矿井安全管理混乱。井下发现喷孔、顶钻、响煤炮、瓦斯异常等情况后，未按规定上报和处理；安全管理资料、记录不全，井下多次出现打钻异常情况，局部校检指标超限，打钻废孔，但未查出防突队有记录；打钻工兼职防突预测员；事故当班放炮员无证上岗；地质预报不到位，地质预报人员未到现场实测收集数据，仅根据通防部前探钻孔记录出具《地质预报通知单》，未发现掘进工作面前方地质构造异常。

⑤某矿对矿业公司安全生产管理不力。没有认真研究矿业公司防

突工作，对矿业公司编制的防突措施审批把关不严；没有采取有效措施消除矿业公司二 1-21010 机巷出现的喷孔、顶钻、响煤炮、瓦斯异常等情况；履行安全检查职责不力，对矿业公司事故隐患排查、现场安全管理，特别是防突工作检查管理不到位。

（4）事故教训和整改措施

1）提高防突认识，强化防突管理。矿业公司要吸取事故教训，高标准、严格执行防治煤与瓦斯突出相关规定。已划分的非突出区域，凡有动力现象或突出预兆的，一律升格为突出危险区；瓦斯和构造异常区域必须采取区域防突措施；始突标高以下不得采用开拓前预测方法划分非突出区域。

2）建立矿井瓦斯和地质异常快速处理反应体系。矿业公司要加强对煤层地质情况的探测，对矿井采掘过程中出现的瓦斯及地质构造异常情况，要建立台账，对每次异常情况都要由主管矿领导组织分析评价，制定针对性处理措施，确定专人负责监督落实，并将异常处置情况报上级公司。

3）加强突出矿井安全及现场管理。矿业公司要加强安全管理和现场管理力度，健全完善安全管理制度，严格执行防突措施；瓦斯检查工、放炮员、突出参数预测预报员必须严格执行规程规定，不得从事兼职工作；要完善各类现场记录，确保现场监钻到位；严禁违章指挥、冒险作业，严禁平行作业；不准在工作面正前实施近距离的风镐、手镐落煤作业。

4）加强防突知识培训。矿业公司要对井下从业人员特别是工程技术人员进行全员防突知识培训，确保人人熟悉防突知识；严格遵守防突规定，防突措施和作业规程必须严格按照防突规定编制、审批；要充实防突区队、通防科室的技术力量，完善防突管理体制；建立符合矿井实际情况的突出参数和敏感临界指标评价体系；要加强对突出参数预测预报员的业务培训，确保预测规范、数据准确。

5）加强防突工作力度。集团公司要进一步提高安全生产意识，提高防突工作标准，增加防突技术人员，切实加强防突工作；要认真吸取事故教训，举一反三，坚决取缔全集团突出矿井不执行区域防突措施的采掘工作面；要进一步完善隐患排查治理制度，提高以“一通三防”及防突为重点的隐患排查治理效能。

6）强化安全管理。集团公司要坚持“安全第一”方针，优化安全管理体制，明确各级公司安全管理责任，增强安全管理力度，提高安全工作管控能力；要加强对兼并重组矿井的管理，高标准、严要求，确保兼并重组矿井符合安全生产条件；严格执行事故报告制度，不得迟报、瞒报煤矿安全事故。

（5）相关知识与管理借鉴

事故矿井在2008年被鉴定为煤与瓦斯突出矿井，就应该特别注意做好煤与瓦斯突出预防工作，切实落实各项治理措施。《煤矿安全规程》（国家安全生产监督管理总局令第87号）在第四章煤（岩）与瓦斯（二氧化碳）突出防治中有以下规定：

1）突出矿井的防突工作必须坚持区域综合防突措施先行、局部综合防突措施补充的原则。

2）区域综合防突措施包括区域突出危险性预测、区域防突措施、区域防突措施效果检验和区域验证等内容。

3）局部综合防突措施包括工作面突出危险性预测、工作面防突措施、工作面防突措施效果检验和安全防护措施等内容。

4）突出矿井的新采区和新水平进行开拓设计前，应当对开拓采区或者开拓水平内平均厚度在0.3 m以上的煤层进行突出危险性评估，评估结论作为开拓采区或者开拓水平设计的依据。对评估为无突出危险的煤层，所有井巷揭煤作业还必须采取区域或者局部综合防突措施；对评估为有突出危险的煤层，按突出煤层进行设计。

5）突出煤层突出危险区必须采取区域防突措施，严禁在区域防突措施效果未达到要求的区域进行采掘作业。

6）施工中发现有突出预兆或者发生突出的区域，必须采取区域综合防突措施。经区域验证有突出危险，则该区域必须采取区域或者局部综合防突措施。按突出煤层管理的煤层，必须采取区域或者局部综合防突措施。

7）在突出煤层进行采掘作业期间必须采取安全防护措施。

《煤矿安全规程》（国家安全生产监督管理总局令第 87 号）在第四章煤（岩）与瓦斯（二氧化碳）突出防治中还规定：突出矿井必须确定合理的采掘部署，使煤层的开采顺序、巷道布置、采煤方法、采掘接替等有利于区域防突措施的实施。突出矿井在编制生产发展规划和年度生产计划时，必须同时编制相应的区域防突措施规划和年度实施计划，将保护层开采、区域预抽煤层瓦斯等工程与矿井采掘部署、工程接替等统一安排，使矿井的开拓区、抽采区、保护层开采区和被保护层有效区按比例协调配置，确保采掘作业在区域防突措施有效区内进行。

12. 某煤矿擅自组织掘进现场人员冒险作业引发突出事故

2016 年 1 月 15 日 6 时 19 分，重庆市南川区某煤业有限责任公司某煤矿+400 m 水平 S1 号煤上山掘进工作面发生煤与瓦斯突出事故，造成 3 人死亡，直接经济损失 421 万元。

（1）企业基本情况

1）企业相关情况。事故煤矿原是村属集体企业，始建于 1981 年 3 月，设计生产能力 3 万 t/a，1983 年 5 月建成投产，2000 年改制为私营企业，2008 年 9 月经批准扩能改建 6 万 t/a 立项，2012 年 10 月分别通过安全设施竣工验收和综合竣工验收。

该矿持有采矿许可证、企业法人营业执照、安全生产许可证，属证照齐全的生产矿井。矿长秦某某经主要负责人安全培训合格。2015 年生产原煤 6 705. 5 t，有职工 140 人。

2）矿井区域和局部防突措施。2009 年 10 月，该矿委托重庆某矿山工程设计有限公司编制了“瓦斯抽采设计说明书”。2012 年 8 月，该矿委托重庆某安全技术咨询有限公司编制了“防治煤与瓦斯突出专项设计”，矿井采用穿层条带预抽、本煤层顺层预抽的区域防突措施。局部防突采取打孔排放措施。矿井地面建有永久瓦斯抽采系统，并实施预抽措施。

（2）事故经过和救援情况

1）事故发生经过。2016 年 1 月 14 日 22 时 30 分，矿总工程师李某组织召开了班前会，由安全副矿长李某某下井带班，于 1 月 15 日 0 时入井。当班 23 人，其中，事故上山掘进工作面掘进工余某某、吴某某 2 人掘进，班长兼瓦斯检查工张某某、王某某 2 人运材料。作业过程中，王某某现场发现掘进工作面有一个防突钻孔有瓦斯喷出、垮孔等突出预兆，但未采取措施。在掘进了 2 m 并支护了 3 架厢后，班长张某某发现煤层变薄，仍未采取措施，继续安排掘进了 1 m，支护了 1 架厢。当班共掘进了 3 m，支护了 4 架厢。

15 日 6 时 19 分，张某某、余某某、吴某某 3 人修整掘进工作面时发生煤与瓦斯突出，在运输巷装煤的王某某听见响声，立即跑到 3 号石门附近寻找安全出口并在调节风窗处呼救，被机车司机陈某某听见，陈某某和装煤工段某某立即将王某某救出。15 日 6 时 30 分，矿调度室梁某某接段某某报告事故后，立即向矿总工程师李某、矿长秦某某报告，矿长秦某某、矿总工程师李某等立即入井组织救援并撤出了人员，20人安全出井，3人被困。15日7时10分，业主王某某向南川区煤炭管理局和水江镇政府报告。

2）应急救援情况。事故发生后，南川区立即启动事故应急预案，成立抢险救援工作指挥部，组织抢险救援工作。15日7时50分，南川区矿山救护中队11名救护队员及时赶到事故现场，经过紧张有序的抢险救援工作，于15日14时40分左右发现2名遇难人员，并将遗体运出井；18时50分发现最后一名遇难人员，并将遗体运出井，现场抢险救援工作结束。

（3）事故原因分析

1）直接原因。+400 m水平S1号煤上山掘进工作面K1煤层具有突出危险，在未消除突出危险的情况下，煤矿有关管理人员违章指挥，擅自组织掘进施工，现场作业人员冒险作业引发煤与瓦斯突出事故。

2）间接原因如下：

①煤矿防突技术管理混乱。煤矿违反《煤矿安全规程》（国家安全生产监督管理总局令第87号），未编制事故上山掘进工作面作业规程和工作面专项防突设计方案；事故地点没有在穿层抽放钻孔和顺层抽放钻孔区域防突措施的有效控制范围内；顺层抽放钻孔竣工图纸资料造假，实际孔深小于竣工图中孔深；事故地点未进行抽采效果达标评判和区域防突措施效果检验，区域防突措施不到位，抽采不达标；实施局部防突措施不到位，增大了事故上山掘进工作面发生突出事故的危险。

②煤矿现场管理混乱。事故上山掘进工作面施工3次防突排放钻孔后均超掘；掘进施工未设置防突基点，无防突允掘通知单，无防突记录；事故前已出现瓦斯浓度增大、卡钻、检验防突指标超标、残余钻孔瓦斯喷出等突出预兆，仍未停止作业、查明原因、采取措施；未

安装压风自救装置；现场作业人员未随身携带自救器。

③煤矿通风、瓦斯管理混乱。事故上山掘进工作面没有按防突规定设置独立的通风系统；未安装甲烷传感器，不能实时监控工作面甲烷浓度变化，逃避区煤矿安全监管部门监控中心联网监控；无瓦斯检查、瓦斯监控日报记录和矿长、总工程师的审签记录。

④煤矿安全教育培训不力。现场作业人员安全意识淡薄，未拒绝违章指挥行为，在无作业规程和防突专项设计方案的情况下掘进施工作业，发现突出预兆不立即停止作业、撤出人员，仍冒险作业。

（4）事故教训和整改措施

1）加强防突技术管理。煤矿企业要认真贯彻落实两个“四位一体”综合防突措施，严格执行煤矿安全技术管理规定，采掘作业必须按规定编制作业规程和工作面专项防突设计方案。

2）加强防突现场管理。煤矿企业要加强现场防突措施施工管理，强化防突抽采钻孔施工的检查和验收，确保钻孔按设计要求施工到位，做好防突措施实施情况记录；严格做好防突措施的效果检验和验证工作，防突效果不达标要及时采取补充措施，直至消除突出危险。

3）加强通风、瓦斯管理。煤矿企业要完善矿井通风系统，煤与瓦斯突出矿井的采掘工作面必须建立独立的通风系统；矿井按规定安装压风自救装置；加强瓦斯检查，严格瓦斯管理，严禁不检查瓦斯和瓦斯超限作业；矿长、总工程师必须严格按规定审签瓦斯日报和监控日报；加强安全监控系统维护，确保正常使用。

4）加强安全教育培训，提高职工安全素质。煤矿企业要认真编制安全培训计划，提高培训的针对性，加强煤矿防突知识培训，提高职工防突基本知识和防治煤与瓦斯突出能力。

（5）相关知识与管理借鉴

事故之后，调查组经现场勘查，发现该煤矿实施防突措施不到位。区域防突措施不到位，抽采不达标，未消除事故区域突出危险。

该矿 2013 年施工穿层钻孔实施抽放，事故地点斜长超出钻孔有效控制范围 10. 34 m，经实测垂直标高超出钻孔有效控制范围 3 m 以上，即未在穿层抽放钻孔斜长和垂直标高的有效控制范围内，穿层抽放不到位。

事故地点顺层抽放钻孔竣工图纸资料造假，实际孔深小于竣工图中孔深。“S3201 三采面抽放钻孔竣工图”记录，事故上山 3 m 和 10 m 处的底板帮 2 个顺层钻孔深度应分别为 46. 5 m 和 45. 2 m，但钻孔实际深度均不足 10 m。2015 年 12 月，施工事故区域 S1 号至 0 号石门段顺层抽放钻孔 18 个，实际钻孔深度 10. 5 ~ 32 m，小于“S3201 三采面抽放钻孔竣工图”中记录的 26 ~ 45. 3 m 的钻孔深度，钻孔深度造假，未控制事故区域范围，无事故区域瓦斯抽放量数据，实施顺层抽放不到位，未对事故区域进行抽采效果达标评判和区域防突措施效果检验。

事故上山掘进工作面实施局部防突措施不到位，增大了事故上山掘进工作面发生突出事故的危险。事故上山施工 3 次防突排放钻孔后，掘进均存在超掘情况：1 月 10 日中班施工排放钻孔 10. 5 m 后，掘进 7. 7 m，超掘 2. 2 m，安全屏障小于 5 m；1 月 11 日中班施工排放钻孔 10. 5 m 后，掘进 10. 8 m，超掘 5. 3 m，无安全屏障；1 月 13 日中班施工排放钻孔 10. 5 m 后，掘进 9. 1 m，超掘 3. 6 m，安全屏障小于 5 m。13 日中班，总工程师李某接到梁某某报告施工排放钻孔“瓦斯高”，未对瓦斯异常情况进行分析、查明原因并采取措施。事故上山掘进工作面未设置防突基点，无防突验收、检查、允掘通知单，无掘进施工发生的卡钻、瓦斯喷出和防突钻孔数量、孔深、角度及检测指标的记录台账。

经调查，该矿在局部通风、安全监控、瓦斯检查、安全防护设施等方面也存在问题。

1）局部通风存在的问题。事故上山掘进工作面采用 2 台型号为 FBD№-5/2×5.5kW 的局部通风机压入式通风，事故后经实测供风量为 35 m^3/min。事故上山掘进工作面没有独立的通风系统。

2）安全监控存在的问题。事故上山掘进工作面、回风未按规定安装甲烷传感器进行实时监控。

3）瓦斯检查存在的问题。无事故上山掘进工作面瓦斯检查、瓦斯监控日报记录；矿长、总工程师对瓦斯检查、瓦斯监控日报审签不严，未将事故上山掘进工作面的瓦斯检查、瓦斯监控日报进行审签。

4）安全防护设施存在的问题。事故上山掘进工作面、+400 m 南煤层运输巷 S1～S3 石门之间未按规定安装压风自救装置；事故当班入井作业人员未随身携带自救器。

13. 某煤矿煤层未消除危险放炮诱发煤与瓦斯突出事故

2014 年 6 月 11 日 0 时 5 分许，贵州某公司所属某煤矿发生重大煤与瓦斯突出事故，突出煤（岩）量约 1 010 t，瓦斯涌出量约 12 万 m^3，造成 10 人死亡，直接经济损失 1 634 万元。

（1）企业基本情况

1）企业相关情况。事故煤矿为设计生产能力 120 万 t/a、手续齐全的新建矿井，于 2009 年 9 月 8 日开工建设，设计主平硐、中央进风斜井、中央回风斜井 3 条井筒。至事故发生，一采区主体工程已基本完成，正进行首采面的施工。矿井建成了高负压永久瓦斯抽放、双回路供电、安全监测监控、人员定位和压风自救等系统。

井田范围内有可采煤层从上至下 M6、M16、M18、M27 共 4 层，全井田共划分12个盘区、7个采区，分为3个煤组开采，其中，M6煤层为上煤组，矿井首采区为上煤组的1盘区。M6煤层平均厚度3.41 m，倾角8°，煤层瓦斯含量为12.49～18.38 m^3/t，瓦斯压力0.13～1.65 MPa，经鉴定具有煤与瓦斯突出危险性，矿井属煤与瓦斯突出矿井。

2）矿井施工情况。事故发生时，井下布置有1601回风顺槽、1601运输顺槽、1601回风顺槽2号联络巷、1340西轨道大巷、1345西胶带大巷5个掘进作业点。2014年5月9日，事故煤矿与四川某基本建设有限公司（本案例中简称川建）签订了《建设工程施工合同》，将事故煤矿1601回风顺槽里段、1601运输顺槽里段及切眼等井巷工程的施工外包给该公司。1601回风顺槽2号联络巷于2014年5月13日起，由川建项目部施工。

3）事故点情况。事故点1601回风顺槽2号联络巷开口点位于101瓦斯抽放巷，距101瓦斯抽放巷开口点336 m。设计从底板揭穿M6煤层，长度51.59 m，坡度+25°30′，与1601回风顺槽方位夹角20°。设计净断面10.03 m^2，其中净宽3.5 m，净中高3.25 m，采用锚网喷支护，锚杆间排距0.8 m，顶板破碎地段采用U形棚支护，排距0.8 m。掘进方式为放炮掘进。

矿井于2012年12月26日开始施工，至2013年1月5日施工了23.4 m后，停止掘进，实施揭煤区域防突措施。此后陆续组织施工，2014年6月5日0点班揭开M6煤层，至事故发生时该巷道已掘35 m，处于揭煤过煤门阶段，支护方式为钢架棚支护，巷道顶部已揭露M6煤层约1.2 m。

（2）事故经过和救援情况

1）事故发生经过。2014年6月10日14时30分，当班地面值班矿领导、煤矿机电副总工程师雷某某组织召开四点班调度会。当班出勤 129 人，分别在井下 9 个地点作业，其中，1601 回风顺槽 2 号联络巷班长曾某某带 6 人掘进施工，巡查员 1 人。

四点班井下带班矿领导为生产副总经理朱某某，由于当天下午特区执法局在该矿进行安全检查，朱某某陪同于 12 时 40 分左右入井检查，16 时左右升井参加交流会，20 时左右检查结束，朱某某实际未入井带班。

川建项目部 16 时左右开完班前会，曾某某带领当班工人陆续到达 1601 回风顺槽 2 号联络巷，开始出渣、架棚作业。10 日 23 时 45 分左右，四点班矿调度员刘某某在撤出除事故区域的其他作业地点人员后，与 11 日 0 点班调度员刘某某交班时说："井下除 1601 回风顺槽 2 号联络巷作业人员外，其余人员已全部撤出，等中班安全检查工施某某报告后就可以放炮。" 11 日 0 时整，施某某向 11 日 0 点班矿调度员刘某某报告"2 号联络巷工作面人员已撤出，电源已停，准备放炮"，刘某某同意放炮。

11 日 0 时 5 分，1601 回风顺槽 2 号联络巷工作面发生煤与瓦斯突出，该工作面瓦斯浓度为 10%，工作面回风流瓦斯浓度为 4.13%。经清点，10 人被困（含事故点 10 日 4 点班未撤出的 8 人，0 点班提前入井瓦斯检查工 1 人，其他公司 1 名工作人员）。

2）应急救援情况。当班调度员发现井下瓦斯大面积超限后，立即向矿有关领导报告，总工程师陈某于 11 日 0 时 6 分到达调度室，通过监控系统发现瓦斯异常，初步判断是放炮后发生煤与瓦斯突出。0 时 8 分，陈某安排立即停掉井下全部动力电源，并将 1340 西轨道大巷、1601 回风顺槽、主平硐进风联络巷 11 日 0 点班已入井人员全部撤到地面；同时通知增大矿井风量，避免事故进一步扩大；安排驻矿救护队入井侦察，并召请集团公司救护大队。

驻矿救护队从措施井进入侦察，0 时 40 分侦察到措施斜井 310 m

处，发现第一名遇难人员，此后在措施斜井及井底车场陆续发现 7 名遇难人员，侦察到措施井井底车场往里 50 m 处，发现第九名遇难人员，身上背有光学式瓦斯检测仪和放炮器。2 时 20 分，集团公司救护大队到达事故煤矿，立即从主平硐入井侦察，沿 1340 进风巷、3 号联络巷，经 1350 总回风进入 101 瓦斯抽放巷，在进去 340 m 处发现最后一名遇难人员，随身携带光学式瓦斯检测仪和瓦斯检查记录本。

抢险指挥部根据现场侦察的情况，命令将遇难人员搬运出井。5 时 10 分，救护队将 10 名遇难人员全部搬运出井，抢险救援结束。

（3）事故原因分析

1）直接原因。该矿区域防突措施和局部防突措施落实不到位，1601 回风顺槽 2 号联络巷揭穿的 M6 煤层未消除突出危险性，石门揭煤时放炮诱发煤与瓦斯突出。

2）间接原因如下：

①煤矿防突措施落实不到位。一是煤矿未对揭煤区域煤层松软、煤层过厚、煤层透气性等瓦斯地质条件进行认真分析，抽采钻孔由于垮孔严重，使得钻孔中垮孔位置以里的部分抽放效果受到影响，甚至没有抽放效果；未对区域抽放钻孔施工和验收进行管理，致使钻孔不能按设计方案施工到位。二是该掘进工作面消突评价报告中区域效果检验采用 1 年前的检验结果，未考虑停抽后瓦斯重新分布情况。三是工作面局部防突措施采用钻孔排放瓦斯，排放孔无设计、无施工管理记录、无验收，不能保证局部防突措施落实到位。四是局部防突措施效果检验不符合规定要求，在 6 月 6 日测定瓦斯解吸速度后，事故煤矿施工了排放钻孔，但在 6 月 7 日中班瓦斯排放完毕后仅测定了瓦斯涌出初速度，未按规定测定瓦斯解吸速度，便作出已消除突出危险的结论，但实际未消突。

②煤矿管理混乱，安全设施存在严重问题。一是放炮措施不落

实。事故当班1601回风顺槽2号联络巷掘进工作面放炮，未严格按要求落实放炮前撤人、警戒措施，造成突出时掘进工作面本班作业人员和在1601回风巷掘进工作面巡查的瓦斯检查工未撤出。二是通风设施不合格。1601回风顺槽2号联络巷反向风门设计不严谨，施工管理不到位，竣工未验收；风门位置设置不合理，最后一道反向风门距工作面距离小于70 m；仅设置了2道反向风门，且反向风门墙体厚度和强度均达不到设计要求。三是在公司安全监察部发现该矿自查38条隐患有4条未整改完成，作出验收不通过后，矿安监部擅自在综合验收结论栏填写“复查合格，同意复工”，并将2份验收表格作为集团公司验收合格的依据，向煤矿安监站申请复查予以恢复建设。四是矿井监测监控系统、人员定位系统维护和管理不到位。监测监控系统5月1—19日无监控数据，事故发生后总回风瓦斯浓度最大为0.61%，系统运行不正常；人员定位系统存在未编制传输程序，数据不能上传、漏卡等现象。

③制度不健全，技术措施审批不到位。一是未严格按规定进行防突专题研究，也未做到由企业主要负责人每季度、每月进行防突专题研究。二是未按有关规定和要求建立瓦斯抽放钻孔的施工、验收、管理及通风设施的设计、施工、验收等制度，也未督促所属煤矿健全相关管理制度，导致煤矿1601回风顺槽2号联络巷揭M6煤层的区域措施钻孔未按设计施工到位，通风设施质量不符合要求。三是未按规定程序先审批消突评价报告后再审批揭煤安全技术措施。四是会审中已发现煤矿消突评价报告中的区域措施钻孔“揭煤点前方钻孔过稀，达不到设计抽放半径要求”，未退回并要求采取补充措施，确保达到设计要求后再批复。

（4）事故教训和整改措施

1）煤矿要切实加强煤矿防突，特别是石门揭煤工作。要认真落实两个“四位一体”综合防突措施，加强对现场钻孔施工的管理，严厉打击弄虚作假行为；进一步优化矿井采掘部署，切实减少煤矿井下石门揭煤次数；进一步加强煤矿井巷揭煤的安全管理，井巷揭穿突出煤层必须制定揭煤安全技术措施，严格执行远距离放炮安全防护措施，严格落实停电、撤人和警戒等专项措施；高度重视揭煤防突专项设计的审批和区域效果检验的审查备案工作，确保设计和措施落实到位。同时对所属矿井进行安全检查时，在瓦斯治理方面必须检查综合防突措施的编制、审批和落实情况。鉴于煤矿存在煤与瓦斯突出的重大事故隐患，由集团公司组织专家进行专题分析和研究，制定出具有针对性、切实可行的瓦斯治理方案。

2）要加强通风设施和施工验收管理。煤矿要加强“一通三防”管理力度，通风设施均要经过专项的设计及审批，井下通风设施要进行现场验收，且验收资料要存档备查，确保通风设施装设合理、质量可靠。

3）认真开展事故隐患排查治理工作。集团公司要建立隐患排查治理长效机制和重大隐患分级挂牌督办制度，实现隐患排查治理工作常态化、规范化、科学化。重大生产安全隐患排查治理工作要按照“五落实”的要求，真正做到措施不落实、隐患不排除不得生产和建设，必须按要求进行复查和验收，确保隐患消除。切实开展好“查大系统、除大隐患、防大事故”活动，以矿井通风系统、瓦斯抽采系统和防突为重点，切实加强煤矿通风设施的检查，对通风设施设置不合理、数量不足、质量不合格等重大隐患，必须做到真查、真改和立查、立改；对安全系统存在重大隐患的，必须坚决停产停建，及时治理隐患。

4）加强建设项目的管理。要严格落实对建设项目的合法性审查，督促其健全建设手续，依照批复的开采方案设计和安全设施设计进行建设；并严格执行国家有关部门的规定，建设单位不能将井下三期工程外包，监理单位要切实履行质量和安全监管职责，施工单位要建立安全管理机构并配齐特种作业人员，项目负责人要具备相应的从业资质。

（5）相关知识与管理借鉴

瓦斯作为煤矿安全的“第一杀手”，是煤矿安全生产的隐患，也是煤矿安全管理的重中之重。同时，瓦斯也是高效清洁能源，如果能够有效利用起来，不仅能减轻煤与瓦斯突出的压力，还能化废为宝，用于发电和供热供暖。目前一些煤矿实施瓦斯抽采工程，构建“采煤采气一体化”“煤与瓦斯共采”的立体化瓦斯抽采模式，使煤矿瓦斯防治的理念得到了进一步创新。

在瓦斯治理和瓦斯利用方面，陕西某化工集团公司（本案例中简称化工集团）做得比较好。

化工集团是特大型能源化工企业，拥有全资、控股、参股企业60余个，在册职工11万余人。该集团自2012年以来，用于瓦斯治理的资金年均大于27亿元，主要用于矿井抽采系统建设、通风设备更新、专用瓦斯治理巷道施工、大功率钻机购置、瓦斯实验室建设等。化工集团已经有15对高突矿井的瓦斯抽采能力达到了实际需要抽采量的2倍，每个矿井均装备有不少于3台的千米抽采钻机，高突矿井建成了瓦斯实验室。

近年来，化工集团加大抽采能力建设，着力分区域超前治理。化工集团共建成地面永久瓦斯抽采系统41套，增加抽采能力20 500 m^3/min，所属矿井全部淘汰了井下移动抽采系统。截至2016年末，所属15对高突矿井共建有地面瓦斯抽采系统70套，抽采能力为32 080 m^3/min。

化工集团为了从根本上解决瓦斯难题，成立了专门的公司，配备了专业人员和设备，负责集团所属煤矿的地面瓦斯抽采与利用工作。

截至 2016 年底，化工集团已建成总装机容量 3.54×10^4 kW 低浓度瓦斯发电站，并有少量地面煤层气出售和供热利用。这也从源头上防止了瓦斯超限和煤与瓦斯突出事故的发生，从而探索出一条新路。

14. 某矿井未采取防突措施消除危险综掘机诱发煤与瓦斯突出事故

2014 年 5 月 25 日 15 时 14 分，贵州某煤业有限公司某矿井发生一起较大煤与瓦斯突出事故，造成 8 人死亡、1 人受伤，直接经济损失 1 048.8 万元。

（1）企业基本情况

1）企业相关情况。事故矿井隶属于贵州某煤业有限公司（本案例中简称煤业公司，为省属国有企业），位于水城县玉舍镇，为证照齐全的生产矿井，设计生产能力 120 万 t/a，属煤与瓦斯突出矿井。

矿井机构设置齐全，通风工区负责全矿通风、监测监控工作；抽采工区负责全矿施钻、瓦斯抽放工作；生产技术部负责全矿生产技术管理、现场管理工作；安监部负责全矿事故隐患排查、安全培训工作；瓦斯防治办公室负责矿井防突设计、施钻监管、抽放监管、区域检验工作。矿井有职工 925 人，其中安全员 37 人，瓦斯抽采作业人员 37 人，监测监控员 8 人。以上特种作业人员均持有效证件。

2）矿井情况。矿井可采煤层 3 层，其中部分煤层有煤与瓦斯突出危险性。矿井采用斜井开拓，中央并列式通风。事故发生时，井下布置有 11013 综采面、11014 备采工作面和 11182（Ⅱ）机巷底板抽放巷、11182（Ⅱ）风巷底板抽放巷、13 区段运输石门、11013 补风巷、12 区段联络上山掘进工作面。

3）事故地点情况。事故发生在 11182（Ⅱ）机巷底板抽放巷掘进工作面。11182（Ⅱ）机巷底板抽放巷掘进工作面设计为岩巷，走向长 987 m，位于 K18 煤层和 K26 煤层之间，距上、下煤层间距约 13 m，以顶部一层厚 0. 2 m 左右的煤线为标志层，按 297° 方位水平掘进。2013 年 7 月开始掘进，至事故发生时已掘进 872 m。该巷采用半圆拱支护，净宽 4. 2 m，净高 3. 3 m，使用 EBZ200H 型岩石掘进机掘进。采用 FBDNO8. 0 型（电机功率为 2×45 kW）对旋压入式局部通风机供风，风筒直径为 0. 8 m。

4）防突措施开展情况。矿井制定了瓦斯超限分析上报及追查处理制度，成立瓦斯超限管理小组，组长为总工程师，副组长为分管安全的副总经理。制度规定，瓦斯超限在 2%以下由安监部按照事故调查的“四不放过”原则组织追查处理。

事故发生前，已进行第 15 循环地质预测预报。5 月 25 日 10 时许，当班带班矿领导方某某和下井例行安全检查的矿党委书记杨某某带领生产技术部、安监部、瓦斯防治办公室、通风工区等相关部门人员到 11182（Ⅱ）机巷底板抽放巷进行现场考察，工作面瓦斯浓度为 0. 3%。方某某与现场有关人员商量后，要求加强顶板支护，安排恢复掘进作业。事故当班未按要求打 3 个地质验证探孔。

（2）事故经过和救援情况

1）事故发生经过。2014 年 5 月 25 日 7 时，矿井掘进副总工程师、综掘二工区区长宋某主持召开班前会，安排 11 人到 11182（Ⅱ）机巷底板抽放巷作业，其中陈某某（班长）、张某某等 9 人在工作面作业，另 2 人在防突风门外开皮带运输机。当班带班矿级领导是总工程师方某某，综掘二工区跟班领导为副区长党某某。10 时许，矿党委书记杨某某和方某某带领生产技术部、安监部、瓦斯防治办公室、通风工区等相关部门人员到达 11182（Ⅱ）机巷底板抽放巷考察后，同意恢复掘进作业。

当班施工人员没有施工地质验证探孔，就开始掘进作业。12 时

20 分，党某某提前升井到达地面。15 时 14 分，掘进过程中发生了煤与瓦斯突出，在该掘进工作面作业的 11 人中除 2 名皮带运输机司机安全升井外，9 人下落不明。

2）应急救援情况。接到事故报告后，矿井立即启动应急预案，成立抢险救援指挥部，组织抢险救援。25 日 15 时 25 分，煤业公司驻矿井救护队 12 人入井侦察。15 时 50 分，救护队在距工作面 67 m 处发现第一名遇难人员，距工作面 65 m 处发现第二名、第三名遇难人员，距工作面 61 m 处发现第四名遇难人员。20 时 20 分，救护队在距工作面 40 m 处风筒下成功抢救出 1 名被困人员，并迅速将其运送出井，送往医院救治。21 时 35 分，救护队又发现 2 名遇难人员。27 日 3 时 15 分，距工作面 11 m 处搜寻到最后 2 名遇难人员，抢险救援工作结束。事故共造成 8 人死亡、1 人受伤。

经调查认定，这是一起煤与瓦斯突出事故，突出煤量约 327 t，涌出瓦斯量约 32 800 m^3。

（3）事故原因分析

1）直接原因。11182（Ⅱ）机巷底板抽放巷掘进过程中，K18 煤层受断层影响已被切割至距巷道顶板约 3 m 位置，未采取防突措施消除突出危险，综掘机掘进诱发煤与瓦斯突出，导致事故发生。

2）间接原因如下：

①防突措施落实不到位。一是防误穿煤层措施不完善。对大于 0. 3 m 厚的煤层执行考察（测定瓦斯解吸速度）批掘局部防突措施，没有明确执行区域防突措施；掘进过程中出现突出预兆时，无明确的分析处置措施。二是未对第 15 循环地质预测预报进行认真分析，在地质钻孔已出现明显异常的情况下，下达了允许掘进 60 m 的地质预测预报单，在掘进过程中未采取有效措施进一步探明煤层层位、地质构造，没有采取防突措施。2 号、6 号钻孔应穿透 K18 煤层，而施工

后未见 K18 煤层，未分析原因；不该进入 K18 煤层的 3 号钻孔已探到 K18 煤层，煤厚 3 m，钻孔见煤长度 42.5 m，误判为掘进巷道上部的标志煤层。三是 11182（Ⅱ）机巷底板抽放巷距 K18 煤层最小法向距离小于 5 m，不符合相关规定，且未采取防突措施，造成误揭 K18 煤层。四是事故当班未施工 3 个地质验证探孔。五是出现瓦斯涌出异常且掘进工作面顶板破碎的突出预兆，没有撤人、分析，仍未采取防突措施。

②瓦斯管理工作不到位。一是没有认真分析瓦斯变化原因。在第 15 循环掘进过程中工作面瓦斯浓度由 0.2%上升到 0.64%，瓦斯涌出量明显增大，且在 5 月 24 日瓦斯超限（达 1.5%）导致了闭锁断电，矿上没有认真分析瓦斯浓度变化原因，也没有按照“四不放过”原则追查处理瓦斯超限。二是矿井瓦斯监测监控系统不能正常显示 11182（Ⅱ）机巷底板抽放巷掘进工作面瓦斯超限值。

③煤业公司安全管理工作不到位。一是未认真履行对下属煤矿的安全管理职责。2014 年事故发生前，煤业公司对事故矿井检查 31 次，只有 8 次下达检查指令，且对矿井检查出的事故隐患未跟踪复查。二是未对事故矿井瓦斯防治、防突工作存在的事故隐患进行深入排查，5 月 19 日对该矿检查后未下指令，也未发现 11182（Ⅱ）机巷底板抽放巷存在的重大事故隐患，也未对检查出的其他事故隐患跟踪复查和销号。三是制度不健全，未建立钻孔施工、验收管理制度。

（4）事故教训和整改措施

1）严格落实煤矿企业安全生产主体责任。煤业公司要严格督促指导事故矿井隐患排查治理工作，矿井在停产整顿期间，要切实开展好“思想大整顿、隐患大排查、基础大夯实”活动，消除各大系统存在的事故隐患。整改结束，经省安全生产监督管理局组织验收合格并取回安全生产许可证后，方能恢复生产。

2）要严格执行相关规定，通过钻探等手段严格掌握掘进巷道距突出煤层的法向距离，防止误揭煤事故发生。要确保防突措施有效，在煤体消突的情况下才能采用综掘机掘进。岩巷掘进中，出现瓦斯涌出、异常地质构造等，要认真进行分析，确认无突出危险后方能掘进。

3）要配齐地质专业技术人员，加强专业技术人员培训力度，尤其要提高防突、地质等专业人员的综合分析、处置能力。煤业公司要建立隐患排查治理闭合工作制度，加强对下属煤矿安全监督检查和安全技术管理，突出排查整改通风系统、瓦斯治理、监测监控系统运行等方面存在的隐患，并跟踪督促整改到位。加强对作业人员安全培训教育，提高他们的安全意识和辨识危险的能力，确保按章作业。

（5）相关知识与管理借鉴

煤与瓦斯突出防治工作，主要有区域综合防突措施和局部综合防突措施，即两个“四位一体”防突措施。局部综合防突措施直接与突出煤层“短兵相接”，在防突工程作业时面临着巨大的风险，可谓“贴身肉搏”；区域综合防突措施在煤岩柱的保护下开展防突工程作业，相对安全可靠，可谓“隔山打虎”。

突出煤层采取区域防突措施，可大幅度降低或消除突出危险，在此基础上再采取局部综合防突措施，最大限度地降低发生事故的危险。区域综合防突措施工程量大、时间长、投入大、施工难度大，而局部综合防突措施相对来说工程量小、施工速度快、见效快，部分煤矿心存侥幸、冒险作业，极易诱发突出事故。随着矿井深度的增加，开采强度提高，瓦斯含量和压力增加，突出灾害越来越严重，以至于在工作面打钻孔这样对煤体轻微的扰动都能诱发突出，因此落实以地面钻井预抽、保护层开采、岩巷穿层钻孔预抽为主的区域综合治理措施是防突工作的首要之举、必由之路。

三、煤矿火灾事故

煤矿矿井火灾是煤矿重大灾害之一。矿井火灾按照发火原因的不同，可以分为内因火灾和外因火灾。内因火灾是由于煤炭自燃引起的火灾，外因火灾是由外来火源引起的火灾。一般情况下，矿井火灾主要是外因火灾。外因火灾事故人为因素较多，因此，矿工要牢固树立“安全第一、预防为主”的思想，严格遵守《煤矿安全规程》（国家安全生产监督管理总局令第87号）的规定，并做到以下几点：入井矿工严禁携带烟草及点火用具下井；井下严禁使用电炉和灯泡取暖；如必须进行井下电气焊和喷灯焊接等工作时，必须采取严格的安全防范措施，切不可麻痹大意；各种设备运转要良好，严禁带病运行，避免因摩擦生热而引起火灾的发生。

《煤矿安全规程》（国家安全生产监督管理总局令第87号）第二百四十六条规定，煤矿必须制定井上、下防火措施。煤矿的所有地面建（构）筑物、煤堆、矸石山、木料场等处的防火措施和制度，必须遵守国家有关防火的规定。

第二百五十四条规定，井下和井口房内不得进行电焊、气焊和喷灯焊接等作业。如果必须在井下主要硐室、主要进风井巷和井口房内进行电焊、气焊和喷灯焊接等工作，每次必须制定安全措施，由矿长批准并遵守下列规定：

①指定专人在场检查和监督。

②电焊、气焊和喷灯焊接等工作地点的前后两端各 10 m 的井巷范围内，应当是不燃性材料支护，并有供水管路，有专人负责喷水，焊接前应当清理或者隔离焊碴飞溅区域内的可燃物。上述工作地点应当至少备有 2 个灭火器。

③在井口房、井筒和倾斜巷道内进行电焊、气焊和喷灯焊接等工作时，必须在工作地点的下方用不燃性材料设施接受火星。

④电焊、气焊和喷灯焊接等工作地点的风流中，甲烷浓度不得超过 0.5%，只有在检查证明作业地点附近 20 m 范围内巷道顶部和支护背板后无瓦斯积存时，方可进行作业。

⑤电焊、气焊和喷灯焊接等作业完毕后，作业地点应当再次用水喷洒，并有专人在作业地点检查 1h，发现异常，立即处理。

⑥突出矿井井下进行电焊、气焊和喷灯焊接时，必须停止突出煤层的掘进、回采、钻孔、支护以及其他所有扰动突出煤层的作业。煤层中未采用砌碹或者喷浆封闭的主要硐室和主要进风大巷中，不得进行电焊、气焊和喷灯焊接等工作。

第二百五十八条规定，每季度应当对井上、下消防管路系统、防火门、消防材料库和消防器材的设置情况进行 1 次检查，发现问题，及时解决。

15. 某矿业公司井下密闭作业压缩机着火导致火灾事故

2013 年 2 月 28 日 19 时 43 分，河北省某能源集团（本案例中简称能源集团）怀来某矿业有限公司（本案例中简称矿业公司）井下发生一起重大火灾事故，造成13人死亡，直接经济损失1 425.08万元。

（1）企业基本情况

1）企业相关情况。矿业公司位于河北省怀来县新保安镇，前身为怀来县煤矿，属新保安镇镇办集体企业，1978年建井，1986年投产，生产能力6万t/a。2011年6月，某集团与怀来县新保安镇政府签订煤矿接管协议，由该集团控股51%，新保安镇政府持股49%，组建成能源集团怀来矿业公司，拟经过整合技改，生产能力由6万t/a提高到15万t/a。

2）矿井情况。该矿井属高瓦斯矿井，煤尘具有爆炸性，煤的自燃倾向性为Ⅲ类不易自燃。矿井采用斜井开拓，主井斜长554 m，坡度22°，副井斜长445 m，坡度24°，风井斜长445 m，坡度23°，均为梯形木支护。主、副井均安装JT1200/1000单滚筒缠绕式绞车，用于混合提升、行人和进风，风井兼安全出口。

3）事故地点情况。事故前，井下布置有750水平南采区、750水平北采区共2个采区，北采区处于封闭状态。井筒及石门大部分为裸巷，局部为梯形木棚支护，煤层巷道采用梯形木棚支护、窑柴背帮背顶，立眼为井字形木垛支护。

事故发生时，井下有2个维修作业地点，分别是主井750水平南采区750代巷1号密闭和760区段巷2号密闭，在两密闭处共有13名作业人员进行维修作业。

（2）事故经过和救援情况

1）事故发生经过。2013年2月28日7时，井口副主任汤某某、瓦斯检查工王某某2人下井巡查，发现主井750水平南采区750代巷1号密闭和760区段巷2号密闭漏风。约12时2人上井后，汤某某向总经理李某某报告了情况。李某某与总工程师赵某某商量后，准备维修损坏的 2 处密闭。李某某电话通知井口副主任陈某，要求陈某打电话通知附近村的矿工到矿，并安排赵某某制定技术措施。

14 时 30 分，陈某等 13 名工人到矿，李某某和赵某某布置工作后，赵某某制定并讲解了矿井密闭维修安全技术措施。约 15 时，陈某等 13 名工人从主井入井，进行维修密闭作业。约 20 时，主通风机司机发现风机扩散器出口冒出黑烟，立即向李某某报告。

2）应急救援情况。李某某听完主通风机司机报告后，立即赶到主通风机机房查看情况，然后派人到附近的公司请求支援。约 20 时 20 分，赵某某和渠某某带领 6 名兼职救护队队员从主井入井，经 750 水平井底车场、750 水平运输石门、750 水平运输大巷，进入 750 水平南采区运输石门，看见空气压缩机着火，冒着黑烟。赵某某和渠某某先走到距空气压缩机约 5 m 的地方用灭火器直接灭火，接着兼职救护队队员准备继续用灭火器灭火，这时里面巷道不断冒落，热浪涌出，巷道顶部发热掉渣，距空气压缩机 5~6 m 处，巷顶温度达 70℃，一氧化碳检测仪报警（浓度为 0. 196%），已经不具备用灭火器直接灭火的条件。渠某某到井底车场配电室切断大巷以里电源，又到 1 号水窝附近开关处拆开空气压缩机及以里供电电缆，再到井底车场配电室向 1 号水窝潜水泵送电。此时，兼职救护队队员已经把灭火软管与潜水泵排水管连接上，渠某某启动潜水泵，由于灭火软管死折多，水压把水管接头崩开，加之 1 号水窝水源有限，用水直接灭火无望。赵某某在井底 750 水平车场打电话向李某某报告情况。李某某当即让井下人员撤离，准备反风，接着向能源集团调度室报告情况，在征得领导同意后，约 21 时 11 分，开始进行反风。

21 时 10 分许，能源公司救护大队赶到。21 时 30 分，救护队队员从风井入井，开始搜救工作，当救护队队员从 760 区段巷通过 750 至 760 上山风门，到达 750 变平段时发现 3 名遇难人员。之后，在

750 水平南采区运输巷与 750 至 760 上山变平段交叉口左右 15 m 范围内又发现 8 名遇难人员。3 月 2 日 11 时，救护队队员在 750 水平南采区运输巷溜煤眼底发现 1 名遇难人员。救护队队员在发现 12 名遇难人员的同时发现 12 台自救器，自救器均已打开，口具、鼻夹已脱落，没有过火痕迹。在对井下进行了 5 轮搜索后，失踪的 1 名人员仍未被找到。当时火情观测及瓦斯涌出情况：接近火区一氧化碳浓度在 0.5%以上，总回风道甲烷浓度在 0.82%以上。

经抢险救援指挥部研究、判断，失踪人员在火区内，已无生还可能，在征得失踪人员家属同意后，3 月 5 日决定采取地面封闭灭火措施，即在现有的主、副、风井井口以下 15 m 处选择合适位置施工密闭，从主井 1 号密闭实行注液态二氧化碳灭火方案。

由于封闭区内氧气指标一直达不到火区启封条件要求，甲烷浓度超标，经专家论证，不具备启封条件。为避免次生事故发生，并加快事故调查进度，经研究决定，事故调查期间不再下井进行事故现场勘察。

（3）事故原因分析

1）直接原因。维修密闭作业时，使用的无煤矿矿用产品安全标志的空气压缩机着火，引燃附近区域巷道木支护，产生大量有毒有害气体，造成下风侧 13 名工人一氧化碳中毒死亡。

2）间接原因如下：

①矿业公司安全生产主体责任落实不到位。该矿在发现井下密闭存在事故隐患的情况下，未按要求和程序将维修方案上报能源集团和张家口市政府批准，擅自组织人员下井维修作业。

②矿业公司盲目处理事故隐患，没有采取严密的安全技术措施，超过规定人数组织 13 人下井；在排除事故隐患时，使用无煤矿矿用产品安全标志的空气压缩机；井下巷道采用木支护，且使用窑柴背帮背顶，为火灾事故埋下了重大隐患；煤矿消防管路系统不健全；安全

培训不到位。

③能源集团对矿业公司长期存在的重大事故隐患未能及时排查、管控和处置，未能及时发现矿业公司违规维修和使用禁用设备的行为；对整合后小煤矿存在的事故隐患未进行认真排查，对整合煤矿技改前长期存在的事故隐患排查不彻底、整改和管控不力。

（4）事故教训与防范措施

1）国有企业要加强对接管后整合重组煤矿的管理，严禁违规擅自组织人员、超过规定人数下井作业。整合煤矿经上级批准维修时，必须根据井下实际情况制定有针对性和可操作性的安全技术措施，严禁盲目处理隐患。

2）加强井下机电设备的使用管理和检查。要开展一次井下机电设备安全大检查，对排查出的非矿用、明令淘汰、不符合规定的机电设备，要按要求限期进行更换。纳入安全标志管理的设备无煤矿矿用产品安全标志，严禁入井使用。

3）整合重组矿井要按照有关法律、法规、规程要求，完善生产系统和安全条件，完善井下“六大系统”，对使用不符合国家、省政府有关煤矿安全生产法律、法规、规定的木支护和淘汰、禁用设备等违法违规问题，要严格按照有关规定，制定严密的安全技术措施，从井上到井下，由里向外进行全面整改，坚决消除事故隐患。要加大对煤矿全员培训力度，“三岗”人员必须经考核合格，持证上岗。

（5）相关知识与管理借鉴

一般情况下，煤矿所发生的火灾主要是外因火灾。造成外因火灾的主要原因如下：

1）明火引起矿井火灾，如井下吸烟、井下使用电（气）焊、井下使用电炉和灯泡取暖等，引起易燃物着火。

2）电气故障引起矿井火灾，如电流短路产生的弧光、电火花、电缆放炮、设备过载运行导致设备发热等引起的火灾。

3）井下违章爆破引起矿井火灾，如使用变质炸药，井下放糊炮、放明炮和明火放炮，以及井下爆破不使用水炮泥、炮眼封泥量不足等都会引起火灾。

4）瓦斯煤尘爆炸产生的高温也会引起矿井火灾。

5）撞击火花、摩擦生热等也会引起矿井火灾。

这起事故是人员在维修密闭作业时空气压缩机着火，引燃附近区域巷道木支护，产生大量有毒有害气体，造成下风侧 13 名工人一氧化碳中毒死亡。从类型来看，这起火灾属于外因火灾。外因火灾的特点是发生突然，来势凶猛，而且发生的时间与地点往往出乎人们的意料，由于作业人员通常没有思想准备，因而易因惊慌失措而酿成恶性事故。火灾发生的同时，还会产生大量有毒有害气体，如果撤离不及时、采取措施不及时，还会导致人员中毒窒息伤亡事故。这起事故的发生，从经过来看，主要是事前准备不足，火灾发生后灭火不及时、人员撤离不及时。

16. 某煤矿电缆被岩石砸伤绝缘损坏着火导致火灾事故

2012 年 9 月 22 日 4 时 15 分，黑龙江省双鸭山市友谊县某煤矿十井发生重大火灾事故，死亡 12 人，直接经济损失 2 516 万元。

（1）企业基本情况

1）企业相关情况。事故煤矿十井位于黑龙江省双鸭山市友谊县龙山镇，于 1996 年建井，1997 年投产，属私营企业，该矿设计生产能力为 6 万 t/a。全矿职工 240 多人，实行 2 班作业制。

2）矿井情况。事故煤矿十井 2007 年核定生产能力为 5 万 t/a，批准开采 11 号、12 号、13 号 3 个煤层，开采深度由+135 m 至+85 m

标高，截至2011年年底保有资源储量35.8万t。事故发生时开采11号、12号煤层，经鉴定11号、12号煤层不易自燃，煤尘具有爆炸性，属瓦斯矿井。

该矿为片盘斜井开拓，主井斜长200 m，坡度15°，副井斜长130 m，坡度28°，单钩串车提升，主提升绞车型号JT1600-150 kW。该矿为中央并列抽出式通风，主备扇型号为FBCZN010/22，矿井总入风量850 m^3/min，总排风量980 m^3/min。

该矿井下作业地点有3个，分别为一片11号煤层右翼采煤工作面、一片11号煤层左翼掘进工作面、一片12号煤层石门掘进工作面。采煤方法为走向长壁后退式，顶板管理为全部垮落式，支护为单体液压支护，落煤方式为爆破落煤，工作面采用自滑运输方式，平巷采用人力推矿车运输方式，掘进工作面支护为锚杆支护和钢棚支护。事故发生时，上述3个作业地点均未生产。

3）矿井违法生产情况。该矿深部井界标高批准为+85 m，私自违法进行主井下延（在+112 m标高处打设密闭，逃避监管人员检查）。至-12 m标高处，越界开掘左四片车场，通过石门连通相邻煤矿已报废的五采区，非法盗采4号、5号、6号、7号、8号煤层，该区域采用11kW局扇正压供风，由相邻煤矿采空区回风。至-75 m标高处，越界开掘右七片车场，通过暗斜井二段、三段轨道上山进入相邻煤矿矿界，非法盗采13号、14号、15号煤层，该区域通过邻近的某煤矿采空区入风，由本矿采空区回风。

事故发生时，越界区域当班七片有2个作业地点生产，四片有3个作业地点生产，事故发生在右七片15号煤层-140运输平巷石门处，波及15号煤层-140运输平巷以下区域。

（2）事故经过和救援情况

1）事故发生经过。2012年9月21日夜班，该矿生产班组有四片杨某某、王某某、唐某某、张某某4个班组，七片崔某某、姜某某2个班组，当班带班领导为生产矿长丁某某（当班未入井）。19时，安全矿长刘某某、生产矿长丁某某开完班前会，当班共49人入井，其中四片杨某某班组4人，王某某班组5人，唐某某班组3人，张某某班组5人，四片辅助工11人，七片崔某某班组5人（其中潘某某、冯某某未经考勤入井），姜某某班组5人，七片辅助工7人，值班井长张某某、孙某2人，瓦斯检查工1人，电工1人。

4时15分左右，在-140运输平巷中距机电硐室20多米处休息的潘某某，听到靠机电硐室侧“砰砰”两声响后，看见15号煤层-140运输平巷石门口处落地的电缆发出火光，潘某某立即到三段告诉崔某某等人电缆着火了，同时，通知三段绞车司机李某某。李某某下到三段上部车场岔口处时，浓烟已经很大，李某某等4人就往三段下部跑。潘某某向相反方向顺着平巷摸着铁道爬出了火区。10 min后，潘某某听见火区里有动静，于是就喊“趴地上往外爬，上面烟很大”，一两分钟后蹬钩工秦某某、杨某某2人也爬了出来。潘某某等3人到二段井底车场，让二段蹬钩工陈某某赶紧往地面打电话报告，但电话断电无信号，随后陈某某、秦某某、杨某某3人升井报告事故。潘某某则在石门联络巷用安全帽盛水进行灭火，但浇了几次没起作用，潘某某又找到二段绞车司机张某某，并和他一起拿着灭火器到着火区灭火，因烟太大、温度高，灭火未见效果。至22日6时左右，当班入井人员有37人安全升井，12人被困井下。

2）应急救援情况。9月22日5时30分左右，矿长钟某接到陈某某报告后，立即组织人员进行救援。6时20分左右，钟某先后组织3批20多人带着自救器、灭火器到达着火地点，参与灭火救援。由于火势较大，用灭火器没有扑灭石门联络巷处的明火，通风矿长黄某某指挥救援人员接水管从六片水仓取水进行灭火。11时左右，由于着火处顶板冒落片帮，堵塞通往三段通道，救援人员采取边清理冒落岩石边打支护的办法，进行救援。至政府开展救援工作时，三段上部车场运输平巷靠三段一侧火仍未扑灭。

接到事故报告后，双鸭山市委、市政府主要领导立即带领市、县相关部门人员赶赴事故现场，成立抢险救援指挥部，启动事故抢险应急预案，紧急调动抢险救援设备设施，迅速组织人员开展抢险救援工作。10 月 9 日，火区地点温度、烟气、一氧化碳得到控制，救护队队员进入火区搜救，发现 12 名矿工已经遇难，并于当日 23 时将遇难人员全部升井，至此救援工作结束。

（3）事故原因分析

1）直接原因。该矿 15 号煤层-140 运输平巷石门处变压器至馈电开关之间低压橡套电缆被冒落的岩石砸坏，绝缘层被损坏，造成相间短路，电缆着火，引燃周边可燃物及煤壁，导致发生火灾及人员中毒窒息死亡。

2）间接原因如下：

①事故煤矿无视国家法律、法规，越界开采。该矿矿主和煤矿管理人员组织有关人员提供假图纸，打设假密闭，隐瞒越界开采行为，逃避监管，超层越界非法盗采煤炭资源。

②事故煤矿主体责任不落实，违法违规组织生产。一是该矿矿主漠视生命，组织工人冒险作业，领导带班未入井。二是事故煤矿利用煤矿合法开工手续，骗取火工品用于非法生产。三是煤矿拒不执行监管部门的停产整改指令，在采矿证已过期，监管部门要求停产的情况下违法组织生产。四是煤矿管理人员“人、证、岗”不符。

③事故发生后，事故煤矿隐瞒事故，个别监管人员知情不报，使灾区火情没有得到及时有效控制，贻误了事故抢险救援时机。

④安全监管部门日常监督管理工作不到位。一是县驻矿安全监督

员发现该矿非法施工隐蔽工程和违规生产行为，却不制止、不报告。二是县煤矿安全执法监督大队在对事故煤矿十井日常检查时，对该矿长期超层越界非法生产未能及时发现。三是县煤炭生产安全管理局没有及时督促该矿按照工程计划组织施工，导致该矿长期在合法工程的掩护下非法生产。四是市煤矿监察支队对县煤炭生产安全管理局驻事故煤矿十井安全监管员工作失职、县煤矿安全执法监督大队人员工作不负责任情况失察。

（4）事故教训和整改措施

1）针对事故暴露出的煤矿利用隐蔽工程非法生产问题，要制定有针对性的措施和办法，加强超层越界、隐蔽工程的专项检查力度，严厉打击超层越界盗采资源等违法违规行为，并形成长效机制。

2）进一步强化落实煤矿企业主体责任。加强煤矿安全基础管理，进一步强化矿井通风、设备、机电和防治火管理，严禁使用淘汰设备和落后生产工艺，严格落实机电设备检修检查制度，严禁使用不合格的消防设施器材，杜绝失爆设备、无电气保护装置设备带病运转。确保矿井消防供水施救系统管路铺设到位，矿井通风系统必须合理、稳定、可靠，严禁无风、微风作业。确保领导带班入井制度落实到位。

3）进一步强化行业管理和技术指导。各级煤矿行业管理部门要严格规范作业规程审批工作，完善煤矿作业规程报送、备案、监督工作机制。认真做好矿井工程图的定期交换工作，坚持制度化、规范化，加强区、县级煤炭测量队伍建设，有效防范制造、提供假作业规程和假图纸行为。

4）进一步加强煤矿职工的安全培训教育工作，提高煤矿从业人员安全素质和安全意识。要监督煤矿建立安全培训档案，规范煤矿安全培训管理工作，加大对煤矿安全培训、从业人员持证上岗和领导入井带班制度的执法检查力度，有效杜绝矿井从业人员“证、岗”不符和专业人员配备不足现象。督促煤矿组织开展事故应急救援演练，进一步加强事故应急救援工作，建立事故应急响应联动机制，加强矿山救护队伍的战备训练，全面提高防范和应对突发事件的整体水平。

5）严格加强火工品管理。针对非法工作面的火工品来源问题，要严格规范火工品的审批、发放制度，严防“冒领”火工品用于非法违法生产。

（5）相关知识与管理借鉴

这起事故的发生十分意外，由于电缆被冒落的岩石砸坏，绝缘层被损坏，造成相间短路，电缆着火，引燃周边可燃物及煤壁，导致发生火灾和人员中毒窒息死亡。

矿井火灾除了与一般地面火灾危害相同以外，还具有以下特点：

1）火灾能产生大量的有毒有害气体，造成人员中毒。据国内外资料统计，在矿井火灾事故中95%以上的遇难人员死于有毒气体中毒。煤炭燃烧会产生一氧化碳、二氧化碳、二氧化硫、烟尘等。另外，井下坑木、橡胶类物品、聚氯乙烯制品等燃烧时，不仅会产生一氧化碳气体，同时还会产生醇类、醛类以及其他一些复杂的有机化合物等有毒有害气体。这些气体会随风流在井下扩散，有时会波及很大的范围甚至全矿井，从而造成大量人员中毒伤亡。

2）火灾会形成火风压，使灾害范围扩大。火风压是指发生在矿井垂直巷道或倾斜巷道内的火灾或高温火烟流经这些巷道时，由于巷道中的空气温度升高，密度减小，从而形成的一种附加的自然风压。火风压的产生，不仅会使矿井通风发生紊乱，严重时会导致风流发生逆转，使井下本未发生火灾的区域也受到火烟的侵袭，造成大量人员有毒有害气体中毒，扩大灾情。因此，当井下人员接到火灾警报通知时，应果断采取行动，立即沿避灾路线撤退，千万不要犹豫不决。

3）火灾易引起瓦斯、煤尘的爆炸。一是火灾为瓦斯、煤尘爆炸提供了引爆火源。二是由于火灾的作用，一些燃烧物在干馏的作用下，会释放出有可燃性和爆炸性的气体，增加爆炸的危险性。所以，矿井火灾与瓦斯煤尘爆炸，相互作用，相互转化。

井下发生火灾时，因为矿井空间的限制，井下人员难以躲避，损失会比一般地面火灾更为严重。面对突然发生的火灾事故，很重要的一点是不要惊慌失措，贻误时机，应视火灾的性质、地点以及灾区通风和瓦斯情况，在确保人身安全的情况下，立即采取一切可能的方法进行灭火，控制火势。否则，有可能因现场人员的行动迟缓或惊慌失措而酿成大祸。井下人员在积极投入灭火的同时，要迅速报告矿调度室，调度室在接到井下火灾报告后，应立即按照事故应急预案，下达行动命令。现场人员接到命令后，要果断行动。若火势很大，现场人员已无力灭火，或接到撤退命令时，灾区人员要迅速戴好自救器，有组织有秩序地沿着规定的避灾路线撤退。如果撤退途中烟雾很大无法辨清方向时，撤退人员可手扶巷帮或管线沿逆风流方向撤退，也可手扶轨道匍匐撤退。

四、煤矿透水事故

煤矿透水事故是指矿井在建设和生产过程中，地面水和地下水通过裂隙、断层、塌陷区等各种通道涌入矿井，当矿井涌水超过正常排水能力时，就造成矿井水灾（俗称“透水”），也称为煤矿水害事故。透水事故是煤矿生产中发生较为频繁的重大灾害事故，归纳其原因主要有三个方面：一是自然因素，二是技术原因，三是人的行为。透水预兆则是矿井在发生透水前经常出现的一些特征，它是我国广大矿工实践经验的总结，对预防矿井透水事故的发生，减少人员伤亡具有重大作用。常见的透水预兆有挂红，挂汗，煤壁发潮变暗，空气变冷、产生雾气，水叫声，顶板来压、淋水加大，底板鼓起或产生裂隙，水色发浑、有臭味等。

《煤矿安全规程》（国家安全生产监督管理总局令第 87 号）规定，煤矿防治水工作应当坚持“预测预报、有疑必探、先探后掘、先治后采”基本原则，采取“防、堵、疏、排、截”综合防治措施。

煤矿企业应当建立健全各项防治水制度，配备满足工作需要的防治水专业技术人员，配齐专用探放水设备，建立专门的探放水作业队伍，储备必要的水害抢险救灾设备和物资。水文地质条件复杂、极复杂的煤矿，应当设立专门的防治水机构。

采掘工作面或者其他地点发现有煤层变湿、挂红、挂汗、空气变冷、出现雾气、水叫、顶板来压、片帮、淋水加大、底板鼓起或者裂隙渗水、钻孔喷水、煤壁溃水、水色发浑、有臭味等透水征兆时，应当立即停止作业，撤出受水患威胁地点的所有人员，报告矿调度室，并发出警报。在原因未查清、隐患未排除之前，不得进行任何采掘活动。

 17. 某煤矿巷道掘进掘透老空积水导致重大透水事故

2012 年 4 月 6 日 9 时 55 分，吉林省蛟河市某煤矿井下南一上顺 +40 m 标高掘进工作面发生一起重大透水事故，造成 12 人死亡，直接经济损失 1 370 万元。

（1）企业基本情况

1）企业相关情况。事故煤矿位于蛟河市拉法镇，原为蛟河市国有地方煤矿，1985 年开始建设，1996 年 3 月由地方国有煤矿改制为私营企业。2008 年 9 月，煤矿转为股份制经营。2008 年 10 月该矿提出进行矿井技术改造，有关部门于 2008 年 12 月底前先后批复，2011 年 12 月矿井经过有关部门验收，取得了相关证照，转为正常生产矿井。事故发生前，该矿采矿许可证、安全生产许可证、煤炭生产许可证、工商营业执照、矿长资格证、矿长安全资格证均在有效期内。该矿有职工 217 人，分 3 班作业。

2）矿井情况。该矿采用斜井片盘式开拓，中央并列抽出式通风，双回路供电。该矿井田水文地质条件属中等类型，矿井正常涌水量为 40~60 m^3/h，最大涌水量为 100 m^3/h。该矿井为 2 段排水，主排水泵房设在主井底+108 m 水平，安装有 mD150-30×8 水泵 3 台，

铺设 2 趟无缝钢管排水管路，将水从主泵房排至地面（+324. 8 m 标高）。+108 m 标高以下设有临时排水系统。

3）事故区域情况。透水事故发生在运输下山+40 m 标高南一上顺槽掘进工作面，煤层厚度 2～3 m，煤层倾角 6°～15°。该掘进工作面于 2012 年 2 月 1 日开工掘进，锚杆支护，打眼放炮掘进，人力推车。该巷道设计长度 400 m，至事故发生时已掘进 188. 4 m。除透水事故工作面外，事故区域还安排有 3 个掘进工作面，均在透水点标高以下，分别为运输下山+25 m 标高南二下顺槽掘进工作面、运输下山+16 m 标高掘进工作面、回风下山+17 m 标高掘进工作面。

+40 m 标高南一上顺槽在掘进过程中没有涌水，在其上部有一处已开采多年的采空区，留设了 40 m 防水煤柱。在该巷道掘进施工初期，在+38. 3 m 标高距车场 30 m 处打了 2 个探水钻孔，共放水约 8 000 m^3。

（2）事故经过和救援情况

1）事故发生经过。2012 年 4 月 6 日白班，全矿入井作业人员共 70 人。其中，+40 m 标高南一上顺槽出勤 5 人，运输下山掘进工作面出勤 8 人（含 1 名电工），回风下山掘进工作面出勤 6 人，+25 m 标高南二下顺槽无人作业。该矿当班带班矿领导为矿长王某某。

+40 m 标高南一上顺槽掘进工作面作业人员在班长李某某的带领下，8 时入井，入井后留 1 人在+38. 3 m 标高的运输下山车场倒车，班长李某某等 4 人进入工作面作业。在打了 11 个炮眼，放了 6 个掏槽眼后，李某某在打靠右帮的顶眼时，发现右帮已装完药的辅助眼（在右帮中部）向外淌水，就大声喊“跑”，4 人跑出 20～30 m 后，听到掘进工作面有“轰隆”声，透水事故发生了。

2）应急救援情况。透水事故发生后，李某某等 4 人快速跑到+40 m 标高南一上顺槽与回风下山联络巷处，碰到机电矿长孙某某、通风负责人高某某，刚报告完，水就漫过来了。于是，他们一起撤到+38.3 m标高回风下山，看到回风下山+36 m标高探煤巷口的2名倒车工，告诉2人赶紧撤离，这时水又漫过来了，他们就顺回风下山往上撤。撤到+108 m运输大巷时，他们碰到矿长王某某和技术矿长刘某某，对透水情况进行报告。然后，李某某和孙某某、王某某、刘某某4人沿运输下山往下边走边查看情况，这时，水已经淹没+38.3 m标高联络巷。王某某和刘某某随后安排全井撤人，清点人数后发现12人失踪。

该矿立即向蛟河市煤炭管理局报告了事故。吉林市、蛟河市两级党委、政府及有关部门接到事故报告后，立即启动应急预案，成立抢险救援指挥部，全力组织抢险救援工作。至4月15日23时10分，累计排水59 000 m^3，水位标高由+78.3 m下降至+21.9 m，12名遇难人员遗体全部找到，抢险救援工作结束。

（3）事故原因分析

1）直接原因。矿井未准确掌握原老空区下限位置，+40 m标高南一上顺槽掘进工作面巷道测量出现偏差，致使在图纸上标注的40 m防水煤柱实际上已经不存在，导致巷道掘进过程中掘透老空积水；安排作业人员在受水害威胁区域的下部区域作业，致使透水事故发生后人员无法逃生。

2）间接原因如下：

①煤矿探放水工作存在明显漏洞。该矿违反相关规定，在初次探放+40 m标高南一上顺槽掘进工作面上部采空区积水前没有准确估计积水量，在初次放水为8 000 m^3后，未对放水效果进行总结评估，没有掌握探放水实际效果就盲目安排掘进；编制的掘进施工探水钻孔措施违背相关要求，只打2个探水钻孔循环前进，没有按规定在平面和竖面形成扇形布设，满足不了探放水效果要求，致使在掘进过程中掘

透老空积水；没有按照编制的“南一上顺槽+40 m 标高打钻放水设计”在 180 m 位置打钻放水，致使该巷道在掘进到 188.4 m 时掘透老空积水。

②煤矿技术管理存在严重问题。一方面该矿未能准确掌握矿井老空区位置、积水区间和水量等矿井水文地质资料，实际采空区下限比图上标注的要低。另一方面在巷道上部有积水的情况下，该矿一直采用罗盘仪对+40 m 标高南一上顺槽进行测量，没有及时用经纬仪进行复测，造成测量工作中出现重大偏差，实际工作面位置比图上标注位置向采空区一侧偏差平距达 24 m。这两方面的问题导致在图纸上标注的 40 m 防水煤柱实际上已经不存在，致使+40 m 南一上顺槽掘进工作面施工时掘透老空区。

③煤矿冒险组织生产。该矿没有执行“预测预报、有疑必探、先探后掘、先治后采”的防治水工作原则，在明知上部采空区有积水的情况下，没有及时采取措施有效治理，急于组织生产，安排人员在受水害威胁区域的下部区域作业，致使发生透水事故后，人员无法撤离。

④煤矿防治水管理工作不到位。矿井虽然成立了防治水机构，但没有真正承担起防治水工作责任，且专业技术人员配备力量不足，防治水领导小组的多数成员不清楚防治水工作职责，防治水责任制没有落到实处；探放水措施和作业规程贯彻不到位，矿井部分管理人员不知道作业规程和探放水措施的相关内容，没有按规定对探放水工作进行检查和管理；忽视安全培训工作，安排无证人员进行探放水作业。

（4）事故教训和整改措施

1）切实加强矿井防治水基础工作。煤矿企业必须严格坚持“预测预报、有疑必探、先探后掘、先治后采”的防治水工作原则，认真收集、调查和核对相邻煤矿及废弃老窑的情况，积极采用物探、钻探、化探等综合探测技术，确保能够准确查明矿井或采区水文地质条件。凡矿井水源不清、周边老窑位置不清以及开采煤层上部存有老窑水、未按规定留足隔离煤柱、未按规定采取探放水措施及受水害威胁的煤矿，一律不得进行生产和施工。凡矿井存在重大水患以及在生产和施工中发现透水征兆的，必须立即按规定撤出人员。

2）从严煤矿探放水工作。煤矿企业要认真编制探放水设计方案，确保探放水设计的科学性、严谨性和可靠性。探放水施工必须由有证人员进行操作，同时每次探放水结束后，必须进行探放水总结分析，对探放水效果进行严格评估，不能确定积水全部放出的，不得解除水害威胁。要牢固树立“安全第一”思想，按规定配备满足需要的防治水专业技术人员，建立健全水害防治各种制度，严禁安排人员在受水害威胁区域的下部区域作业。

3）切实加强企业技术人员和特种作业人员管理。煤矿企业必须严格执行安全生产法规、标准和规程，严格规程、措施的制定、审查、审批和落实，确保法规、标准和规程、措施在作业现场得到有效执行。有关部门要切实重视和加强煤矿各类专业技术人员的培养和配备，积极采取委托培养、定向培养等方式，加强煤矿安全技术队伍建设。煤矿企业要严格按规定配备各类特种作业人员，瓦斯检查工、探放水工、监测工、安全员必须持证上岗，不得兼职从事其他工作。

（5）相关知识与管理借鉴

在这起事故中，李某某在打靠右帮的顶眼时，发现右帮已装完药的辅助眼（在右帮中部）向外淌水，出现透水预兆，及时作出决断，带领工友们跑出危险境地，不仅保护了自己，也保护了其他人，减少了人员伤亡。

透水预兆是矿井在发生透水前经常出现的一些特征，它是我国广大矿工实践经验的总结，对预防矿井透水事故的发生，减少人员伤亡具有重大作用。透水预兆的具体含义如下：

1）挂红：含铁物质丰富的地下水，尤其是老空水，因其里面常常有被丢弃的铁梁、铁柱等，经水浸泡使水中产生暗红色的水锈，透水前这种水往往通过煤岩裂隙流出，水锈沉积在缝壁上呈现红色。

2）挂汗：水在压力的作用下，沿煤岩裂隙和孔隙渗透到煤岩壁表面形成水珠，俗称挂汗。

3）煤壁发潮变暗：采掘工作面接近积水区域时，煤壁发潮，光泽暗淡。

4）空气变冷，产生雾气：工作面接近积水区域时，由于地下水的作用，煤体将会发凉，工作面空气温度降低，而且越接近工作面越觉得寒冷。

5）水叫声：当地下水有压力时，水沿煤岩缝隙喷出时，发出的空气震动声。

6）顶板来压、淋水加大：煤层上覆岩层如有含水层且距煤层较近时，透水前煤层顶板压力明显增加，并伴有淋水加大等现象。

7）底板鼓起或产生裂隙：当煤层底板较薄或松软且距含水层较近时，发生透水前，在水压力的作用下，煤层底板有时会出现鼓起或产生裂隙，甚至出现喷水等现象。

8）水色发浑、有臭味：矿井透溶洞水时，因溶洞水无补充水源而呈现灰色；矿井透冲积层水时，因冲积层水往往掺杂黄泥而呈现黄色。又因为溶洞水、老空水属死水，里面会含有许多浮游物，在地下水的长期浸泡下会产生硫化氢气体，透水时，硫化氢气体随之流出而出现臭鸡蛋气味。

现场人员发现透水预兆或接到警报通知后，千万不要惊慌，要立即采取应急措施，不要犹豫不决、拖拖拉拉，发现透水预兆立刻行动，既可保护自己，又可保护他人。

 18. 某煤矿越界开采放炮贯通采空区积水诱发透水事故

2014 年 4 月 7 日 4 时 50 分左右，云南省曲靖市麒麟区某实业有限公司某煤矿发生一起重大水害事故，造成 21 人死亡，1 人下落不明，直接经济损失 6 689 万元。

（1）企业基本情况

1）企业相关情况。事故煤矿位于麒麟区东山镇境内，始建于 1989 年 1 月，为集体企业，生产能力 3 万 t/a。2001 年事故煤矿改制为私营企业，2013 年 4 月通过建设项目竣工总体验收，生产能力为 6 万 t/a，证照齐全有效。煤矿配备矿长 1 名，安全副矿长、技术副矿长、机电副矿长、技术负责人各 1 名，生产副矿长 3 名，下设技术科、财务科、生产调度室。

2）事故地点情况。事故发生地点为一采区 2401 补巷掘进工作面，透水点标高为+ 1 882 m 。2013 年 6 月，煤矿决定开采 C24 煤层，8 月开始布置 C24 运输上山和回风上山，2014 年 3 月形成 2401 壁式采煤工作面。为了回收工作面附近的煤柱，煤矿又布置 2401 补巷掘进工作面、2401 运输巷掘进工作面和 2401 残采工作面。2401 补巷掘进工作面掘进 79 m 时，发生透水事故。该工作面为木棚支护，上宽 1. 8 m，下宽 2. 6 m，高 2. 2 m，没有装设瓦斯监测监控系统和人员定位系统，自巷道施工以来，一直没有进行探放水作业。

3）矿井越界违法开采情况。2013 年 6 月煤矿决定开采相邻煤矿三号井 C24 煤矿保安煤柱，2013 年 8 月煤矿开始组织施工，2014 年 3 月形成 2401 壁式采煤工作面。事故调查期间，经国土资源部门核对，C24 煤层生产系统绝大部分巷道位于相邻煤矿三号井井田范围内，越界巷道共 1 128 m，违法生产原煤 8 606. 2 t 。

为了逃避政府及有关部门的监管，事故煤矿交代矿上所有人员隐

瞒 C24 煤层生产情况；制作真假 2 套图纸；在越界开采区域不安设甲烷传感器和人员定位读卡分站；各种报表资料不出现 C24 煤层有关情况；煤炭出井后立即装车运走。上级安全检查、验收时，安排人员提前在通往 C24 煤层主要巷道口设置栅栏、打密闭。隐瞒情节极其恶劣。

4）煤矿探放水工作开展情况。该矿未设立专门的防治水机构，未成立专门的探放水队伍，只是配备了 2 台 ZDY-620 型坑道钻机进行施工探水。一采区探放水主要由机电副矿长张某某带领电工杨某某负责实施，具体探放地点由矿长决定。C24 煤层区域探放水工作开展极不正常，该矿自进入 C24 煤层以来，只在运输下山探过一次，没有任何记录。事故地点及 C24 煤层其他区域的掘进工作面均没有进行探放水。

事故煤矿于 2014 年 2 月 10 日开始检修巷道和安装皮带，2 月 13 日恢复掘进作业。2 月 20 日，曲靖市公安局麒麟分局开始向煤矿供应民用爆炸物品，2 月 21 日事故煤矿购进炸药 480 kg 和雷管 1200 发，2 月 22 日井下开始使用炸药、雷管，到 3 月 26 日共计使用炸药 2 592 kg，雷管 6 237 发。

（2）事故经过和救援情况

1）事故发生经过。2014 年 4 月 7 日 2 时至 8 时班，当班出勤 26 人，其中，带班副矿长 1 人，电工 1 人，运输上山上部推车工 3 人，下部皮带运输机机尾 1 人，C24 煤层 2401 残采工作面 10 人，2401 运输巷掘进工作面 5 人，2401 补巷掘进工作面 5 人。1 时 20 分，带班副矿长杨某某召开班前会，进行工作安排。1 时 40 分，班长王某某带领工人相继入井作业。1 时 50 分，带班副矿长杨某某由风井入井，现场检查后于 3 时左右升井。推车工殷某某 3 人在地面装料后 2 时左右入井。

4时30分左右，殷某某3人在+1 914 m水平溜煤眼处听到下面第一次放炮声，以后陆续听到第二声、第三声炮响，4时50分左右突然听到下面巷道传来“轰轰”的声响，3人立即用电话与皮带运输机机尾联系，机尾电话无人接听。于是殷某某去机尾查看情况，但他还未到机尾，便看到水已经淹满下部巷道。返回后，殷某某打电话到绞车房报告情况，接电话的是杨某某（杨某某3时升井后在绞车房烤火）。杨某某接到井下透水报告后，立即打电话报告矿长，但矿长陈某某未接电话。杨某某随后去找机电副矿长张某某组织下井救人。殷某某等3人升井后，5时30分到矿长家里报告情况。5时40分，矿长陈某某下井查看，发现水已经从皮带运输机机尾淹上来20多米。陈某某出井后，6时2分向高家村煤管所报告事故。

2）应急救援情况。接到事故报告后，高家村煤管所所长韩某某带领人员立即赶赴事故现场，同时向麒麟区煤炭局上报事故情况，全力投入事故抢险救援。至4月18日，找到21名遇难人员，1人失踪，救援指挥部仍组织力量对1名失踪人员进行搜寻。截至4月28日，此次事故共造成21人死亡，1人下落不明。

（3）事故原因分析

1）直接原因。事故煤矿非法越界开采相邻煤矿三号井保安煤柱，掘进工作面不进行探放水作业，冒险蛮干，放炮贯通采空区积水，诱发透水造成事故。

2）间接原因如下：

①煤矿安全主体责任不落实，越界开采，违法组织生产，不执行探放水措施，安全管理混乱。发生事故的2401补巷掘进工作面位于相邻煤矿三号井井田范围内，事故煤矿非法越界组织生产原煤8 606.2 t。为了逃避政府监管，该矿采用统一口径、制作真假2套图，以及事故区域不装设甲烷传感器和人员定位读卡分站、不填报

表、检查验收时提前打密闭等手段掩盖违法生产行为。

②安全管理混乱。事故煤矿未设置专门的安全管理机构，井下随意布置采掘工作面，事故发生前井下共布置5个掘进工作面，其中事故区域3个掘进工作面同时作业。未针对事故区域掘进工作面编制作业规程，爆破距离不符合《煤矿安全规程》（国家安全生产监督管理总局令第87号）规定，爆破时未撤出邻近巷道的作业人员。劳动组织管理混乱，班长自行招录井下作业人员，随意安排作业，事故当班带班领导提前升井。部分矿领导下井不签字、不检身，一些从业人员未经培训入井作业，部分特种作业人员无证上岗。

③防治水措施不落实。该矿C24煤层补巷掘进工作面未执行“预测预报、有疑必探、先探后掘、先治后采”的探放水规定，探放水措施不落实，冒险蛮干。

（4）事故教训与防范措施

1）切实做好煤矿隐蔽致灾因素普查和矿井防治水工作。地方各级人民政府和煤矿企业要深刻吸取教训，强化防治水措施，切实做好煤矿水患隐蔽致灾因素普查和井下防治水工作。要结合“雨季三防”工作重点开展水害普查治理，尤其要查清资源整合、矿界重叠、受地面水威胁、省属煤矿周边矿以及小煤矿比较集中的矿区煤矿的水体情况，对每个煤矿的老空区积水划定警戒线和禁采线，彻底查清隐蔽致灾因素。煤矿井下作业要执行探放水规定，探放水措施不落实的要责令停产整顿。要坚决打击和严厉查处擅自开采保安煤柱等违法行为。

2）督促企业规范化管理。加强劳动组织管理，严格执行入井人员检身、出入井人员登记制度，执行煤矿领导及管理人员下井带班制度，依法签订劳动合同，落实全员安全培训，从业人员必须经培训合格后方可上岗工作。

3）加强技术管理。采掘布置合理，回采工作面采用正规壁式采煤方法，坚决淘汰巷道式采煤，配齐采矿、通风、机电及地质测量等专业技术人员。煤矿图纸技术资料必须反映矿井实际，严禁弄虚作假。

4）煤矿水文地质不清的，煤矿掘进作业必须严格执行探放水规定；完善矿井安全监控系统和人员定位系统，保证正常运行；加强井下火工品管理，严格执行煤矿火工品领退、保管等制度和井下爆破作业规定，严格执行“一炮三检”和“三人连锁”放炮制度。

5）切实做好煤矿“雨季三防”工作。要督促煤矿企业切实加强“雨季三防”管理工作，加强地面防洪工作，必须按要求制定针对性强的“雨季三防”工作方案，雨季前必须对防治水工作进行全面检查。应组织抢险队伍，储备足够的防洪抢险物资。要认真贯彻落实煤矿防治水相关规定，切实加强水文地质基础工作，完善水文地质资料，尤其要查清资源整合、矿界重叠、地面水库威胁、省属煤矿周边以及小煤矿比较集中的矿区的周围老窑、采空区及含水构造情况，要坚持“预测预报、有疑必探、先探后掘、先治后采”的防治水基本原则，切实加强井下探放水工作，防止水害事故的发生。

（5）相关知识与管理借鉴

这起事故的发生，与事故煤矿非法越界开采相邻煤矿三号井保安煤柱及掘进工作面不进行探放水作业，有着直接的关系。

探放水是预防透水事故的重要环节，煤矿企业对井田范围内及周边区域的水文地质条件不清楚时，应当采取有效措施，查明水害情况。在水害情况查明前，严禁进行采掘活动。发现矿井有透水征兆时，应当立即停止受水害威胁区域内的采掘作业，撤出作业人员到安全地点，采取有效安全措施，分析查找透水原因。这些不仅是煤矿安全要求，也是煤矿安全生产常识。

《煤矿安全规程》（国家安全生产监督管理总局令第 87 号）关于

防治水的规定如下：

1）煤矿防治水工作应当坚持“预测预报、有疑必探、先探后掘、先治后采”基本原则，采取“防、堵、疏、排、截”综合防治措施。

2）矿企业应当建立健全各项防治水制度，配备满足工作需要的防治水专业技术人员，配齐专用探放水设备，建立专门的探放水作业队伍，储备必要的水害抢险救灾设备和物资。水文地质条件复杂、极复杂的煤矿，应当设立专门的防治水机构。

3）煤矿应当编制本单位防治水中长期规划（5~10 年）和年度计划，并组织实施。矿井水文地质类型应当每 3 年修订一次。发生重大及以上突（透）水事故后，矿井应当在恢复生产前重新确定矿井水文地质类型。水文地质条件复杂、极复杂矿井应当每月至少开展 1 次水害隐患排查，其他矿井应当每季度至少开展 1 次。

4）当矿井水文地质条件尚未查清时，应当进行水文地质补充勘探工作。

5）矿井应当对主要含水层进行长期水位、水质动态观测，设置矿井和各出水点涌水量观测点，建立涌水量观测成果等防治水基础台账，并开展水位动态预测分析工作。

19. 某煤业公司煤壁难承受小煤窑采空区积水压力透水事故

2013 年 9 月 28 日 3 时许，山西汾西某煤业有限责任公司（本案例中简称煤业公司）东翼回风大巷掘进工作面发生一起重大透水事故，造成 10 人死亡，直接经济损失 1 756 万元。

（1）企业基本情况

1）企业相关情况。煤业公司位于山西吕梁汾阳市，属于建设矿井。该矿批准能力 9×10^5 t/a，整合后井田面积 8.357 2 km^2 ，开采 2~11号煤层。

2）事故区域情况。事故发生在矿井东翼回风大巷，该巷道布置在 9 号、10 号、11 号煤层中，于 2011 年 11 月开始施工，起始于轨道下山末端，设计长度 747 m，事故发生时已掘进 642 m，采用锚索、锚杆、喷浆联合支护，为机轨合一巷，左侧铺设皮带，右侧铺设轨道。该巷道施工初期采用炮掘作业方式，事发前采用综掘机作业。

该矿为整合矿井，井田范围内过去小煤窑开采严重，大小井筒有 59 个，井田西部有 40 余处历史以来采挖的小窑口，事故区域上部 2 号煤层已采空，3 号、4 号煤层部分采空，事故区域东部、西部 9 号、10 号、11 号煤层已采空。

（2）事故经过和救援情况

1）事故发生经过。2013 年 9 月 27 日 23 时许，综掘队队长吴某某、带班长谢某某（事故中死亡）组织在东翼回风大巷作业的工人召开班前会，对当班工作进行安排。23 时 30 分，工人开始陆续入井。

28 日 0 时左右，东翼回风大巷作业人员到达工作面，司机胡某某（事故中死亡）启动综掘机开始割煤，推进 0.8 m 进尺后，停止割煤，工人开始打顶锚杆。就在工人打锚杆的过程中，正在掘进机机尾处清理浮煤的朱某某、张某某（2 人生还）发现锚杆钻孔有水冒出，水量较大且发臭、发红。过了二十多分钟，钻孔出水变小，带班长谢某某安排司机重新启动综掘机，综掘机在巷道底部割了一刀没有异常，然后在中部继续截割。这时，张某某看到工作面迎头顶部有大块煤掉落，同时听到一声闷响，一股水突然涌出，透水事故发生，时间为 28 日 3 时许。

事故发生时，井下共有 42 人，其中东翼回风大巷 20 人，通风行人巷 9 人，另有 13 人为信号工、排水工、皮带运输机司机等。事故发生后 30 人安全升井，12 人被困井下。

2）应急救援情况。28 日凌晨 3 时 10 分，施工单位向矿调度室报告东翼回风大巷发生透水事故。3 时 15 分，煤业公司上级公司接到煤业公司的事故报告，随即按规定逐级向上级有关部门进行了报告。煤业公司上级公司领导立即赶赴现场，成立抢险救援指挥部，迅速展开抢险救援工作。抢险救援指挥部根据事故现场实际情况，确定了井下排水、地面打钻、井下打钻及井下小断面掘巷三套抢险救援方案，三套方案同时实施、同步推进。抢险过程中，抢险救援指挥部针对随时出现的新情况、新问题及时调整抢险救援方案，科学施救，确保了抢险救援工作的顺利推进。经过 10 个昼夜的艰苦奋战，抢险人员于 10 月 8 日 12 时 30 分找到最后一名遇难人员，抢险救援工作结束。12 名被困人员中，2 人成功获救，10 人遇难。

（3）事故原因分析

1）直接原因。该矿东翼回风大巷掘进过程中未严格执行煤矿防治水相关规定，在超过允许掘进距离的情况下继续掘进，导致煤壁不能承受小煤窑采空区积水压力，煤壁坍塌发生透水。

2）间接原因如下：

①职工安全意识淡薄，水害辨识、防治能力差。事发前支护工在打锚杆时钻孔已出现较大水流，且水发臭、发红，现场作业人员在出现透水征兆的情况下未足够重视，未及时采取停止施工、撤出人员等有效措施，而是在水流变小后启动综掘机继续掘进。

②未严格执行煤矿防治水相关规定。矿井防治水机构不健全，防治水专业技术人员配备不足；在事发巷道地质构造发生变化后，未及时调整探放水设计方案；东翼回风大巷的掘进和探放水工作均由施工方负责，违反“探、掘主体分离”的防治水规定；探放水工作从设

计到执行层层打折扣，探放水现场验收制度不落实；未严格执行东翼回风大巷探放水设计方案，将原设计方案双排 6 个钻孔改为单排 3 个水平钻孔；事发前最后一次探水钻孔长度为 49. 75 m，而实际掘进距离 49. 5 m，严重违反“探放老空积水最小超前水平钻距不得小于 30 m”的规定。

③矿井建设项目管理混乱。建设单位项目管理机构不健全，“六长”配备不全，无地测防治水副总工程师；矿井建设未按重新批准的开工报告实施，违规使用措施井提升出煤；建设、施工、监理各方职责不明，相互扯皮；监理合同未明确对东翼回风大巷的监理，东翼回风大巷形成监理盲区；施工单位出借资质，施工队伍变更频繁；事发巷道工程建设未经招标，未与施工方签订合同。

④执法不严，监管不力。煤业公司上级公司虽多次对该矿进行检查，但对发现的问题、存在的事故隐患督促整改不力。省煤炭厅基建局在 2013 年 8 月对该矿督查时，对该矿利用措施井违规提升出煤查处不力。

（4）事故教训与防范措施

1）加强煤矿防治水基础工作，严格落实煤矿防治水相关规。煤矿企业要建立健全防治水机构，配齐防治水专业技术人员，坚持“预测预报、有疑必探、先探后掘、先治后采”的防治水原则，认真落实“防、堵、疏、排、截”综合治理措施，探明井田内及周边老窑区、废弃旧巷道的分布及积水范围、积水量等水文地质情况，准确掌握矿井水患情况，严禁地质情况不清、水文地质条件不明、相邻矿井资料不详的煤矿企业组织生产和建设。当采掘活动接近老空水等灾害影响范围时，要及时采取有效措施，消除事故隐患。要进一步强化探放水管理，制定并认真落实矿井探放水制度，严格执行“探、掘分离”的防治水规定和批准的探放水设计方案，杜绝探放水工作的随意性。当水文地质条件发生变化时，要及时调整完善探放水设计方案。出现透水征兆时，要果断采取停止作业、撤出人员等措施，严禁冒险作业。

2）进一步加强煤矿基本建设项目的管理。建设单位要认真落实安全责任，严格落实建设项目招投标各项管理规定，杜绝使用施工队伍的随意性，对建设项目施工期间的各相关单位要进行统一协调管理，严格落实建设、施工、监理各方责任，明确各方职责，杜绝相互推诿、扯皮。要严格按照批准的施工组织设计进行施工作业，强化施工现场管理。对外委工程要全过程进行动态跟踪监管，切实加强施工队伍的劳动组织、用工管理，严禁层层转包，杜绝以包代管。

3）加大安全监督检查和隐患排查治理力度，认真落实“五人小组”“挂牌责任制”等各项制度。各级监管部门要以高度的责任感和使命感，认真履行安全监管职责，切实发挥监管作用，强化对防治水工作的监督检查，加大对煤矿建设项目的监管力度，严格、有效执法。煤矿企业要认真严格落实隐患排查制度，深入排查治理各类事故隐患，堵塞安全漏洞。

4）进一步加大安全培训教育力度，提升职工素质和安全防范意识，提高职工的灾害辨识及灾害防治和应急处理能力。要结合矿井实际灾害情况，有针对性地开展安全培训教育，使职工对矿井的灾害情况做到心中有数，未经培训合格不得上岗作业，安全管理人员和特种作业人员必须持证上岗。

（5）相关知识与管理借鉴

在这起事故中，该矿井井田范围内过去小煤窑开采严重，有大小井筒 59 个和 40 余处历史以来采挖的小窑口，积年累月形成老空水，对煤矿开采形成威胁。

老空水是指煤炭采过后形成采空区被封闭后，如果上覆岩层有含水区域，水流入采空区，采空区就像地下水库一样赋存着水。当开采老空水附近的煤层，特别是开采下一区段的煤层时，如果不采取探放水等防范措施，一旦揭露，采空区内的水就会迅猛地突入开采区域，造成事故。另外，废旧巷道有时也会有积水存在，操作不慎同样会发生突水事故。这起透水事故，就是老空水导致的。

《煤矿安全规程》（国家安全生产监督管理总局令第 87 号）关于探放水的规定：在地面无法查明水文地质条件时，应当在采掘前采用物探、钻探或者化探等方法查清采掘工作面及其周围的水文地质条件。

采掘工作面遇有下列情况之一时，应当立即停止施工，确定探水线，实施超前探放水，经确认无水害威胁后，方可施工：

1）接近水淹或者可能积水的井巷、老空区或者相邻煤矿时。

2）接近含水层、导水断层、溶洞和导水陷落柱时。

3）打开隔离煤柱放水时。

4）接近可能与河流、湖泊、水库、蓄水池、水井等相通的导水通道时。

5）接近有出水可能的钻孔时。

6）接近水文地质条件不清的区域时。

7）接近有积水的灌浆区时。

8）接近其他可能突（透）水的区域时。

《煤矿安全规程》（国家安全生产监督管理总局令第 87 号）还规定：采掘工作面超前探放水应当采用钻探方法，同时配合物探、化探等其他方法查清采掘工作面及周边老空水、含水层富水性以及地质构造等情况。井下探放水应当采用专用钻机，由专业人员和专职探放水队伍施工。

20. 某煤矿开采特厚煤层使导水裂隙带增大导致透水事故

2013 年 3 月 11 日 13 时 43 分，黑龙江省某矿业集团股份有限公司（本案例中简称矿业公司）鹤岗分公司某煤矿发生一起重大水害事故，死亡 18 人，直接经济损失 2 281 万元。

（1）企业基本情况

1）企业相关情况。事故煤矿位于黑龙江省鹤岗市向阳区境内，设计生产能力 60 万 t/a，核定生产能力 42 万 t/a，隶属于矿业公司鹤岗分公司。井田面积 4.1 km^2，矿井地质储量约为 2 359.39 万 t，可采储量 1 074.4 万 t。该矿证照齐全，并均在有效期内。该矿有 2 个生产采区，1 个开拓区，2 个采煤工作面，2 个煤巷掘进工作面，4 个开拓工作面。

2）事故地点情况。事故发生在采煤一队工作面，该工作面位于三水平中部区左一段，开采 F40 断层下盘 18 号煤层，设计走向长度 290 m，工作面倾斜平均长度 103 m。煤层平均厚度 8 m，平均倾角 15°。采煤方法为走向长壁后退式，采煤工艺为滑移支架炮采放顶煤，顶板管理为全部陷落法。2012 年 11 月 7 日正式回采，截至 2013 年 3 月 1 日已推进 64 m，开采面积为 6 264 m^2，剩余走向长度 226 m，斜长 116 m。工作面采高 2 m，放顶煤高度 6 m。

该区域水害主要是老空区积水和构造裂隙水。工作面日常的涌水主要是构造裂隙水，涌水量最小 9 m^3/h，最大 26.5 m^3/h，平均 18.7 m^3/h。该工作面上方 F40 断层上盘 18 号煤层已于 2009 年 11 月回采结束。根据钻探、物探综合地质资料分析，18 号煤层采空区赋水面积约为 7 705 m^2，水位标高-200 m，积水量预计为 1.85 万 m^3。

煤矿于 2011 年 8 月开始采用瞬变电磁仪和钻探相结合的方法进行探放水工作，累计施工钻孔 22 个，总长度为 1 245.6 m，开采前累计放水2.7万 m^3。煤矿在该工作面开采前利用瞬变电磁仪和钻孔涌水量分析，同时根据各钻孔进回风或瓦斯涌出量判断采空区积水已基本放净。在该工作面开采初次来压后，波及上部采空区，推进37 m时原采空区的坑木冒落，进一步证实工作面上方积水已基本放完。

2013年3月1日5时50分，工作面第97组至第98组支架（距下端头向上26 m处）间软帮有煤、岩、水混合物缓慢溢出，至当日18时溃出物流淌到第三台皮带输送机机道（距工作面下出口150 m），并将工作面下部淤严，溃出的煤、岩、水等杂物共415 m^3。

（2）事故经过和救援情况

1）事故发生经过。2013年3月2日，采煤一队工作面开始井下清淤工作，至3月11日零点班下班时，清淤工作基本完成。

3月11日8点班，煤矿全矿入井总人数698人，其中采煤一区75人（采煤一队工作面56人）。当班带班矿长为谢某（机电矿长），采煤一区带班区长为丁某某（生产区长）。3月11日5时30分，生产矿长陈某某组织召开矿调度会，采煤一区区长贾某某开完矿调度会后，召开采区调度会，安排当班对采煤一队工作面加强硬帮绕道支护，机道挖水沟、清浮货，上巷清浮货。7时10分，工人入井作业。

14时左右，陈某某、丁某某和队长孙某某在第94组支架附近，忽然一阵大风吹过，距他们下边二三米的位置有大量煤、岩、泥浆从顶板溃出。见此情况，现场人员立刻往上跑，跑到无极绳绞车处。陈某某安排孙某某向矿调度室报告后，向机道打电话，但未取得联系，然后从回风道出来到第二台皮带输送机机头查看情况，看到煤、岩、泥浆已经将机轨下山淤满。陈某某带领几位工人在一段机道皮带输送机机头将在淤泥里的工人救了出来，这时又听到有人求救，后在一段机道皮带输送机机头往下几米处，将另一位从淤泥里往外爬的工人救出。

事故后经计算核实共溃出 5 750 m^3 煤、岩、泥浆。溃出的煤、岩、泥浆淤满工作面机道、腰巷独头上山、一段机道集中巷、−266 m 标高石门、二段机道集中巷、机轨下山−283 m 标高联络巷、−283 m 标高机轨下山及−285.9 m 标高以下回风下山共 550 m 长巷道。通风和通信系统被毁，事故发生后，全矿 673 人安全升井，25 人被困（采煤一区 18 人，掘进区 2201 掘进队 7 人）。

2）应急救援情况。事故发生后，煤矿和鹤岗分公司立即启动应急预案，成立抢险救灾指挥部，并迅速制定了抢险救灾方案，按井上、井下 2 条线，成立了 9 个工作组，全面开展抢险救援工作。

整个事故抢险救援过程分 4 个阶段，具体过程如下：

第一阶段：从事故发生至 3 月 12 日 4 时，紧急调动鹤岗分公司其他煤矿生产一线 69 人增加救援力量，同时加快 2201 掘进工作面抢险速度，于 12 日 3 时 25 分成功救出 7 名矿工。

第二阶段：从 3 月 12 日 4 时至 3 月 22 日 16 时，为清淤、掘送安全通道阶段。鹤岗分公司抽调精干力量，共分 6 个救援组，共清理巷道 170 m，清淤 1 700 m^3，掘进安全通道 73 m，还实施井上、井下打钻探测、抽水等救援工程。3 月 18 日起，事故煤矿在地面设 13 个观测点，采用 GPS（全球定位系统）定位技术对地表沉降及石头河水位变化情况进行观测，经观测没有发现明显变化。

第三阶段：从 3 月 22 日 16 时至 4 月 10 日 23 时，省专家组对救灾工作进行安全评估后，为防止发生次生灾害，暂停清淤工作，改为打钻放水、稳定通风系统等措施，共打钻 1 506.7 m，抽水 1.1 万 m^3。

第四阶段：从 4 月 10 日 23 时至救援结束，事故救援指挥部根据黑龙江省专家组对下一步救援工作提出的指导意见，按照科学施救原则，继续实施救援，进入隔氧防火、监测阶段。

清淤过程中，在一段机道集中巷发现了部分肢体和一具较完整的尸体，经DNA（脱氧核糖核酸）比对，认定为4名遇难者遗体。经矿山救援队和医疗救护专业人员组成的专家组现场勘查、分析和论证，认为事故失踪的其余14名矿工已无生还可能，若继续实施搜救，搜救人员将面临多方面重大危险威胁，生命安全无法保障，救援指挥部决定停止搜救。这次事故共造成18名矿工遇难。

（3）事故原因分析

1）直接原因。煤矿在F40断层下盘放顶煤开采18号特厚煤层，致使导水裂隙带发育增大，波及上部15号、18号煤层采空区和F13断层带（80~150 m宽），导致工作面发生重大水害事故。

2）间接原因如下：

①煤矿矿井水文地质技术管理存在缺陷。三水平18号煤层中部区左一段属地质构造较复杂区域，同时存在F40断层上盘18号、15号煤层采空区，缺少地质构造基础资料。在作业规程制定、审批过程中，应用经验公式确定覆岩垮落带和导水裂隙带最大高度，对在多条不同力学性质断裂构造相互错动破坏条件下，近距离特厚煤层多煤层放顶煤重复采动导致顶板覆岩抽冒破坏带出现异常发育高度的现象缺乏认识。

②鹤岗分公司、事故煤矿在水害治理上，对特厚煤层多层重复采动条件下断层（带）导（含）水性、采空区积水情况、断层带之间的连通性及其与上覆砾岩含水层之间的水力联系、重复采动影响下老顶离层空间及积水量、覆岩破坏高度等灾害认识不足，没有采取相关措施。

③该矿作为水文地质条件复杂矿井，在2013年3月1日发生溃水溃泥事故后，鹤岗分公司组织相关业务部门进行分析时，在未能有效探明上方采空区积水积泥情况下，制定的防范措施针对性不强，缺少防止再次溃水溃泥的措施。

（4）事故教训和整改措施

1）要切实加强煤矿企业安全管理。严格落实安全生产主体责任，矿业公司及所有煤矿企业要在全面落实企业安全生产法定代表人负责制的基础上，建立健全安全管理机构，完善并严格执行以安全生产责任制为重点的各项规章制度，切实加强全员、全方位、全过程的精细化管理，把安全生产责任层层落实到区队、班组和每个生产环节、每个工作岗位。要加强对员工的安全教育与培训，增强职工维权意识，向作业人员如实告知作业场所和工作岗位存在的危险因素、防范措施以及事故应急措施。出现事故征兆时，要及时撤出井下作业人员。

2）要加强煤矿安全质量标准化建设，依法提取和使用安全费用，加大安全投入，完善井下安全避险“六大系统”，加强对重大危险源的监控；要采取坚决而有力有效的措施，加强企业内部的劳动、生产、技术、设备等专业管理；要严格落实煤矿企业领导干部带班下井制度，强化现场管理，严禁违章指挥，严查违章作业；要经常性开展事故隐患排查，并切实做到整改措施、责任、资金、时限和预案“五到位”，及时消除治理重大隐患。

3）要健全完善煤矿水文地质管理机构，配齐专业技术人员，明确职责分工，严格作业规程、安全措施审批。加强煤矿水文地质专业技术培训工作，采用先进适用的技术，严格按照设计规范、行业标准规定，严把矿井开拓布局关。在河流、采空区、地质构造复杂区域等条件下采煤，应按相关标准留设不同类型的防隔水、断层煤（岩）柱（防水、防砂或者防塌煤岩柱）。在基岩含水层（体）或者含水断裂带下开采时，应当对断层破碎带宽度、波及范围、开采前后覆岩的渗透性及含水层之间的水力联系进行综合分析评价，合理留设断层保护、防隔水煤（岩）柱。

4）要加强走向长壁后退式并联顶梁液压支柱放顶煤工艺对于复杂地质、水文地质条件下开采的适应性研究。在地质及水文地质条件复杂地区，应开展专门的水文地质补充勘探工作，查清区域含水层及矿井充水含水层的补、径、排条件。煤矿开采期间，要完善水文地质观测系统，建立健全水文地质台账资料（包括钻孔资料、水位、水量、水质、水文地质图等），以便在出现水（砂）害征兆时及时提供矿井水文地质资料。不得在水文地质条件不清的情况下进行采掘活动。

（5）相关知识与管理借鉴

这起透水事故的发生比较意外，与事故区域地质构造复杂有关，同时还与矿井水文地质技术管理存在缺陷有关。对此，事故调查组有针对性地提出，要强化科技攻关，加强技术管理。

在地质构造复杂条件下开采，必须加强地质、水文地质探测与分析研究工作，要通过物探和钻探等综合手段查明断层（带）规模、走向变化、导水及含水性等。特别是要对巷道难以揭露的走向断层（带），认真研究分析其对安全开采的影响，采取必要的防范措施。在特厚煤层多层重复采动条件下，下部工作面回采之前，需要查明断层（带）导（含）水性、采空区积水情况、断层带之间的连通性及其与上覆砾岩含水层之间的水力联系、重复采动影响下老顶离层空间及积水量、覆岩破坏高度等，必要时要进行足够的探放水，排除水（砂）隐患后进行试采及观测研究。开展“多煤层重复采动条件下导水裂隙带发育高度研究”，包括导水裂隙带高度探查、多煤层重复采动导水裂隙带发育规律、断层影响下导水裂隙带发育特征等。试采过程中，若有水、砂、泥涌出，应停止采掘作业，以免在水、砂、泥来源不明的情况下盲目清淤而造成更大的溃水溃砂溃泥灾害。应按照有关规定设计防治溃水溃砂溃泥方案，经专家论证后方可实施。

21. 某煤矿废弃矿井老空水压垮煤柱溃入井下透水事故

2014 年 8 月 14 日 11 时 10 分左右，黑龙江省鸡西市城子河区某煤矿发生重大水害事故，死亡 16 人，直接经济损失 1 860 万元。

（1）企业基本情况

1）企业相关情况。事故煤矿始建于 1996 年 8 月，由 3 个立井开拓，1996 年 9 月取得采矿许可证，1997 年 10 月正式投入生产。2005 年 10 月该矿改为双斜井开拓，核定生产能力 6 万 t/a。该矿证照齐全，均在有效期内。

事故煤矿矿区范围内有可采煤层 12 层，该矿为双斜井开拓，采用多段折返式暗斜井延伸。矿井提升方式为单钩串车提升，主井为六段提升。矿井通风方式为中央并列抽出式通风，但矿井四段以下为独眼井，利用局部通风机供风。

2）事故作业点情况。事故发生时，井下有 3 个作业地点，但均为超层开采和施工。一是五段反上 24 号层上山掘进工作面，已施工 18 m；二是五段反上 25 号层平巷掘进工作面，已施工 60 m；三是五段斜下 25 号层采煤工作面，工作面长 30 m，已沿走向推进 10 m。

（2）事故经过和救援情况

1）事故发生经过。2014 年 8 月 14 日 7 时 15 分，矿长王某某主持召开班前会，布置当班生产任务。会后，工人陆续入井，当班入井 56 人（其中五段反上 24 号层上山掘进工作面出勤 9 人，五段反上 25 号层平巷掘进工作面出勤 8 人，五段斜下 25 号层采煤工作面出勤 14 人，井下辅助工及安全管理人员 25 人）。

8 时 10 分左右，五段反上 24 号层、25 号层平巷上山的工人通过 24 号层（-203 m 标高）平巷到达各自工作面，开始掘进作业。

大约 11 时 10 分，在 24 号层上山作业的贾某某和冯某某突然听到“轰隆”一声响，往下看时，看到24号层（-203 m标高）平巷内顶板有一股气浪往上冲，随后有水流往外冲出，水面与下帮顶板一样高，水流将上山工作面下部的溜子头瞬间冲走，贾某某和冯某某急忙退到上山头处等待救援。

当班瓦斯检查工于某某在五段反上绞车房附近吃午餐，发现透水，跑到五段反上绞车处，看到了五段反上绞车司机王某某。五段反上25号层平巷掘进工人付某等4人与五段反上24号层上山掘进工作面的工人王某某发现透水后，一起跑到了五段返上绞车处，与瓦斯检查工于某某和绞车司机王某某汇合。付某用钳子把压风管路打开，进行通风自救。

15时，在24号层上山等待救援的贾某某和冯某某2人，看到24号层（-203 m标高）平巷水位下降，已能看到底板上的淤泥，便下到24号层平巷，水面到膝盖处。2人往平巷里部走，查看水源，发现水是从24号层平巷尽头挡水墙里出来的，挡水墙已被冲毁，巷道头冒落的岩石缝里还在淌水，随后2人蹚水走到五段反上绞车处，遇到了付某等7人。9人用胶皮管连接压风铁管向绞车处吹风，在五段反上绞车处等待救援。

发生透水后，大量积水从24号层平巷（-203 m标高）涌出。正在五段井底车场运输铁轨的掘进工人王某某等3人看到有水涌出，一起往外跑。3人在三段和四段的联络巷中部，遇到机电矿长张某某，向其说明情况后，3人升井。张某某赶紧往下走，在11时40分左右用四段车场外边配电点的电话给微机房打电话，向矿长王某某报告说：“井下透水了，水泵开关已经淹没，抽不了水。”王某某说：“我马上下井，你等着我。”王某某放下电话后，立即给该矿法定代表人周某某打电话，告知其井下发生透水，具体情况不清楚。随即王某某换工作服入井了解事故情况，在井下查看水情后升井。

2）应急救援情况。接到事故报告后，鸡西市委、市政府成立抢险救援指挥部，启动事故抢险应急预案，紧急调动相关抢险救援设备、器材，迅速组织人员开展抢险救援工作。

经过积极救援，于8月15日10时，有9名被困工人成功获救升井。从16日开始，救护人员进入灾区搜救，不断发现遇难者，至9月1日，发现最后的3名遇难者，抢险救援工作结束。此事故共造成16人不幸遇难。

（3）事故原因分析

1）直接原因。煤矿违法超层盗采，五段反上24号层平巷工作面掘至邻近废弃矿井采空区边界后，造成与废弃矿井采空区之间的煤柱变小，废弃矿井老空积水压垮煤柱并溃入井下，导致水害事故发生。

2）间接原因如下：

①事故煤矿未落实煤矿安全主体责任，违规组织生产，违法超层盗采煤炭资源，冒险组织作业。在回收回撤期间，违规组织回收煤炭资源，并在多次出现透水征兆的情况下，未能采取有效防范措施，仍在有透水隐患区域附近冒险组织作业。

②该矿长期超层盗采煤炭资源，开采布局混乱，通风系统、排水系统、监测监控系统、人员定位系统等均存在严重问题。该矿自2012年开始，擅自超层开采。矿井自五段以下，为独眼开采，没有回风系统，使用局部通风机为采煤工作面供风，掘进工作面使用风机接力供风。

③该矿技术管理缺失。该矿没有专职技术负责人和专职技术人员，矿井3处作业工作面均没有作业规程。对周边临近矿井的相关资料掌握不清楚，不了解废弃矿井旧区旧巷位置及积水情况，未采取有效的探放水措施。

④矿井培训工作弄虚作假，主要安全管理人员人、证、岗不符。

实际矿长王某某、生产矿长路某某、通风矿长周某某、值班矿长吕某某、李某某均没有经过培训，没有取得相应的资格证。

（4）事故教训和整改措施

1）要认真总结和吸取这起重大水害事故的教训，针对事故中暴露出的超层违法生产问题，制定针对措施和办法，特别要加强超层越界、隐蔽工程的专项检查和管理，落实具体责任人员，切实消除和取缔超层越界和隐蔽工程这一重大隐患。要针对可采储量不多，易于发生超层越界盗采问题的煤矿进行严格管理，加强矿产资源储量动态检测管理、采矿权证年检工作，严厉打击煤矿超层越界及盗采国家资源的违法行为。鸡西市国土资源部门要对现有小煤矿进行边界动态测量，签字存档备查。

2）要切实落实煤矿安全生产主体责任，加强煤矿安全基础管理。落实矿井水害防治责任制，采取“防、堵、疏、排、截”的综合治理措施，治理水患。要配备满足工作需要的防治水专业技术人员，建立专门的探放水作业队伍。采掘工作面必须由专职队伍、专用设备探放水，并编制探放水设计方案；要及时掌握和收集区域内矿井周边水文地质资料和相邻矿井及废弃老窑分布情况，加强井上、井下对照，对矿井工程技术人员进行防治水专业知识培训，编制应急预案并组织演练，提高矿井防治水技术管理水平。

3）落实煤矿地方监管责任，加强煤矿安全生产监督管理工作。一是健全完善安全监督检查工作机制，配齐配全安全监管员，强化现场安全监督检查工作，推进完善驻矿安全监管员制度，发挥驻矿安全监管员作用，强化监督考核，提高工作人员的履职能力与水平，促进依法行政，堵塞安全监管漏洞。二是落实煤矿安全监管人员的责任，认真贯彻执行煤矿防治水相关规定，切实加强煤矿防治水行业管理和技术指导工作。各级煤矿行业管理部门要指导帮助煤矿企业加强防治水基础工作，强化以水害防治为主要内容的隐患排查治理工作，要对煤矿水患和防治水措施落实情况进行全面排查，发现问题要及时处理。

4）加强煤矿职工的安全培训教育工作，尤其要加强煤矿从业人员防治水相关专业知识的培训教育，提高煤矿从业人员安全素质和安全意识。开展安全警示教育，明确安全与生产、安全与效益的关系，使煤矿从业人员真正认识水害防治工作的重要性，提高水害防治意识。加大对煤矿安全培训工作、从业人员持证上岗的执法检查力度。制定行之有效的办法，规范煤矿用人制度，杜绝和打击煤矿随意使用未经培训的主要管理人员，杜绝煤矿从业人员“人、证、岗”不符和专业人员配备不足现象的发生。

（5）相关知识与管理借鉴

这起事故的发生有 2 个原因。一是煤矿违法超层盗采，工作面掘至邻近废弃矿井采空区边界后，造成与废弃矿井采空区之间煤柱变小。二是采掘工作面与废弃矿井采空区之间煤柱变小，废弃矿井老空积水压垮煤柱并溃入井下，导致透水事故发生。

预防此类事故，除了要严厉打击煤矿企业的盗采行为，还要积极预防煤矿水害的发生。在预防煤矿水害上，山东某矿业集团有限责任公司的做法值得参考借鉴。

山东某矿业集团有限责任公司（本案例中简称矿业公司）是以煤为主、多种产业共同发展的大型企业集团。矿业公司所属煤矿位于蒙山和莲花山两大分水岭之间，柴汶河流经矿区。煤矿水害隐患主要表现在河道泄洪能力差、煤层露头埋藏浅、露头防水煤柱不足、灰岩岩溶裂隙发育（浅部灰岩发育，导致地表水与矿井水力联系密切，易造成汛期涌水量增加或岩溶水害事故）、老空积水威胁严重等方面。

矿业公司针对这几个水害隐患，通过7个步骤来开展水文地质条件探查、综合治理、完善体系等防治水措施，有效保证了矿井的安全生产。

第一步，查。主要是在图纸分析、实地调查的基础上，利用物探技术，配合钻探手段，对地表水害隐患地点进行综合分析探查。

第二步，防。由于矿业公司的矿井大都依河而建，煤层及含水层露头位于河床附近，为防止地表水溃水威胁，按照“防渗、防漏、防溃”的总体思路，矿业公司在地面实施河床铺底、砌坝护坡治理工程，修整河道，形成倒水槽，防止地表水渗漏到井下。

第三步，堵。在综合探查分析的基础上，采取回填、河床铺底、筑坝、注浆等措施封堵各类隐伏的过水通道。

第四步，疏。通过加宽、疏通河道，提高泄洪能力。同时，实施相邻煤矿老空积水疏放工程，变“堵水”为“疏水”，实现老空水的有效疏排。

第五步，控。控制周边相邻关闭矿井的积水体，通过构筑井下水闸墙等隔离工程，缓冲地表水对矿井的影响，对老空积水进行限流、隔离、控制。

第六步，排。汛期涌水量一般为枯水季节的3~5倍，给矿井排水造成了很大压力。矿业公司采用疏排结合的方式，利用疏排水钻孔作为应急排水，保证汛期的安全生产。

第七步，测。通过研究水文自动监测监控技术，建立了矿井井上、井下立体综合水文监测系统，实时监测矿井水文情况。

矿业公司通过7个步骤，完善防治水工作思路，夯实基础，落实防治水管理工作，达到减少水害事故的目的。

22. 某煤矿未落实探放水措施揭露导水断层引发透水事故

2016年7月3日4时6分，贵州某投资股份有限公司（本案例中简称投资公司）水城县勺米乡某煤矿M30煤层的1301回风巷掘进工作面发生一起较大透水事故，造成3人死亡，直接经济损失约465万元。

（1）企业基本情况

1）企业相关情况。事故煤矿隶属于投资公司，属民营企业，为证照齐全的生产矿井，设计生产能力30万t/a。该矿矿长韩某某，负责全面行政管理工作；总工程师肖某某，负责煤矿生产技术、地质防治水及“一通三防”管理工作。煤矿下设安检科、地质测量科、生产技术科（无人员）及通防工区等职能管理部门对煤矿进行管理。

2）矿井情况。事故煤矿位于滥坝井田F68断层以东，地势东高西低，季节性的小溪及冲沟发育，多横切岩层呈走向分布，形成沟脊相间的风化坡积地貌。1301回风巷掘进工作面地表汇水面积约为0.139 km^2，6月25日至7月2日降雨汇积量约为2.8万 m^3。

矿井在井底设有水泵房和主、副水仓。水仓总有效容量约为900 m^3。水泵房安装4台水泵，总排水能力990 m^3/h。回风斜井和副斜井各敷设一趟直径为200 mm的无缝钢管作为排水管。

3）事故区域情况。本次事故发生在1301回风巷掘进工作面。该巷设计长度640 m，事故发生时已掘进437.3 m。设计断面为三心拱，中高2.9 m，宽4.6 m，净断面面积13.1 m^2。该巷采用锚杆、锚索、金属网支护。

1301回风巷按方位角119°沿M30煤层顶板定向掘进，开口标高+1 875.1 m，事故迎头标高+1 860 m，高差15 m，事故迎头距地表垂高为78 m，且对应地表北东约15 m处有一处长约50 m、宽约45 m、深约 1.5 m 的塌陷坑。事故发生后，塌陷坑内积水的水位有所下降。

（2）事故经过和救援情况

1）事故发生经过。2016 年 7 月 3 日零点班，值班矿领导、总工程师肖某某主持召开生产调度会。当班人员于 7 月 3 日 0 时入井，共 45 人，其中 10 人（6 名掘进工，1 名安全员，1 名瓦斯检查工，2 名打钻工）到 1301 回风巷作业，其余 35 人到 1291 采面和井下其他地点作业。

1 时左右，1301 回风巷四点班与零点班完成现场交接班。掘进工区带班副区长杨某安排综掘机司机杨某某及掘进工余某某等 4 人出货、打锚杆，吴某某开皮带运输机，打钻工付某某、张某某到 1301 回风巷 K0+343 m 处施工顺层瓦斯抽放钻孔。安全员陈某某、瓦斯检查工郭某某到迎头检查后，就离开迎头到防突风门附近。

3 时 30 分左右，打钻工付某某到防突风门附近联系安全员陈某某验收钻孔。综掘机司机杨某某启动综掘机清扫四点班余留浮货，现场未发现巷帮挂汗、淋水等透水预兆。4 时 6 分，当综掘机截割头截割至迎头左上帮时，左上帮突然透水，掘进工吴某某被水冲至该巷道斜坡段 K0+337 m 位置，被前往工作面的安全员陈某某和打钻工付某某救出升井。综掘机司机杨某某，掘进工余某某等 4 人和打钻工张某某被困。

2）事故救援情况。7 月 3 日 4 时 10 分，煤矿调度室接到井下安全员陈某某报告：1301 回风巷掘进工作面透水，有 6 人被困。调度室立即按程序电话报告矿长韩某某及驻矿安监员。煤矿立即启动应急救援预案，市、县两级政府负责人及相关部门负责人也立即赶到事故现场，成立了救援指挥部。

7 月 3 日 4 时 11 分，投资公司驻某煤矿救护小队接到事故煤矿调度室召请电话，立即赶到事故煤矿并入井侦察。4 时 23 分，投资公司救护中队接到召请电话，迅速出动 2 个小队奔赴事故煤矿。5 时左右，救援人员侦察到 1301 回风巷时，发现水位已经上涨到 K0+160 m 处，将情况向事故抢险救援指挥部报告。

指挥部决定先排水，同时召请水城县相关救护队参与抢险救援。6 时 40 分安装好第一台水泵，7 时 13 分安装好第六台水泵进行排水。17 时 15 分左右，当排水至 K0+342 m 时，现场救援人员成功将掘进工张某某、余某某和打钻工张某某救出。17 时 35 分，救援人员在 K0+344 m 处找到 3 名遇难矿工遗体，18 时 11 分将 3 名遇难矿工遗体运送出井，抢险救援工作结束。

（3）事故原因分析

1）直接原因。1301 回风巷上方存在水体，煤矿未按规定认真落实探放水措施，揭露与水体连通的导水断层，导致事故发生。

2）间接原因如下：

①煤矿安全技术管理混乱。一是未按规定查清老空区积水情况，二是探放水资料作假。

②煤矿隐患排查制度形同虚设。未排查出 1301 回风巷掘进工作面防治水工作弄虚作假的隐患。

③煤矿安全管理人员配备不齐。矿总工程师兼任地测科长，生产技术科未配备人员。

④投资公司未按规定配齐安全管理人员及技术人员。公司安全副总经理兼任安全监察部部长，安全监察部只有 3 人，人数不足。

⑤投资公司未认真落实安全生产主体责任。2016 年，公司对事故煤矿检查 13 次，未发现 1301 回风巷掘进工作面探放水工作作假，也未按规定对探放水钻孔进行抽查。

（4）事故教训和整改措施

1）煤矿要切实抓好防治水工作。一是健全防治水管理机构，配齐相应人员。二是切实做好隐蔽致灾因素，特别是水害的调查分析工作。三是认真开展打假工作，特别是针对各类钻孔各环节的打假工作。四是认真开展隐患排查工作。

2）投资公司应切实加强安全管理工作。一是配齐管理人员和相关的技术人员。二是严格管理，对公司内设机构要加大管理力度。三是督促下属煤矿建立健全安全管理机构，配齐安全管理和技术人员，健全完善安全制度体系，切实加强下属煤矿安全监督检查和安全技术管理。

3）认真吸取事故煤矿事故教训。一是在全县范围内开展警示教育活动，提高事故警示教育效果，增强矿长等主要负责人、管理人员及广大职工的安全意识。二是督促矿井做好隐蔽致灾因素，特别是水害的调查工作，对水害调查不清的矿井，一律停产（停建）整改。三是督促煤矿设立专职探放水队伍，配齐相关探放水人员。四是督促煤矿各类钻孔按规定施工到位，严厉打击作假行为。

（5）相关知识与管理借鉴

矿井透水事故是较为频繁发生的重大灾害事故。矿井防治水与防治瓦斯爆炸一样重要，必须引起人们的高度重视。目前对矿井水害的防治措施已经日趋成熟，主要包括地面与井下2个方面。

1）地面防治水措施主要有以下几点：

①严格按《煤矿安全规程》（国家安全生产监督管理总局令第87号）规定，合理确定井筒及工业广场位置。井口和工业广场内建筑物的高程必须高于当地历年最高洪水位。

②井田之上若有地表水体，井下开采时应留设足够的防水煤柱。如无足够的隔水层时，井田范围内的地表水体应采取疏干、河流改道等措施。

③如地形复杂，河沟较多且小河流又流经岩溶发育的石灰岩层

时，则应在流经的石灰岩地段铺设防漏河床，以减少渗漏。

④矿井受河流、山洪和滑坡等威胁时，必须采取修筑堤坝、泄洪渠和防止滑坡等措施。

⑤每年雨季前必须对防治水工作进行全面检查。

⑥严禁将矸石、炉灰、垃圾等杂物堆放在山洪、河流可能冲刷到的地段。

2）井下防治水措施主要有以下几点：

①必须做好水害分析和预报，了解和掌握井下水害规律，坚持有疑必探、先探后掘的探放水原则。

②采掘工作面接近可能积水的井巷、老空区和小煤矿，或接近水文地质复杂的区域，如含水层、导水断层、溶洞和陷落柱时，或接近其他可能出水的区域时，必须确定探水线进行探水，确认无突水危险后方可作业。切不可麻痹大意，更不能心存侥幸、冒险作业。

③严禁开采和破坏各种防隔水煤柱，如断层煤柱、井田边界煤柱、地表积水区防水煤柱、冲积层防水煤（岩）柱等。

④采掘工作面或其他地点发现透水预兆时，必须立即停止作业，采取措施，及时报告矿调度室，并发出警报，撤出所有受水害威胁地点的人员。

⑤为防止灾害范围扩大，水文地质条件复杂或有突水淹井危险的矿井，在井底车场周围必须设置防水闸门。在其他有突水危险的地区，只有在其附近设置防水闸门后，方可掘进。

五、煤矿顶板事故

煤矿冒顶事故又称为顶板事故，是指由地压引起巷道和采场的顶板垮落导致的事故。在煤矿井下生产和建设中，煤尘、瓦斯、火灾、水灾、顶板是煤矿五大自然灾害，而冒顶引发的事故所占比例最大，占井下事故总量的50%以上。冒顶事故发生的原因很多，但根本原因在于开采过程中矿山压力的活动。顶板在矿山压力活动中发生不同程度的变形，先是沿着顶板节理出现裂隙，产生离层现象，此时，如果顶板管理不当，支护质量不好，压力继续增大，岩石变形超过极限，就会出现断裂、垮落、片帮或局部冒顶。从发生冒顶事故的原因分析，有的属于对客观事物认识不足，而较多的则是现场管理不善。

23. 某煤业公司顶板漏煤人员未撤离煤层垮落顶板事故

2017年3月9日3时50分，山西长治某煤业有限公司（本案例中简称煤业公司）3101综采工作面运输顺槽和联络巷交岔口处发生一起顶板事故，造成3人死亡、2人受伤，直接经济损失635.9万元。

（1）企业基本情况

1）企业相关情况。煤业公司隶属于山西长治某煤业投资有限公司（本案例中简称投资公司）。投资公司成立于2009年12月18日，属民营企业，是以煤炭开采、矿山设备经销为主的有限责任公司，注册资金5 000万元，在册职工2 000余人，下辖5座煤矿，核定生产能力405万t/a。该公司下设调度室、安全处、生产技术处、机电处、地测防治水处、通风处、培训处、安全监控中心等业务处室。

2）矿井基本情况。煤业公司位于山西省长治市长治县南宋乡南苍和村，矿井于1984年由长治县南宋乡南苍和村投资组建，原开采3号煤层，几经变化，2013年生产能力核定90万t/a，2016年重新核定能力76万t/a。之后开采15号煤层，属于低瓦斯矿井。该矿设有调度室、安全科、生产技术科、机电科、通风科、地测防治水科、监测监控室等业务科室，有安全管理人员11人，特种作业人员68人。

3）事故地点情况。事故发生在3号煤层3101综采工作面。该工作面于2016年5月12日开始施工，9月24日完成。2016年10月开始进行综采设备安装，11月初安装完成，11月24日起开始联合试运转。工作面运输顺槽长369 m，回风顺槽长229 m，工作面长100 m，平均煤厚4.36 m。到春节放假前，推进至距停采线30 m处。

3101运输顺槽开始段和联络巷为旧巷改造而成，旧巷宽约2 m，高约1.8 m，长度约130 m，采用木棚支护。3101工作面运输顺槽沿煤层底板掘进，经扩刷后，采用钢筋网、锚杆和锚索联合支护，矩形断面，净宽3.6 m，净高2.8 m。

事故发生时，该矿处于停产停建状态。井下布置有1个回采工作面（3101综采工作面）、1个掘进工作面（15302运输顺槽掘进工作面）。事故当班井下共27人，为长治县煤炭工业局复产复工验收做准备。

（2）事故经过和救援情况

2017年3月8日22时30分，煤业公司股东代表周某某的助理蔡某某和安全副矿长宋某某在矿调度室组织召开班前会，参加会议的人员有29人，会上安全副矿长宋某某安排零点班的主要工作是清理卫生，为第二天的复产复工验收做准备，并强调了安全注意事项。

事故当班由安全副矿长宋某某带班下井。22时45分左右，安全副矿长宋某某、长治县煤炭工业局驻矿安检员刘某、投资公司驻矿安检员李某、通风助理程某某等27人入井。在15号煤层作业的有11人，由班长李某某带领。在3号煤层3101综采工作面作业的有16人，有安全副矿长宋某某、通风助理程某某、瓦斯检查工宋某某、电钳工宋某、班长杨某某等。杨某某负责第二部胶带输送机的开停工作，王某某负责第一部胶带输送机的开停工作，清煤工杜某某等5人负责清理运输顺槽与联络巷交岔点往机头方向浮煤，组长赵某某和冯某某等共5人负责清理运输顺槽与联络巷交岔点往机尾方向浮煤。

赵某某带领冯某某4人入井后，23时许到达3101综采工作面运输顺槽和联络巷交岔点处，发现该处巷道底板上积煤较多，就安排清煤。清煤时，赵某某带领冯某某在交岔点调度绞车处清煤，其余3人在靠工作面方向清煤，清煤过程中顶板还在陆续漏渣、漏煤。3时50分左右，顶煤突然垮落，将在现场清煤的5人埋住。

事故发生后，该矿立即组织人员进行现场抢救。在工作面检查的安全副矿长宋某某听到响声后立即跑到3101运输顺槽查看，看到冯某某、赵某某被冒落的顶煤压在交岔点的调度绞车处，赵某某躺在地上，胸部以下及右臂被冒落的煤埋住，冯某某坐在地上，双腿被冒落的煤埋住。于是安全副矿长宋某某跑到绞车处把冯某某从煤堆下拖了出来，听到喊声后先后赶到的瓦斯检查工宋某某、通风助理程某某、电钳工宋某等人，将赵某某从煤堆下拖出。在救出赵某某和冯某某后，安全副矿长宋某某打电话到 15 号煤层请工人进行救援。安全副矿长宋某某安排瓦斯检查工宋某某和通风助理程某某带领工人分 2 组用担架将受伤的赵某某和冯某某抬到地面，然后和当班人员继续进行救援。剩余 3 人先后被挖出，安全副矿长宋某某组织工人用担架将 3 人抬到地面。7 时 28 分，井下人员全部升井。

安全副矿长宋某某在向调度室报告了事故情况后，矿长安排人员在主斜井井口接应，同时安排车辆在主斜井井口待命。赵某某、冯某某等 5 人先后被井下人员抬至地面，送往长治市人民医院。在行至长治县八义村附近时，护送人员发现 3 人停止呼吸，遂就近送往长治县人民医院，经医生检查 3 人已经死亡。

这起事故共造成 3 人死亡、2 人受伤，直接经济损失 635.9 万元。

（3）事故原因分析

1）直接原因。3101 综采工作面运输顺槽与联络巷交岔点由旧巷扩刷而成，临近断层且煤层节理发育，顶煤离层；现场作业负责人赵某某在该处出现顶板漏煤的情况下未组织作业人员撤离，继续在漏煤区域清煤，上覆煤层突然垮落，导致事故发生。

2）间接原因如下：

①煤业公司技术管理不到位。3101 运输顺槽掘进遇到旧巷时仍然采用常规设计方案，未结合实际情况及时修改作业规程或补充安全技术措施。事故地点及井下采用锚网支护的巷道中用于支护的锚杆、锚索上安设有链环，用于掘进过程中起吊重物使用。

②煤业公司建设项目未按规定进行管理。3 号煤层配采项目建设过程中，虽签订了施工、监理合同，但施工作业实际由矿方实施，施工现场也没有监理单位进行监理。

③煤业公司现场安全管理不到位。事故当班矿长安排无证人员顶替上岗，未正确履行现场安全监督、检查的职责。

④煤业公司安全教育培训不到位。井下作业人员教育培训不严格，部分新招录人员未经考试便入井作业，安全防范意识不强；井下安全员、瓦斯检查工、电钳工顶替上岗、人证不符现象严重。

（4）事故教训和整改措施

为深刻吸取事故教训，举一反三，查找生产安全漏洞，完善相关管理措施，有效防范和遏制生产安全事故，提出如下整改措施：

1）煤业公司要认真吸取事故教训，强化煤矿生产技术管理。采掘工作面支护必须结合实际进行设计，在过地质构造带、破碎带、应力集中区、旧巷时必须进行针对性的设计，并在施工过程中严格按设计方案进行施工。

2）煤业公司要切实加强建设项目施工管理。建设单位、施工单位、监理单位要建立健全项目部组织机构，编制施工组织设计方案，完善规章制度和图纸资料；要严格落实建设、施工、监理三方安全责任，严格按照建设程序和批准的初步设计和安全设施设计方案进行施工，确保施工质量和施工安全。

3）煤业公司要加大安全投入，健全安全管理机构，配齐安全管理人员和生产技术人员，切实加强现场安全管理。安全监督和管理人员要认真履行职责，做好作业现场的隐患排查工作，杜绝违章指挥、违章作业行为。

4）煤业公司要加强职工安全培训工作，依照规定对井下作业人员进行安全生产教育培训，未经安全生产教育培训或者教育培训不合格的人员不得下井作业。特种作业人员必须经培训合格后，持证上岗，杜绝顶替上岗、人证不符现象。

5）投资公司要认真履行企业主体责任，加大对所属各矿井的日常安全监督检查力度，加强对建设项目尤其是煤矿配采建设项目的安全管理，要结合煤矿安全生产实际情况，做细、做实隐患排查治理工作，确保矿井生产安全。

（5）相关知识与管理借鉴

在这起事故中，在顶板出现漏煤的情况下，现场作业负责人没有引起警觉，也没有及时组织作业人员撤离，继续在漏煤区域清煤，结果煤层垮落并导致事故。

顶板事故是煤矿生产中最为常见的一种事故，它不仅发生率高，危害性也大。每年我国煤矿因顶板事故造成的伤亡人数十分惊人，因此，广大矿工在煤矿生产中，一定要注意做好顶板管理工作，以防止和减少顶板事故的发生。

按照顶板冒落范围的大小，冒顶一般分为局部冒顶和大面积冒顶。从这起事故的描述来看，这起事故属于局部冒顶。局部冒顶是指当煤层顶板破碎、节理发育时，工作面不进行及时支护或支护质量不合格而引起的小范围的顶板冒落。有时在采掘工作遇到地质变化时，该区域由于受地质构造的影响也会发生局部冒顶，因此，当采掘工作遇到地质构造变化时要制定并落实好防范措施。

发生局部冒顶的预兆如下：

1）工作面遇到小型地质构造而导致工作面顶板破碎。

2）顶板裂隙增大、增多，敲击顶板时发出不正常的声响。

3）顶板裂隙内有活矸，并有掉渣、掉矸等现象，特别是在掉大块前往往先掉小块矸石。

4）顶板上的薄矸石片不断脱落。

5）顶板有淋水且淋水不断加大等。

在井下作业，发现局部冒顶预兆时，一定要提高警惕，现场作业负责人要果断下令撤人，宁可耽误一些时间，也不要冒险作业。一旦发生顶板事故，不仅害人，也会害己。

24. 某煤矿违章提前回撤单体液压支柱导致顶板事故

2015 年 8 月 15 日 13 时 21 分，山东某煤矿 23 下 600 安装工作面调架区发生一起冒顶伤人事故，造成 2 人死亡。

（1）企业基本情况

1）企业相关情况。事故煤矿位于山东省滕州市西岗镇境内，1964 年建成投产，后历经 3 次改扩建，核定生产能力 240 万 t/a。矿井开拓方式为立井暗斜井多水平开拓，有二水平 232 采区、236 采区和袁堂九采区交替组织生产。主采煤层为 3 上、3 下煤层。采煤方法为走向长壁全部垮落法，采煤工艺为综采、综采放顶煤。

2）事故工作面情况。发生事故的 23 下 600 综放工作面，为走向长度 423~518 m，倾向长度 44~275 m 的不规则工作面。工作面生产采用液压支架支护顶板。23 下 600 综放工作面切眼长 275 m，共需安装液压支架 181 架，由安装准备工区从运输巷开始安装，至 8 月 15 日已安装 160 架。

（2）事故经过和救援情况

2015 年 8 月 15 日 6 时，安装准备工区值班人员副区长程某某安排当天早班工作，由副区长李某等 12 人负责 23 下 600 工作面面内调架工作。到达现场后，李某带人在切眼待调架区进行调架前的替棚准备工作。

13 时许，替棚维护工作完毕，李某安排本组其他人员外运工字钢，准备进架，其本人与尹某某留在替棚处负责尾工处理。

13 时 21 分，负责外段运输支架的副区长姚某某将支架运到机尾后，去工作面面内查看准备情况，当走到距调架区约 10 m 的位置时，看到李某和尹某某正在卸前切眼侧抬棚下的单体液压支柱，顶板瞬间垮落，2 人躲闪不及，被冒落的煤矸掩埋。冒顶区位于调架区面前侧，长 4 m，宽 3 m，与上分层采空区冒通。姚某某立即组织现场人员施救，同时，安监员满某某向矿调度室进行了报告。调度员接到报告后，立即启动事故应急救援预案，要求现场人员保证安全、积极组织抢救，并安排附近区域人员赶赴施救，同时向矿领导进行了报告。矿立即成立了地面、井下抢险指挥部，组织矿管理人员、救护队员、医务人员等迅速赶赴现场进行救援。

19 时 40 分，被困人员尹某某被救出，经医务人员现场抢救无效死亡。20 时 20 分，被困人员李某被救出，经医务人员现场抢救无效死亡。

（3）事故原因分析

1）直接原因。现场作业人员李某、尹某某违章作业，严重违反作业规程中的相关规定，违章提前回撤调架区域的单体液压支柱，严重降低了该区域支护强度，导致顶板冒落，造成了自身伤害。

2）间接原因如下：

①现场作业人员“安全第一”的思想树立不牢，安全意识差，自主保安和互保联保不到位。施工人员没有严格执行作业规程的规定，为加快调架速度，节省调架时间，图省事、怕麻烦，冒险蛮干，在没有进支架的情况下提前回撤调架区支柱，对潜在的危险因素没有及时发现。

②现场施工人员对施工安全的认识不到位，思想重视程度不够，没有严格按照作业规程的规定，对工作面替棚区支柱初撑力进行测定，不能准确掌控支护的可靠程度，同时也没有对现场施工地点安全状态进行确认。

③现场隐蔽致灾因素排查不彻底。在切眼掘进期间，现场未发现

断层迹象，但该区域临近上分层回采期间的断层尖灭区，靠近煤机滚筒硐室，该区域面里侧顶板受多种因素影响，稳定性变差，未及时采取加强支护措施。

④当班安监员现场安全检查不细致，巡查不到位，没有对顶板管理进行重点监管。对施工人员提前回柱造成调架区域顶板支护强度不足等事故隐患没有及时发现，现场的安全监管出现了漏洞。

⑤矿井安全周期较长，已连续 12 年安全生产，部分管理人员出现了松懈麻痹思想。事发时，该工作面设计安装的 180 架支架已完成了 160 架，安装工作已临近收尾，现场管理人员对支架安装安全管理有所忽视，检查不到位，把关不严。

（4）事故教训和整改措施

1）组织全矿干部职工开展反思大讨论活动。按照省煤炭工业局开展以“查隐患、严治理、防事故、保安全”为主题的安全生产大检查要求，结合实际，深入开展“三查三反三促”活动，即查思想、反麻痹松懈、促管理境界提升，查隐患、反管控不严、促现场问题落实，查履职、反懒散浮漂、促工作作风转变，矿班子成员以身作则，各级管理人员人人写出反思书，职工人人写出安全承诺书，做到层层讨论，人人反思，痛定思痛，深刻吸取事故教训。

2）加强职工安全教育和业务培训。组织各区队干部职工认真学习《中华人民共和国安全生产法》（以下简称《安全生产法》），学习“三大规程”，学习各项规程措施，做到全员学习签字，组织全员考试，凡考试不合格人员一律不准上岗。

3）加强工作面安装工艺流程管理。凡是工作面切眼使用工字钢架棚支护的，安装支架一律不再替棚，倾斜抬棚梁使用花边工字钢。坚决杜绝图省事、怕麻烦，提前回撤支柱现象。掘进期间，架棚支护切眼铺设双层金属顶网，加帮锚支护，前后切眼工字钢棚使用铁拉条连锁加强支护。

4）重新对采掘工作面周边隐蔽致灾因素排查分析。针对排查出的各类隐蔽致灾因素，实行挂牌管理，超前编制科学合理的防治措施，一并纳入作业规程，严格作业规程和安全技术措施编审流程，确保作业规程符合现场实际情况。

5）开展事故隐患排查治理活动。从严抓好事故隐患的排查治理，对排查出的隐患问题，明确责任到人，限定整改时间，确保隐患治理到位，做到隐患不消除严禁组织生产。

6）严格执行管理人员“走基层”包保制度。对采掘工作面实施全流程包保管理，保证 24 小时有包保人员跟班在现场、帮扶在现场、监督在现场、管控在现场。抽调精干力量成立工作组对事故单位进行重点帮扶，抓好职工的安全教育和思想引导，确保安全生产和职工队伍稳定。

（5）相关知识与管理借鉴

在这起事故中，作业人员为加快调架速度、节省调架时间，图省事、怕麻烦，冒险蛮干，违章提前回撤调架区域的单体液压支柱，严重降低了该区域支护强度，导致顶板冒落，造成伤害事故。

该煤矿已经连续 12 年安全生产，这对于煤矿应该是极为不容易的成绩。在连续多年安全生产的情况下，管理人员出现松懈麻痹思想，出现忽视安全、违章作业现象。该矿要吸取教训，注意以下事项：

1）思想上的隐患是最大的隐患。思想上任何的松懈麻痹都会形成安全管理上的放松，造成安全事故的发生，来之不易的安全形势就会毁于一旦。必须要牢固树立“安全第一”的思想，始终坚守红线意识和底线思维，切实增强抓好安全生产工作的紧迫感、责任感、使命感，严禁一切不顾安全生产条件的冒险作业，坚决做到不安全不生产。

2）违章作业是事故发生的根源。违反规程、违章作业就是拿生命当儿戏，就要付出沉重的代价。必须要增强干部职工的互保、自保和按章作业意识，规范岗位操作要求，提高职工的岗位正规操作能力，切实按章作业，坚决杜绝违章作业、违章指挥现象的发生。

3）安全生产的主体责任要落实到位。要明确安全管理的责任主体，严格责任落实，这样才能保证安全管理无死角、无盲区。必须要认真落实各级、各部门、各岗位的安全生产责任制，明确“谁主管、谁负责”，做到责、权、利相结合，确保安全管理系统运行良好，实现安全管理在生产作业地点的全覆盖。

4）隐患排查治理要不断深入。生产现场事故隐患的排查治理和隐蔽性致灾因素隐患的排查治理，是超前防范安全事故发生的关键。必须要加强对重要工序、重点环节、关键部位和安全薄弱人物的排查，要加大隐蔽致灾因素的排查治理，对排查出的事故隐患问题要及时解决处理，坚决做到隐患不除不生产。

5）现场安全制度要有效落实。这起事故中，区队跟班管理人员安全责任落实不力，现场履职不到位，现场安全管理和监督检查不到位。抓安全必须要有高度的责任心、事业心和良心，必须要有对生命安全的敬畏之心。

25. 某煤矿未按规定强制放顶采空区垮落导致顶板事故

2014 年 8 月 22 日 15 时 30 分，重庆市南川区某煤矿有限公司井下+280 m 水平 E5680 采煤工作面发生较大顶板事故，造成 5 人死亡，直接经济损失 1 488.72 万元。

（1）企业基本情况

1）企业相关情况。事故煤矿位于重庆市南川区三泉镇，矿井于

1958年开始建设，1960年投产，1997年改扩建，生产能力为15万t/a。该公司持有采矿许可证、安全生产许可证、工商营业执照、矿长安全资格证，属证照齐全的合法生产矿井，并在改建建设。

2）矿井开采现状。矿井为斜井开拓，有主斜井、副斜井（行人）、回风井3个井筒，机巷采用刮板运输机运输，大巷采用电机车和一吨固定矿车运输，斜井采用绞车串车提升。地面建立了固定瓦斯抽放站。矿井监测监控、人员定位、供水施救、压风自救、通信联络、紧急避险“六大系统”使用正常。

3）事故工作面情况。事故工作面于2014年4月投入生产，走向长130 m，倾斜长90 m，至事故发生时已回采90 m。事故工作面采用全风压通风，进风量583 m^3/min，回风量627 m^3/min。事故工作面采用走向长壁采煤法，煤层厚度小于2.4 m时，采全高；煤层厚度大于2.4 m时，留底煤，最大采高2.4 m。事故工作面采用单体液压支柱，“四、六”排控顶，放炮落煤，搪瓷溜槽自溜煤炭，全部垮落法管理顶板；支柱排距1 m，柱距0.8 m，控顶距为4~6排，最大控顶距为5.5 m，最小控顶距为3.5 m，其中炮道为0.5 m，放顶步距为1 m。事故工作面实行“三八”作业制，两采一准。事故发生时正在进行回柱作业。

（2）事故经过和救援情况

1）事故发生经过。2014年8月22日6时30分，采煤队队长吴某某主持召开班前会，跟班队干刘某某、班长韦某某强调安全工作并安排E5680采煤工作面回柱放顶。其中刘某某负责工程质量和安全，龚某某、程某某、胡某等8人负责打密集支柱，韦某某、王某某、丁某某、庞某某等8人负责回柱。

7时20分，事故当班全矿92人入井，其中，E5680采煤工作面17人到采煤工作面。刘某某和韦某某在进行安全检查后，开始作业。

10时左右，回柱至离机巷第七根支柱位置时，采空区发生窜矸，冲垮工作面3排支柱。安监员袁某某、跟班副队长陈某某先后到现场督促处理了1小时，袁某某就离开了现场，但窜矸仍没有处理完，矿级带班领导张某某到现场检查。13时左右，袁某某又返回检查，此时窜矸已处理。他们在采煤工作面机巷处吃午饭后，王某某、丁某某、庞某某3人按照刘某某的安排开始打密集支柱。

15时30分，采空区顶板冒落，大块矸石窜入采煤工作面造成事故。韦某某听见响声，呼喊无应答，迅速跑到采煤工作面机巷，并与安监科科长李某某核实，发现5人被困。李某某立即向公司调度室报告，公司立即向南川区三泉镇政府、南川区煤管局报告，并立即组织87人安全出井。

2）应急救援情况。接到事故报告后，南川区立即启动应急预案，并成立现场抢险救援指挥部，调集南川区矿山救护中队、重庆某矿业公司救护大队进行现场抢救。经抢险救援，救援人员于8月23日9时30分将5名遇难者遗体运出井，抢险救援工作结束。

（3）事故原因分析

1）直接原因。矿井未按E5680区回采工作面（下段）作业规程规定强制放顶，导致采空区顶板垮落的大块矸石下滑并冲垮单体液压支柱窜入工作面采场控顶区域，将5名作业人员挤压致死。

2）间接原因如下：

①对事故当班E5680区回采工作面（下段）在由机巷向上回柱放顶过程中出现采空区窜矸打垮工作面3排支柱的异常情况，现场未停止作业和撤人，对工作面已出现的安全生产隐患未采取措施处理，现场组织消除隐患不力。

②矿井采煤工作面开采布置、劳动力组织不合理。采煤工作面每班回采不能采全长，回柱也不能回全长，使工作面开采后当班的煤壁

不直，形成错距，造成工作面在错距处应力分布不均，引起采空区直接顶板离层在错距处垮落不均衡，影响工作面控顶区的支护。

③矿井未按回采作业规程规定对强制放顶后顶板垮落和压力变化进行观测和记录。

④矿井在停产后恢复生产前未按作业规程要求对事故工作面单体支柱进行全面检查、测试和补液，对复产验收检查出的隐患未全部立即改正就恢复生产。

⑤矿井对职工如何预防顶板事故技术知识等教育、培训不力，现场工人对采空区大块矸石下滑窜矸的危害性判断、识别能力差。

（4）事故教训和整改措施

1）切实加强顶板管理。严格执行作业规程和强制放顶措施。对大倾角、煤层顶板坚硬的采煤工作面，要采取切实有效的安全技术措施，防止采空区窜矸。

2）合理布置采煤工作面倾斜长度，每班必须保证采煤工作面煤壁采直，防止工作面煤壁形成错距，造成应力分布不均。

3）切实加强顶板压力的日常观测，及时掌握顶板来压规律，采取放顶、回柱措施。

4）切实加强现场检查，及时消除事故隐患。加强矿井停产前、停产期间、恢复生产前工作面单体支柱的全面检查、测试和补液。

5）深刻吸取事故教训，举一反三。认真制作事故警示教育片，开展警示教育。加强安全教育和技术培训，提高职工的安全综合素质、现场事故隐患的识别和处置能力。

（5）相关知识与管理借鉴

在这起事故中，对事故当班出现采空区窜矸打垮工作面 3 排支柱的异常情况，现场未停止作业和撤人，对工作面已出现的安全生产隐患未采取措施处理，是导致顶板事故发生的重要因素。

工作面放顶线处易发生局部冒顶。因工作面放顶线处的支柱受力不均，当人工回撤受力较大的支柱时，有时就会造成顶板垮落。对这种情况，需要提高作业人员的安全意识，加强对作业人员预防顶板事故技术知识的教育和培训，增强作业人员对采空区大块矸石下滑窜矸危害性的判断和识别能力。

预防顶板事故，作业人员的安全意识十分重要。所谓安全意识，就是职工在安全活动中的态度，是人们关于安全生产的思想、观点、知识和心理素质的总和，是安全生产重要性在人们头脑中所反映的程度。如果职工安全意识淡薄，掌握的安全知识不够，就很容易出现违章作业的现象，从而导致事故发生。

煤矿职工安全意识薄弱的原因有以下几个方面：

1）无知者无畏。职工客观上接受安全培训的次数较少，或职工主观上不注意学习安全知识和操作技能。安全培训学习时，只是应付了事，没有从根本上认识到违章带来的危害，或者由于知识技能欠缺，职工不能察觉自己的违章行为。

2）职工的侥幸心理。有的职工曾多次违章却没有发生事故，存在侥幸心理；有的职工明知违规违章会有危险，但怕麻烦、图省事，总想以“投机取巧”的方式在最短的时间内完成工作，以赚取更多的酬劳；有的职工认为违章并不一定都会导致事故发生，或者不一定会在自己身上发生，盲目自信。

3）职工的麻痹心理。麻痹心理往往与所谓的经验有直接关系。一项调查数据显示，年龄在 37 岁左右的职工更易出现“三违”情况，年龄在 41 岁时又出现“三违”记录的高峰，46 岁以后“三违”记录随着年龄的增长呈上升趋势。可见，职工由于对从事的工作非常熟悉，思想上麻痹大意，没有注意到作业中出现的新情况、新问题，仍以习惯的方式去对待，容易导致事故发生。这类职工往往对自己估计过高，对潜在的危险估计不足。

4）职工存在负面情绪。有的职工因身体状态不佳强行工作，或者在生活和工作中不顺心等原因，导致存在对抗心理，不服从领导，埋下事故隐患，结果酿成大患。也有的职工因参加培训就会影响工资收入，对培训工作产生抵触心理。

针对职工存在的上述安全意识薄弱问题，实现由“要我安全”到“我要安全”的转变，就必须抓好安全培训教育，在培训时间和方式上要有突破。

在培训时间方面，如果培训时间得不到保障或培训次数不够，职工难以认识到违章的危害。企业应建立动态教育培训机制，让每位职工定期参加培训，判断自己岗位存在的风险，同时加强职工的安全及各种技术、管理知识的培训和教育，这既是企业发展的基础保障，又是提高职工安全意识的有效途径。

在培训方式方面，一是要与职工多互动交流。对职工进行互动沟通式培训，除了培训一些安全知识外，还应包括安全理念、安全意识方面的内容，如正确理解和应用停工政策、作业许可和隔离政策、为什么要遵守安全规定、要勇于干涉现场不安全行为、如何尊重同伴的生命安全等。二是培训形式也要灵活多样。职工存在侥幸心理，是因为没有从内心认识到事故对他们究竟意味着什么，因此要改变传统的培训班模式，可通过对典型事故案例进行分析，观看工伤事故的图片、电影，让出过工伤事故的职工现身说法等，使大家吸取教训。也可采用现代化设备进行多媒体教学，将事故案例做成影片，利用电脑、投影仪等现代化教学设备进行教学；或通过定期发短信、微信等方法，将安全意识、培训知识灌输到职工心中。三是在培训中还要避免教学和实践相分离，要通过实训基地的应急救援演练等手段，让职工掌握自救技巧，增强培训效果。

 26. 某煤矿液压支柱支护强度不够支架倒塌顶煤垮落事故

2016年4月3日13时5分，新疆莎车县某煤矿6410采煤工作面发生一起顶板事故，造成10人死亡、5人轻伤，直接经济损失1 081.4万元。

（1）企业基本情况

1）企业相关情况。事故煤矿的前身属地方国有企业，始建于1991年9月，2005年11月通过了建设项目安全设施和条件竣工验收，设计生产能力15万t/a。2007年10月，莎车县国有资产管理局对事故煤矿公开拍卖。2008年1月，谷某、张某某、王某某3名自然人，出资3 650万元竞拍获得煤矿所有权。2010年12月，河南某投资有限公司全资购得该矿，并沿用企业名称。

2）事故煤矿基本情况。煤矿位于新疆喀什地区莎车县喀拉图孜矿区，矿井井田面积1.774 km^2，开采深度标高+2 070 m至+1 900 m。煤层结构简单至复杂，厚度较稳定。该矿采矿许可证、安全生产许可证、营业执照齐全。

矿井为片盘斜井开拓，布置有混合提升斜井和回风斜井2个井筒。混合提升斜井斜长366 m，机轨合一布置，装备有带式输送机和单滚筒绞车，担负煤炭、材料、设备提升任务。

3）矿井生产情况。2016年2月24日，春节后工人陆续到矿，27日开始对6410采煤工作面上、下顺槽进行维修，并回撤6320采煤工作面设备、单体液压支柱和π形梁，运到6410采煤工作面进行安装。3月26日，工作面安装完毕。3月27日至3月31日调试6410工作面单体支架，由于开切眼位于煤层顶部，在推进的同时，安排卧底，要求每推进1 m至少下卧0.3 m，进行放顶煤开采。工作面采高1.8 m，手镐落煤，循环步距0.8~1 m。4月1日矿井开始回采，当

天完成一个循环，2 日早班完成半个循环，中班由于工作面和下巷刮板机故障，工作面没有推进。事故发生前，6410 工作面共推进 3.1~4.8 m，生产原煤 1 846 t 。

事故发生前，矿井职工人数 119 人，其中井下作业人员 93 人。矿井作业实行 2 班工作制，早班 8 时至 16 时，中班 17 时至次日 1 时。

（2）事故经过和救援情况

1）事故发生经过。2016 年 4 月 3 日 8 时 30 分，毛某某主持早班班前会，安排井下 2 个作业地点作业：6410 采煤工作面下段回采作业和回风巷卧底维修巷道作业，共 52 人入井作业，其中采煤工作面 19 人，皮带运输机司机和刮板机司机 9 人，回风巷道卧底维修 15 人，其余人员 9 人。

6410 采煤工作面下段共 79 架棚，分 8 段作业。其中，工作面下出口单独 1 段，由冯某某、盛某某负责，其任务是 5 架大棚（大棚指跨机头的棚子，梁长 3.4 m）、4 架小棚（小棚指工作面基本支架，梁长 2.4 m）；其余从工作面中部到下出口分 7 段，每段 10 架小棚，14 名工人分成 7 组，每组 2 人，抓阄决定各组的工作位置。工作面中部距下顺槽 55 m 处设有一个用于清理工作面运输机底煤的回煤坑，贾某某负责清理此处回煤。副队长郝某某、工人张某某负责清理工作面上段浮煤。

4 月 3 日 9 时左右，52 名作业人员相继入井作业。13 时 05 分，6410 采煤工作面发生事故。经调查，当时 6410 采煤工作面第 1 组已经完成了 5 棚大梁，冯某某在大棚与小棚间攉煤，盛某某在小梁处用手镐挖煤墙。冯某某听到“咚”的一声后昏迷，被救到运输巷苏醒后升井。第 2 组王某某听到一声巨响后被煤埋至腰部，爬到煤壁空间处，经 4 h 左右被救出升井。第 3 组的蔡某某、范某某负责从下出口往上的20~29号棚，2人已经完成了六七棚，工作中突然听见“嗵”的一声，蔡某某安全帽掉了，感到脖子疼痛，喊范某某，听到范某某在煤渣底下应答，就与从上面下来的第4组的吴某某一起将范某某扒出，范某某昏迷。第6组李某某被埋后用力挣脱爬出后，又把同组被埋的工友吕某某拉出来，2人从采空区方向空间处向下爬，爬到第3组位置，与蔡某某、吴某某、范某某会合；等范某某醒来后，5人爬到运输巷获救升井。工人张某某在距下出口约60 m处清理浮煤，副队长郝某某在工人张某某下方2 m处清理浮煤，2人听到“嗵”的一声就倒下了；他们看到距下出口约55 m处的棚子垮塌，工作面被堵塞，2人向上爬到回风巷。维修巷道的刘某某与孙某某、贾某某在上出口外侧回风顺槽卧底，大约工作了4个小时，已经挖了4个“腿窝子”，正在继续挖时，听见“呼”的一声，倒地后爬起来向外跑。

2）应急救援情况。事故发生后，作业人员立即进行自救、互救。总工毛某某、矿长杨某某先后到事故现场，组织职工抢险救援。工作面19人中逃生9人（其中轻伤5人），3人遇难，7人被困；其他作业场所33人安全升井。杨某某看到现场情况后，安排毛某某继续搜救被困人员，自己升井报告事故。

喀什地委、行署接到事故报告后，立即安排部署事故抢险救援工作。新疆煤矿安监局先后从周边煤矿调集液压支柱、乳化液泵等救援物资，提供救援保障；从自治区大专院校、国有煤炭大型企业选调了3名专家，根据井下现场情况和救援工作进展，协助指挥部制定、完善救援技术方案，并轮流在井下现场带班，指导工人施工作业；集中附近煤矿的工程技术人员、管理人员、熟练工人150多人，组成3个抢险队在井下三班突击作业。经过4个昼夜紧张有序的连续奋战，7名矿工遗体全部被找到，抢险救援工作结束。至此，事故共造成

10 人遇难。

（3）事故原因分析

1）直接原因。6410 采煤工作面采用单体液压支柱配 π 形梁支护（国家明令禁止使用的采煤工艺），支护强度不够、稳定性差，直接顶局部断裂、失稳，导致工作面部分支架倒塌、顶煤垮落，造成人员伤亡。

2）间接原因如下：

①6410 工作面采用国家明令禁止使用的单体液压支柱配合 π 形梁放顶煤采煤工艺。

②该矿未配备负责采煤、掘进、机电运输、通风、地质测量工作的专业技术人员，技术力量不能满足安全生产需要。技术措施不健全。该矿未编制放顶煤工作面开采设计方案并按规定报批，6410 采煤工作面未经验收即组织生产。采煤工作面作业规程没有针对性的顶板管理方法和顶板处理措施。

③现场作业组织混乱。工作面每班分 8 段同时作业，每段长度不足 6 m，部分段 2 人再分段同时作业，同时开帮、移架。各组作业方式和刨煤、移梁、打柱的顺序并不一致，随意性大，无统一指挥。为图省事，工人并未按 6410 回采作业规程规定及时打贴帮柱。

④顶板支护质量差。该矿使用的 RB2B80/200 型乳化液泵，最大压力 21.5 MPa，主供液管直径为 19 mm，供液距离约为 1 200 m，安装在地面。乳化液泵长距离供液且供液主管管径小，压力损失大，工作面单体液压支柱供液压力不足。工作面支柱大面积卸压，支柱反复支撑，造成顶板活动频率加大和顶煤、伪顶破碎、离层，工作面支护系统的强度和稳定性降低。6410 采煤工作面未开展矿压观测工作。

⑤管理机构不健全，安全管理混乱。煤矿未设置安全科、生产技

术科、调度室等职能科室；未配备生产副矿长，机电矿长任职距事故发生仅8天；未配备负责采煤、掘进、机电运输、通风、地质测量工作的专业技术人员。2016年2月26日至4月1日工人入井作业期间，未安排矿领导带班。4月2日中班、4月3日早班（事故当班）未安排矿领导带班。没有执行入井检身制度和出入井人员清点制度，作业人员出入井不检身、不登记。

⑥煤矿未制订培训计划，没有按规定开展新到矿工人入井培训和日常培训。煤矿仅有2人持有瓦斯检查作业操作证，井下电工、提升机操作司机等特种作业人员无证上岗。总经理、总工程师、专职安全员未按规定参加安全生产知识和管理能力培训。

⑦安全投入不足。未投入资金改造采煤工艺，未提取煤矿生产安全费用。矿井未安装人员定位系统，未按6410回采作业规程规定装备矿压观测系统。

（4）事故教训和整改措施

1）全面落实企业安全生产责任制。煤矿企业要牢固树立安全生产“红线”意识，做到不安全不生产。要建立健全安全生产责任体系，落实煤矿矿长安全生产第一责任人责任和总工程师技术管理责任。健全安全管理机构，配齐配强安全管理人员和专业技术人员。细化岗位安全责任，层层签订责任书，把安全生产责任落实到各个环节和岗位。

2）强化技术管理。严格执行技术审批制度。编制符合法律、法规和国家标准、行业标准且具有针对性、可操作性的相关安全技术措施和作业规程，并根据井下地质等情况变化，及时修改、补充、完善作业规程。组织工人学习经过审批的作业规程并进行考试，考试合格方可上岗作业。严格按照规定对放顶煤工作面进行管理。对不符合规定或达不到放顶煤开采条件的工作面，严禁使用放顶煤开采。

3）加大安全投入。严禁使用国家明令禁止或者淘汰的设备、工艺。煤矿一定要按照有资质的设计单位设计，并经过审批的设计方案选用煤矿许用设备、工艺。以“机械化换人、自动化减人”为抓手，提升采掘机械化水平。建立健全安全避险系统，提高安全保障系数。强化劳动组织，严禁超能力、超强度、超定员组织生产。

4）加强煤矿安全监管。煤矿安全监管部门要创新监管方式，采取明察暗访、深入井下突击检查等有效方式，对隐瞒实情、明停暗开、弄虚作假、逃避监管违法生产的煤矿，一经查实，必须采取坚决措施予以严厉查处，直至撤销证照、提请地方人民政府依法关闭。要在全疆对采用单体液压支柱放顶煤等淘汰落后采煤工艺进行普查，对存在问题的煤矿，要依法依规停产整顿、暂扣安全生产许可证。严禁证照不全及超能力、超强度、超定员违法违规组织生产。

（5）相关知识与管理借鉴

从事故发生经过来看，导致这起冒顶事故的重要原因之一，就是该矿使用的乳化液泵存在问题。这种乳化液泵长距离供液且供液主管管径小，压力损失大，导致工作面单体液压支柱供液压力不足。工作面支柱大面积卸压，支柱反复支撑，造成顶板活动频率加大和顶煤、伪顶破碎、离层，工作面支护系统的强度和稳定性降低。

重大冒顶事故的预防措施主要包括以下内容：

1）加大采场支护密度。加大采场支护密度就是加强工作面的总支撑力，以减少顶板下沉量和顶板的台阶下沉。下沉量小，顶板完整不破碎，就可防止或减少冒顶事故。具体做法可以是缩小工作面支架的排距和柱距或采用特种支架等。

2）掌握工作面周期来压规律。工作面周期来压前要加强支护，多增支架，并采取各种安全防范措施，做到万无一失，只有这样才能消除冒顶事故。

3）加快工作面的推进速度。工作面推进速度慢，顶板下沉量大，则顶板压力也大，易造成工作面支架折损和失效，使工作面支撑能力下降。因此，加快工作面推进速度，可避免上述现象的发生。

4）提高支架的稳定性。煤层大都有一定的倾角，特别是在倾角较大时，为防止顶板沿倾斜方向滑动而推倒支架，应将支架连成一体，形成“整体支架”，以提高支架的稳定性。同时，也可采用斜撑、抬棚、木垛等特种支架，来提高支架的稳定性。

5）支架选型和架设要遵守规定。无论是使用木支护还是金属支护，支架的选型要合理，要使支架有足够的支撑能力。支架架设时，严禁将支架架设在浮煤或浮矸上。当煤层底板松软时，支架要“穿鞋”。

6）遇地质构造带时要采取安全防范措施。地质构造带处是发生冒顶事故最多的地点之一，因此，加强地质构造带处的安全防范措施是非常重要的。如遇到落差较大的断层时，必须探明断层范围，然后绕过断层另开工作面。当断层落差不大时，一般可采取挑顶、卧底等措施逐步通过。

27. 某煤矿未及时对采空区强制放顶大面积垮落事故

2015 年 10 月 10 日 17 时 05 分左右，陕西某煤矿发生顶板事故，造成 1 人死亡、1 人重伤。

（1）企业基本情况

1）企业相关情况。事故煤矿是某煤炭集团所属的年产 2 000 万 t 的特大型现代化高产高效矿井，位于陕西省神木县境内，由大柳塔井和活鸡兔井组成，井田面积 189. 9 km^2，煤炭地质储量 23. 2 亿 t，可采储量 1. 53 亿 t，核定生产能力 2 170 万 t/a。

大柳塔井始建于 1987 年 10 月，1996 年正式投产。活鸡兔井于 1994 年 10 月开工建设，2000 年投产。该矿有人员 945 人，2003 年以来，全矿年生产原煤持续保持在 2 000 万 t 以上。

2）事故采区情况。大井 22 煤六盘区 12 607 综采面东侧与 F8 断层之间的三角块段采用旺格维利采煤法（以下简称旺采）回采，支巷煤柱设计宽度为 9 m，每 8 条支巷留设一条保护煤柱。旺采区沿煤层底板回采，顶煤留 0.3～0.5 m 为准，采高不低于 4 m。发生事故时，正在回采 12 支巷，5 支巷留设了 9 m 的隔离煤柱，5 支巷至 12 支巷间的顶板悬空一直未冒落，空顶面积约 10 235 m^2。

（2）事故经过和救援情况

2015 年 10 月 10 日 7 时 30 分左右，连采三队八点班带班队长郑某等 15 名工人下井，在右翼二区段右侧 12 支巷作业。当时该区段 5 支巷留设了 9 m 的隔离煤柱，计划在 12 支巷采完后再留设 9 m 的隔离煤柱。

15 时 50 分，连采三队四点班带班队长谢某等 13 名工人开完班前会后，下井接班。17 时左右交接班时，电钳工王某、马某、刘某、汪某、谢某和关某 6 人在 12607 东侧旺采区右翼二区段辅运平巷 4 联巷旁边的铲车周围测瓦斯、修理铲车，八点班带班队长郑某、林某、电钳工于某、连采机司机白某 4 人在 12607 东侧旺采区右翼二区段辅运平巷 12 支巷内距巷口约 5 m 处交接班。

大约 17 时 05 分，12607 东侧旺采区右翼二区段 5 支巷至 12 支巷间采空区顶板突然大面积跨落，顶板冒落形成的强风将东侧旺采区右翼二区段辅运平巷 4 联巷旁边铲车周围的电钳工王某、马某、刘某、汪某、谢某、关某 6 人和在 12 支巷内的带班队长郑某、林某、电钳工于某、连采机司机白某 4 人吹倒。强风过后，12 支巷内的带班队长郑某和电钳工于某先爬起来，发现他们的矿帽被强风吹掉了，矿灯也被强风吹得绞在一起，2 人把绞在一起的矿灯分开并打开开关，发现连采机司机白某趴在旁边的地上。白某想爬起来，撑了一下地就又倒下了，郑某和于某急忙过去想把他扶起来但是扶不动。正在此时，又发生了冒顶，冒顶形成的强风又一次吹来，郑某和于某急忙趴倒。强风过后，2 人又试图扶起白某可还是扶不动，郑某和于某只好喊人，喊了几声，只听到有人答应，但看不到有人过来。过了一会儿，林某过来了，他们 3 人一起扶起白某撤离 12 支巷。在 4 联巷铲车周围的王某、马某、刘某、汪某、谢某和关某 6 人被强风吹倒后，刘某和马某爬起来发现他们的矿帽和矿灯不见了，找到矿灯后，发现王某头部受伤仰面朝天躺在铲车边的地上，2 人问王某情况怎么样，王某手捂住肚子说他腹部疼。随后四点班带班队长谢某及郑某、于某和白某等人也到了辅运平巷 4 联巷，郑某安排打电话向煤矿调度室报告事故情况时，带班队长谢某说已经打过了。之后林某、关某护送白某先离开辅运平巷，于某和谢某用电工刀割下来一块风筒布，大家一起把王某慢慢地扶到风筒布上，用风筒布把王某抬到随后赶来的李某的农用车上，并护送王某一起升井。

矿调度室在接到井下事故报告后，立即安排车辆下井接应，并联系“120”急救车辆和医护人员到井口等待。白某和王某先后升井，在井口经医生急救处理后被送往医院治疗。王某经抢救无效于 10 日 18 时 30 分死亡。白某因左侧颅骨骨折，住院接受治疗。事故造成 1 人死亡、1 人重伤。

（3）事故原因分析

1）直接原因。12607 采空区大面积悬顶垮落（长约 115 m，宽约 89 m），是造成此次伤人事故的直接原因。

2）间接原因如下：

①未及时对悬顶采空区顶板进行强制放顶，是产生强风伤人的主

要原因。

②根据已往开采经验，煤矿确定旺采区域正常回采时，每隔6~8个支巷留设一个隔离煤柱，这个经验数据无理论依据。

③现场管理不到位，在顶板大面积悬空的情况下未及时留设隔离煤柱。

④矿井未对旺采面采空区顶板进行有效监测监控。

（4）事故教训和整改措施

1）加强技术管理，制定切实可行、针对性强的作业规程和安全技术措施，使职工熟练掌握，并认真贯彻执行。

2）对旺采区的设计进一步优化，将刀间煤柱的宽度增大为1.5 m。

3）对边角块段煤的回采，尽量布置长壁采煤工作面，采用全部垮落法管理顶板，确保煤矿的安全生产。

4）应采用技术手段加强对顶板的监测、监控，合理控制空顶面积。地质情况发生变化时，及时采取预防措施。

5）必须认真吸取此次事故教训，从严管理，落实防范措施，防止同类事故再次发生。

（5）相关知识与管理借鉴

这起顶板事故是矿井在采用旺格维利采煤法过程中，对顶板控制经验不足，以及对顶板安全缺少科学的论证和监测监控造成的，为矿区顶板管理敲响了警钟。

事故来自采空区顶板突然大面积跨落，即大面积冒顶。对于大面积冒顶，根据冒顶形式的不同通常分为压垮型冒顶、推垮型冒顶和漏垮型冒顶。

压垮型冒顶一般是坚硬直接顶或老顶来压时，压断、压弯工作阻力小、可缩量不足的支架，使其失去支撑能力，或在顶板压力的作用下，将支柱压入煤层底板中，使支架失去支撑力而造成的大面积冒顶。实践表明，压垮型冒顶一般多在老顶来压时发生。

推垮型冒顶一般是直接顶或老顶大面积运动造成的。这是因为，开采时如果由于某种原因已造成直接顶在煤壁附近发生断裂，使顶板失去稳定性，则顶板在下滑力的作用下就有可能沿某一方向滑动，从而将工作面支架推倒而造成大面积冒顶。

漏垮型冒顶多是因为破碎顶板，沿支护薄弱地点发生漏冒而导致顶板漏空发生离层，当顶板来压时，由于压力大、冲击力强，而将支架压垮或推倒，造成大面积冒顶。

1）工作面易发生大面积冒顶的地点主要如下：

①开切眼附近。因该区域上部硬岩层老顶两边受煤柱支撑不易下沉，而老顶下部的软岩层直接顶较易下沉，这就使得直接顶与老顶容易发生离层，当老顶来压时就会发生大面积冒顶。

②地质破坏带处。在地质破坏带处，煤层直接顶易发生折断，折断的顶板形成大块岩体并下滑，导致大面积冒顶。

③旧巷附近。旧巷顶板因受采动影响已然被破坏，采掘工作接近此处时，破断的顶板就会冒落下沉，造成冒顶。

④煤层倾角大的地段。煤层倾角大，其顶板在下滑力的作用下倾斜滑落造成冒顶。

⑤工作面遇有复合顶板处。复合顶板即由软硬岩层组成的顶板，通常是一软一硬。因复合顶板容易造成软硬岩层离层，所以易发生大面积冒顶。

2）大面积冒顶前的一般预兆如下：

①“一掉”，即顶板掉渣。顶板破碎掉渣且由少增多，预示着顶板压力增大，很快就会发生冒顶。因此，发现这种情况，绝不能视而不见、置之不理，要果断采取措施，避免发生安全事故。

②“二响”，即发出响声。冒顶前出现的响声一般是顶板断裂或

支架受力发出的响声，有时在采空区内还会听到像闷雷一样的声响，这往往就是冒顶的预兆。遇到这种情况，现场人员一定要注意安全，切不可麻痹大意，更不准冒险作业。

③“三劈”，即煤壁劈帮。这是由于冒顶前压力增加，煤壁受压后煤质变软，导致煤壁劈帮。因煤质变软，打钻时还会明显感觉钻眼省力，采煤机割煤时也会感到负荷减小。

④“四裂”，即顶板裂缝增加且逐渐增大。这往往是顶板下沉产生的结果。遇此情况，现场人员应迅速撤离现场，躲到安全地点，切不可心存侥幸心理而冒险作业。

⑤“五漏”，即漏顶。当顶板出现漏顶且长漏不停时，这种现象是非常危险的。因为漏顶后，支架棚梁托空，支架松动，当岩石继续冒落时，就会发生大面积冒顶。

⑥“六离”，顶板冒落前，往往会出现顶板离层现象。此时，如果采用敲帮问顶的方法未能及时发现和处理顶板离层问题，一旦老顶下落时，即会发生没有预兆的大面积冒顶与切顶事故。因此，坚持敲帮问顶制度，掌握敲帮问顶的技巧和方法，是预防此类事故的关键。

如果在井下作业时出现上述情况，就要当心注意，对于煤矿管理人员来讲，要特别注意预防大面积冒顶事故。

28. 某煤矿人员违章作业冒落矸石推倒2架钢棚顶板事故

2015年5月4日17时55分，某煤矿2410（3）综采工作面下平巷操作人员违反作业规程规定回撤后部U形棚时，出现上部碎矸抽冒，致使1人被埋压，经抢救无效死亡。

（1）企业基本情况

1）企业相关情况。事故煤矿是一个具有百年开采史的老矿，

1958 年改扩建，生产能力 130 万 t/a，有员工 1.2 万人。矿井储量可采期在 30 年以上，开采深度海拔-1 200 m，采掘工艺使用综放、综采及综掘技术，安全监测、主运、主排、供电、洗选等辅助系统实现行业自动化。

2）事故工作面情况。事故发生在 2410（3）综采工作面。2410（3）综采工作面位于五水平前组二采区，煤层总厚度为 4.5~6.5 m，倾角 33°，事故前工作面已推采 2 个循环 1.2 m。2410（3）综采工作面下平巷采取内错式布置，内错间距 2 m，以煤层夹矸作顶板，巷道宽 4.0 m，高 3.5 m，采用直墙半圆拱 U 形钢棚支架铺金属菱形网作永久支护，棚距为 1 m，支架间拉杆使用 U 形钢两端开缺口卡在支架上，每架间两帮均匀使用 2 根拉杆。平巷内铺设转载机和皮带输送机。超前支护采用双排 DZ28-25/100 型单体支柱配 HDJB-100 型金属铰接顶梁托 U 形钢横梁联合支护，柱距 1 m，排距 1.2 m，支柱未"穿鞋"。2410（3）综采工作面底板高于下平巷底板约 1.5 m，因煤层倾角较大，该面正对着下平巷支架拱部，造成支架拱部的一侧及上帮处于空顶、空帮状态。

冒落区域大约长 3 m，宽 3 m，高 4 m，冒落破碎的矸石埋压了推倒的 2 架 U 形钢棚支架和单体支柱，冒顶区域无明显的压力显现。

（2）事故经过和救援情况

1）事故发生经过。2015 年 5 月 4 日 13 时，综采二部中班为检修班，综采二部经理助理陈某召开班前会，安排检修采煤机、整理上平巷的物料并清理巷道杂物等工作。

15 时左右，职工到达 2410（3）综采工作面上平巷开始工作。约 17 时，班长李某某根据工作需要临时安排朱某某、秦某 2 人到 2410（3）综采工作面下平巷从里向外回撤第三架 U 形钢棚。2 人到达工作地点后，首先回撤了超前支护中的第三、第四架 U 形钢横梁及其两端的单体支柱，并在第三架 U 形钢棚头梁中间支设临时单体支柱。然后回撤两帮棚腿，并把末端带有安全绳的专用卸载把手卡在临时单体支柱安全阀的阀口处，安全绳的另一端距离单体支柱2.5 m，具体分工是朱某某负责监护，秦某负责操作。约 17 时 55 分，秦某在距离临时单体支柱 1.5 m 处通过手拉安全绳卸载把手卸载临时单体支柱时，发生冒顶，冒落矸石推倒外面相邻的 2 架 U 形钢棚支架，将秦某埋压。

2）应急救援情况。事故发生后，现场人员立即组织抢救，并报告矿调度室。煤矿立即启动事故应急救援预案，救援人员采取了控制顶板、防止引发次生灾害的措施后，清除冒落矸石。5 日 6 时 43 分，救援人员扒出被埋的秦某，秦某经现场抢救医生检查后，确认已经死亡。5 日 8 时 40 分，秦某被护送升井，抢险救援工作结束。

（3）事故原因分析

1）直接原因。现场操作人员在 2410（3）综采工作面下平巷回撤 U 形钢棚时，未对相邻支架加强支护并回撤了该支架横梁及其两端的单体支柱，卸载单体支柱安全距离不够，违章作业，冒落矸石推倒 2 架 U 形钢棚，发生冒顶事故，将操作人员秦某埋压致死。

2）间接原因如下：

①现场安全管理不到位。2410（3）综采工作面下平巷顶板破碎，超前支柱未按作业规程规定“穿铁鞋”，支护强度不足；回撤点以外的 U 形钢棚支架没有采取加强支护的措施；回撤 U 形钢棚支架等重点工作没有安全管理人员现场指挥和盯靠。

②技术管理不到位。在 2410（3）综采工作面推采过程中，下平巷靠近工作面 4 m 范围内 U 形钢棚支架一侧空肩，作业规程中没有根据现场实际改变支架间原有的联锁方式，联锁不牢固，在外力作用下 U 形钢棚失稳。

③安全监督检查不到位。2410（3）综采工作面下平巷回撤U形钢棚支架没有按照规定的安全距离进行回撤；现场存在支护强度不足、空顶空帮、支架连锁拉杆不牢固等问题，相关人员没有及时发现和制止。

④隐患排查不到位。对顶板存在的事故隐患排查、分析不够。

⑤安全教育不到位。现场作业人员安全意识淡薄，自保、互保安全意识差，顶板管理制度执行不严格，存在违章作业作为。

（4）事故教训和整改措施

1）要深刻吸取事故教训，狠抓现场管理，对回撤钢棚支架等重点工作、重点环节必须采取有效安全措施，现场管理人员要盯靠在现场，及时发现事故隐患，杜绝安全管理漏洞。要加强大倾角中、下分层采煤工作面上、下平巷顶板的技术管理工作。发生事故的2410（3）综采工作面初采期间在下平巷后部切顶排垒矸石袋墙，对下平巷U形棚不再进行回撤。正常推采后工作面下平巷回撤U形棚不得拖后于工作面切顶排，开始回撤时，应采取在平巷中间位置垒设矸石袋墙的方法，随着向外回撤逐渐降低矸石袋墙高度，利用矸石袋墙减缓平巷顶板下沉速度。回撤时，采用液压千斤顶远距离回撤，并对施工范围5 m内的U形棚使用撑棚器和连棚器，保证U形棚的稳定性。

2）认真开展安全大检查，切实消除现场事故隐患。组织开展以顶板管理为重点的全面安全大检查，对工作面初采初放、巷道开门、贯通预透以及大断面施工的三岔口、四岔门彻底排查治理顶板事故隐患，确保顶板排查治理不留死角。

3）进一步规范员工现场安全行为，抓好现场施工行为管理。大力推进“三定、两述、两化、双正规”活动，即现场施工定人员、定工序、定任务，积极开展岗位描述、“手指口述”，质量标准化、行为规范化，严格落实正规操作、正规循环作业，培养员工遵章守纪、按章操作的习惯。要加强安全教育培训，开展安全警示事故案例教育活动，不断强化职工自保、互保的责任与意识，切实提高职工遵章守纪、正规操作的能力，严格按照“三大规程”规定作业。

4）加强现场安全监督检查工作，强化对井下施工现场的安全监督检查力度，重点工作、重要环节要有安监员盯靠现场，确保安全技术措施落实到位、监督检查到位。

5）切实推进“三位一体”隐患排查治理体系建设。有效排查治理各类事故隐患，做到隐患排查要深、严、细、实、准、全，实现隐患闭环管理，确保从源头上消除事故隐患。强化生产现场安全风险评估和危险源辨识，加强矿井隐蔽致灾因素的普查和排查，落实预防性保障措施，做到超前预防。

（5）相关知识与管理借鉴

对于这起事故，在间接原因分析中提到“五个不到位”，即现场安全管理不到位、技术管理不到位、安全监督检查不到位、隐患排查不到位、安全教育不到位。在对作业人员的安全教育和技术培训上，要把《煤矿安全规程》（国家安全生产监督管理总局令第 87 号）学深讲透，使预防顶板冒落的措施入脑入心，结合实际作业情况实际运用。

预防局部冒顶的措施主要有以下几点：

1）正确选择支架。选择支架形式时，应考虑顶板岩性，要使支架形式与顶板岩性相适应，这是避免局部冒顶事故发生的重要措施之一。例如，坚硬的顶板可采用点柱或带帽点柱，而破碎顶板就要用连锁棚、套棚，并在梁上插入背板甚至笆片。无论选择何种支架，支架的支撑力要满足顶板压力的需要。

2）破煤后要及时支护。破煤后煤壁处悬露面积增大，为防止冒顶，一定要采取超前挂顶梁或打临时支柱等措施及时进行支护，严禁空顶作业。

3）加强支护。在工作面上下出口、机头机尾等易冒顶处，要采取特种支架进行支护，如架设抬棚、打密集支柱和打木垛等。

4）防止放炮崩倒支架。采掘工作面爆破时，要正确布置炮眼深度和角度，装药量要合理，爆破前要检查支架支护质量，发现问题及时处理。严禁将支柱架设在浮煤或浮矸上。

5）工作面要及时回柱放顶，当控顶距离超过作业规程规定时禁止采煤。回柱放顶必须严格按照操作规程和作业规程规定进行。回柱时要认真观察周围顶板变化，发现异常情况及时处理。放顶区域内的支架要回清撤净，严禁采空区内遗留没有回撤的支架。回柱后若采空区顶板坚硬不冒落，当超过规定悬顶距离时，必须采取人工强制放顶措施。

6）及时修复或更换折梁断柱。当煤层上覆顶板压力较大时，一旦超过支架的抗压强度，支架就会发生变形、失效甚至折损等现象。此时，如果不及时修复或更换，就极有可能发生局部冒顶。因此，生产中若出现此种情况，必须引起高度重视，切不可麻痹大意，更不可有“凑合”心理，必须采取措施进行处理。

29. 某煤业公司人员违章进入空顶区域作业顶板冒落事故

2018 年 7 月 30 日 14 时 06 分，吉林某煤业有限责任公司（本案例中简称煤业公司）−675 m 东翼回风巷开拓工作面，发生一起顶板事故，造成 1 人死亡，直接经济损失 108 万元。

（1）企业基本情况

1）企业相关情况。煤业公司为省属国有重点煤矿，位于吉林省白山市江源区境内。矿井核定生产能力 120 万 t/a，证照均在有效期内。煤业公司有职工 2 487 名。矿井为立井开拓，通风方式为中央并列抽出式，属高瓦斯矿井，煤质为焦煤，煤尘具有爆炸性。

2）事故发生地点情况。事故发生在该矿-675 m 东翼回风巷开拓工作面。该工作面的岩性为白色砂岩，夹杂部分黑色页岩，掘进方式为放炮掘进，巷道为半圆拱形，正顶中心高度 3.1 m，宽 3.6 m，采用锚网喷浆支护，临时支护方式为锚杆上“大拍”（护顶铁板，宽 0.7 m，长 0.8 m）支护。接班时，工作面支护喷浆到正头，挂网距工作面正头留有 0.2 m 左右间距。事故发生时，工作面临时支护已撤下，工作面正头有 2 根锚杆未挂锚盘，距工作面正头 1.8 m 处有 5 根锚杆未挂锚盘。

（2）事故经过和救援情况

2018 年 7 月 30 日白班，煤业公司当班出勤 514 人，由总会计师张某某、机电副总王某某带班入井。-675 m 东翼回风巷开拓工作面当班出勤 6 人，由副队长卢某某召开班前会议，安排-675 m 东翼回风巷开拓工作面正常掘进。

7 时 50 分工人入井，8 时 30 分到达-675 m 东翼回风巷开拓工作面。当班出勤的 6 人中班长刘某某和杨某某负责打眼，朱某某和孙某某负责领钎，杨某某和冯某负责辅助工作。刘某某接班后安排工人正常工作，工作面打眼放炮、排净炮烟后，班长刘某某带领工人检查工作面，并用风镐打净浮石，随后开始打中心锚杆，并在中心锚杆上装设了一个“大拍”，在后排（距工作面正头远处）一共打了 5 根锚杆，在前排（距工作面迎头近处）打了 2 根锚杆，以上 7 根锚杆均未挂锚盘。这时班长刘某某撤下临时支护，安排停止打锚杆眼，准备开始挂网。在等待工人取锚网期间，刘某某进入空顶区域，向前排（距工作面迎头近处）右侧的锚杆眼注锚固剂。

14 时 06 分左右，在场工人听到“轰隆”一声，看见距工作面正头 1 m 处巷道右侧顶部有一块石头（长 1.68 m，宽 0.77～0.52 m，厚 0.4～0.28 m）冒落，将刘某某砸倒。

在发现刘某某被石头砸倒后，工人朱某某、孙某某、杨某某上前去救援，将压住刘某某脚部的石头搬开，找了一块风筒布，将刘某某抬起送往地面抢救。3 人将刘某某搬运到-400 m 车场时遇到赶来救援的救护队，于 14 时 55 分一起将刘某某送至地面。15 时 37 分，救护队将刘某某送至医院进行抢救，16 时 15 分刘某某经抢救无效死亡。

（3）事故原因分析

1）直接原因。作业人员违章进入空顶区域作业，顶板岩石冒落将其砸伤致死。

2）间接原因如下：

①未认真执行-675 m 东翼回风巷开拓作业规程规定。一是作业人员未按-675 m 东翼回风巷开拓作业规程规定装设 2 个护顶“大拍”。二是未按规定的施工顺序装设锚网，造成工作面正头前有 1.8 m 长空顶，作业人员未采取措施进行处理。

②现场带班领导对掘进工作面支护重视不够，未对支护环节进行监督，矿级带班领导未到采掘工作面进行巡查。

③矿井管理人员未有效督促落实-675 m 东翼回风巷开拓工作面支护环节风险管控措施。

④对职工的安全教育不够深入。一是作业人员安全意识差，自主保安能力不强，没有互相制止违章行为。二是作业人员对空顶作业的危险性认识不足，违章进入空顶区域作业。

（4）事故教训和整改措施

1）各级安全管理人员要认真履行工作职责，吸取事故教训，对全矿井开展一次隐患大排查，彻底消除安全生产隐患，确保安全生产。

2）各级人员要加强对作业规程的学习，掌握各作业环节的操作要求和作业顺序。现场作业人员要严格按规定施工，严禁不按作业规程施工等“三违”行为。

3）加强现场安全管理，提高管理水平。一是区、队等一线管理人员跟班作业时要对作业规程执行情况进行经常性监督检查，及时制止不按作业规程施工等“三违”行为，确保各项规章制度有效落实。二是矿级带班领导要对井下重点区域、重点作业环节进行经常性监督巡查，及时发现并消除事故隐患。

4）进一步加强双重预防机制督促落实力度。以双重预防机制为抓手，层层落实安全责任，真正将风险辨识、隐患排查、风险管控等环节做实，发现隐患及时处理，隐患未消除前严禁作业。

5）加强对职工的安全培训和教育工作，提高职工素质和安全意识及自主保安能力，做到班中互相提醒，违章互相制止。

（5）相关知识与管理借鉴

在这起事故中，掘进班班长刘某某在等待工人取锚网期间，进入空顶区域，向前排右侧的锚杆眼注锚固剂，结果顶板岩石冒落将其砸伤致死。

煤矿班组长是煤矿安全生产最基层的组织者和管理者，是现场安全管理的第一责任人，是煤矿安全生产法律、法规、规程、标准和相关规章制度及先进适用安全技术贯彻落实的践行者，是沟通区、队与职工的桥梁和纽带，是班组安全生产的示范带头人，在企业班组安全生产活动中处于核心地位。

在煤矿开采作业中，掘进班组作业危险性比较大，各种意外情况经常发生，因此掘进班班组长必须要承担重担，切实负起责任，严格遵守操作规程，不能麻痹大意。掘进班班组长的上岗条件：必须具有3年以上采煤工作经历，熟悉掘进工艺流程，掌握掘进作业规程的相关规定，具有指挥和处理隐患的能力，经过专业技术培训和考试，持有合格证方准上岗操作。

1）掘进班班组长在井下作业中要遵守以下安全规定：

①按时参加班前会，认真接受工作任务，仔细布置当班工作。

②准时到达作业地点，现场交接班，沿途发现有支护失效或片帮冒顶处，限时解决。

③向交班班组长主动了解上一班工作任务完成情况和工程质量情况及隐患和问题处理情况，并将情况记入交接本。

④认真进行现场检查。检查掘进或开拓工作面临时支护、局部通风、防尘设施、巷道中线、永久支护质量情况等。

⑤检查验收后，存在的工程质量不合标准问题和隐患要报告区、队和现场跟班队干部及矿安监员，并在作业前首先落实处理。

⑥进行掘进前，先由瓦斯检查工、值班班长或带班班长及1~2名有经验的员工一起到工作面进行全面检查。检查的重点项目有工作面通风情况；顶板完好状况，如有无浮岩、伞檐、裂缝、顶板离层及工作面支护情况等；各种电气设备，如小绞车固定是否牢固，安全保护装置是否齐全、灵敏可靠，信号装置是否能正常使用，钢丝绳是否有超限磨损；风筒末端距离工作面碛头是否符合要求；瓦斯传感器的位置是否符合要求；综合防尘水管是否到工作面碛头。

⑦全体作业人员对各自位置的安全情况再进行一次检查，特别是临时支护是否合格，使用设备是否灵敏可靠，风、水、电供给是否正常，工作位置是否还有事故隐患。对存在的问题和事故隐患进行处理，及时消除，然后方可生产。

⑧操作中要看作业规程、责任制、设备和设施、作业场所，查隐

患、事故、征兆。

⑨严格按照“三图一书”作业，坚持“先探后掘、有掘必探、探三进一”的原则。

⑩对现场的顶板与防尘、支架、通风、瓦斯管理等设施进行全面监督检查，及时制止“三违”行为。出现重大隐患，立即停工、撤人、报告。

⑪按照作业规程打眼、装药、爆破、装岩。

2）掘进班班组长在井下作业中，遇到特殊情况的处理：

①凡是工作面地质条件发生变化的，如遇断层、无炭柱、过空巷、淋水加大、工作面坡度变化大时，严格按照作业规程及其补充措施落实处理。

②工作区域发生重大瓦斯、煤尘、水、火等灾害时，要协同跟班队领导及时撤出所有作业人员。

③有下列情况之一时，必须通知有关人员停止作业：作业场所存在隐患，没有采取措施或措施不当，不能防止事故发生时；没有安全设施或安全设施不齐全、不完好，随时都可能发生事故时；作业人员出现不安全行为，又暂时没有某种装置防止该种行为引发事故时。

30. 某煤矿放炮时将煤块震落击伤锚杆支护工骨折事故

2015 年 10 月 19 日，陕西某煤矿综掘二区三队在井下作业中，放炮时将一块煤块震落，煤块把锚杆钻机砸倒，锚杆机把手将一名作业人员击伤，造成其右上腹部第六肋骨骨折。

（1）企业基本情况

事故煤矿是一座大型的现代化矿井，设计年产 400 万 t 优良原煤，位于陕西宝鸡麟游县，始建于 2008 年 4 月，公司注册资金 2.2

亿元。经营范围涉及煤炭生产、洗选、加工、运输、销售及煤炭综合开发利用等。

（2）事故经过和救援情况

2015 年 10 月 19 日，煤矿综掘二区三队安排李某某、陈某某补打右帮肩窝锚杆。21 时左右，中班施工了 2 排，锚杆支护工李某某在迎头后第六、七排右帮肩窝锚杆打眼施工好后，将钻杆取出，手扶锚杆钻机，同时作业人员去取锚固剂。就在这时，突然响起煤炮声，第六、七排肩窝处一块煤块被震落，把锚杆钻机砸倒，锚杆机把手碰到李某某右肋部。现场人员发现后，立刻升井将李某某送往彬县医院，经医院诊断，其右上腹部第六肋骨骨折。

（3）事故原因分析

1）直接原因。施工人员未按作业规程施工是发生本次事故的直接原因。作业规程规定，肩窝处的锚杆不得滞后迎头 1 m，可现场却滞后迎头 7 排（5.6 m），未按作业规程规定使用防片帮网。

2）间接原因如下：

①班前会安全重点安排不细，没有针对现场存在的潜在事故隐患明确防范措施，现场作业人员对安全注意事项不清楚。

②跟班人员现场管理不到位，责任心不强。没有进行系统的预排查和预分析，对现场经常发生煤炮声可能导致片帮等危险因素没有引起足够重视，没有及时发现现场事故隐患，也没有及时采取防范措施。

③施工人员安全意识淡薄，没有进行敲帮问顶，操作行为不当，缺少自保、互保意识，“手指口述”、安全确认没有落到实处。

（4）事故教训和整改措施

1）综掘二区应认真组织学习作业规程和措施，提高职工的安全意识，严格按照施工方案施工。

2）严格执行敲帮问顶制度。班前会应强调本班的安全重点，并跟踪落实，明确责任人。

3）跟班人员应认真履行岗位职责，仔细排查现场事故隐患，对施工现场的隐患做到及时发现、及时处理。落实安全生产责任制，强化现场作业人员的安全管理责任。

4）提高施工人员的安全意识和自保、互保意识，将“手指口述”、安全确认落到实处。

5）应组织一次对全矿各掘进头临时支护及防片帮网使用情况的专项检查，并形成制度，从根本上杜绝此类事故再次发生。

6）加强职工的安全教育与培训，提高作业人员的综合素质和实际操作水平，牢固树立“安全第一”的思想。

（5）相关知识与管理借鉴

在这起事故中，发生事故的锚杆支护工未按作业规程规定使用防片帮网，在打眼施工时发生事故。

锚杆支护工是保证巷道掘进安全的重要人员，必须要熟悉锚杆支护原理、锚杆结构及主要技术参数；熟练掌握作业规程中规定的巷道断面、支护形式和支护技术参数、质量标准等；熟悉使用作业工具及作业工具的维修、保养；能够熟练使用支护工具，熟悉锚杆机的性能、结构、工作原理和使用方法，打眼工具在打眼过程中出现故障时应立即排除，不许带故障运转，并对打眼机具的维修养护和正规使用负责；并依法经过培训、取得上岗资格证。在作业中，锚杆支护工要严格执行敲帮问顶制度，摘除危岩悬矸，严禁空顶作业，保障自身和他人的安全。

锚杆支护工在作业时要注意以下事项：

1）在支护前和支护过程中要敲帮问顶，及时摘除危岩悬矸。①敲帮问顶应由 2 名有经验的人员负责，一人敲帮问顶，一人观察顶板和退路。敲帮问顶人员应站在安全地点，观察人应站在找顶人的侧后面，并保证退路畅通。②敲帮问顶应从有完好支护的地点开始，由外向里，先顶部，后两帮，依次进行，敲帮问顶范围内严禁其他人员进入。③用长把工具敲帮问顶时，应防止煤矸顺杆而下伤人。④顶帮遇到大块断裂煤矸或煤矸离层时，应首先设置临时支护，保证安全后，再顺着裂隙、层理敲帮问顶，不得强挖硬刨。

2）严禁空顶作业，临时支护要紧跟工作面，其支护形式、规格、使用方法必须在作业规程中规定。放炮前最大空顶距不大于锚杆排距，放炮后最大空顶距不大于锚杆排距+循环进度。

3）煤巷两帮打锚杆前用手镐刷至硬煤，并保持煤帮平整。

4）严禁使用不符合规定的支护材料。

5）锚杆眼的直径、间距、排距、深度、方向（与岩面的夹角）等，必须符合作业规程规定。

31. 某煤矿空顶作业迎头顶板掉落矸石导致砸伤事故

2016 年 7 月 1 日夜班，安徽某煤电集团某煤矿综掘一区二队在 7259 改造风巷施工中，发生顶板掉落事故，造成 1 人右大腿被砸伤。

（1）企业基本情况

事故煤矿始建于 1985 年 11 月，1997 年 12 月 30 日正式投产，矿井核定生产能力 276 万 t/a，经过改扩建后，产量可达 300 万 t/a。矿井煤炭资源丰富，可采储量达 1. 77 亿 t，煤种为优质气煤，是理想的动力用煤和炼焦煤。

（2）事故经过

2016 年 7 月 1 日夜班，煤矿综掘一区二队在 7259 改造风巷施工，由于煤层松软、煤壁片帮，第一排锚杆施工结束后，迎头片帮空顶

1.0~1.2 m。班长李某找顶后，准备前移前探梁进行临时支护。由于护顶大板长 4 m，左肩窝处欠挖宽度不够，大板无法前移，宋某某用手镐找掉左肩窝煤壁，突然顶板掉落“草帽顶”，掉落后顺迎头余货下落，碰伤宋某某右大腿，造成其右股骨中段骨折。

（3）事故原因分析

1）直接原因。现场空顶作业，迎头顶板掉落的矸石在滑落过程中碰到伤者的右大腿，造成其右股骨中段骨折。

2）间接原因如下：

①施工人员现场安全确认不到位，缺乏自保意识。

②临时支护使用不规范。现场前探梁使用未能做到紧跟迎头。

③现场巷道左帮帮部锚杆滞后 4 排，右帮滞后 5 排，造成迎头压力较大，片帮严重。

④迎头余货较多，造成施工空间高度不够，不利于现场安全施工。

⑤带班班长为现场安全第一责任人，对现场作业过程监督管理不到位。

（4）事故教训和整改措施

1）高度重视“草帽顶”管理，当出现顶板破碎情况时，应及时调整永久、临时支护方式，补充有针对性的安全技术措施，并监督落实到位。

2）严格执行敲帮问顶制度。必须使用专用找顶工具，站在后路永久支护段进行找顶作业，找顶时必须做到后路畅通。

3）规范支护的方式方法。临时支护方式和支护强度必须满足现场安全生产实际，严禁空顶作业。迎头煤层变软片帮时，要按照措施要求逐排掘进，及时进行有效支护。

4）增强员工的安全意识。现场作业人员在施工前必须对作业环境进行安全确认，及时发现并消除现场存在的事故隐患。现场作业人员要及时有效制止“三违”行为。

5）强化现场“三大员”的责任落实。现场带班人员要对关键工序进行监督检查，避免违章行为的发生。要提高安监员责任意识和业务能力，及时发现并消除现场事故隐患。

（5）相关知识与管理借鉴

这起事故是一起局部冒顶事故，迎头顶板掉落的矸石在滑落过程中碰到伤者的右大腿，造成其右股骨中段骨折。

在煤矿井下作业，局部冒顶情况十分常见，也是造成人员伤害的主要危害。因此，矿工在煤矿生产中，一定要坚持执行必要的制度，如敲帮问顶制度、验收支架制度、岗位责任制度、金属支架检查制度、交接班制度、顶板分析制度等，注意做好顶板管理工作，以防止和减少顶板事故的发生。

预防局部冒顶事故的措施主要有以下内容：

1）选择合理的支护方式。不同岩石性质的顶板，要采用不同的支护方式，如坚硬顶板可采用点柱或带帽点柱，破碎的顶板需要用连锁棚、套棚，在梁上还要插入背板。使用金属支柱时，必须注意选型适当，急增阻式支柱适用于顶板稳定且下沉量小的薄煤层工作面。

2）采煤机采过后要及时支柱。采用浅截式采煤机和可弯曲输送机的工作面，采过后，受输送机允许曲率的限制，在一定范围内不能打柱，顶板悬露面积较大，因此要采用超前柱金属顶梁或打临时支柱的办法及时支护。

3）输送机的移置要采用安全措施。可弯曲输送机在整体移动时，容易破碎顶板，可能造成冒顶，因此在整体移动时，必须采取相应措施。一是要按照常规操作顺序移动，二是边移机，边回临时支柱，边支基本支柱，把空顶时间缩小到最小限度，在顶板破碎处先打上托板后移机。

4）工作面的上、下出口要有特种支架。工作面的上、下出口控顶面积较大，裸露时间长，在超前支撑压力作用下，顶板下沉量大，且在设备移动时需要反复支撤，因此，这些地段顶板容易破碎，一般采取上、下顺槽中超前工作面架抬棚，有时要加打密集支柱或木垛加以支护。

5）回柱放顶工作必须严格按照操作规程和作业程序进行，不得违章。回柱放顶要及时，要观察周围顶板情况，发现异常要及时采取措施。回柱后顶板仍不得冒落，超过规定悬顶距离时，必须采取措施强制放顶。在最后几根支柱受力大，不易回出时，应先打上牢固的临时支柱，然后再回柱。

6）坚持生产循环作业规范化。循环作业时，控顶及支柱回柱都在有规律地进行，因此顶板悬露时间短，压力小，支柱不易折损，可控制顶板。

六、煤矿运输事故

矿山运输系统是矿山生产过程中的重要环节，可以分为地面运输系统和井下运输系统。地面运输系统是指与地面相通的各井的上井口至矿内其他地点，如煤场、矸石场、火药库等部位的运输系统，运输设备大多采用电机车，用来完成地面的运输任务。地面运输系统一般不用来运送人员。井下运输系统是指井下所有煤炭、矸石、设备、材料的运输和人员的运送，又可以分为采区运输系统和主要巷道运输系统两大类。在煤矿，运输系统战线长，机电设备多，所以也是事故多发的环节。

32. 某煤化工公司作业人员违章乘坐绞车时摔落被矿车碾压事故

2018 年 5 月 14 日 0 时 30 分，安徽某煤化工有限公司（本案例中简称煤化工公司）3303 机巷掘进工作面发生一起运输事故，造成 1 人死亡，直接经济损失 172.49 万元（不含事故罚款）。

（1）企业基本情况

1）企业相关情况。煤化工公司由淮北某集团（本案例中简称集团公司）控股，并负责矿井安全生产等事务。矿井位于安徽省濉溪县南坪镇境内，2009 年 10 月 16 日开工建设，2016 年 1 月 1 日正式投产，核定生产能力 240 万 t/a。矿井在册职工 2 002 人。

该公司设立了机电管理部、生产技术部、安全生产信息中心、通风区、地测科、瓦斯办等安全生产管理机构，集团公司安全监察局设立驻公司安全监察处（本案例中简称安监处）。矿井证照齐全有效，为合法生产矿井。

2）事故地点情况。事故发生地点位于 33 采区 3303 机巷掘进工作面。3303 机巷掘进工作面巷道设计长度 1 100 m，净高 3. 2 m，净宽 4. 8 m，平均倾角 15°，采用锚网支护。2018 年 2 月开始施工，至事故发生时已施工 420 m。3303 机巷采用一部无极绳绞车运输，该绞车型号为 SQ-120/132B，公称牵引力为 120 kN，牵引速度为 0. 8 m/s，配备的钢丝绳公称直径为 24 mm，最大运送距离 1 500 m。

（2）事故经过

2018 年 5 月 13 日早班，综掘二区六队出勤 20 人，技术员刘某值班，副区长姜某某跟班。班前会安排当班补打锚杆、锚索，安排打料班张某某等人向 3303 机巷掘进工作面运送物料。13 日 5 时 47 分，张某某等人入井，由于 33 采区轨道大巷巷修，未能完成物料运送任务，于 14 时 41 分升井，队长贾某某安排打料班人员 5 月 14 日夜班继续出勤。

5 月 14 日夜班六队出勤 23 人，副区长姜某某值班，技术员刘某跟班。20 时 30 分左右召开班前会，安排当班刷帮补锚杆并进尺 2 排。队长贾某某安排张某某带领吴某、周某某、李某某继续向 3303 机巷掘进工作面运送物料。

21 时 29 分张某某等人入井，安排吴某在 33 采区轨道大巷下口接收物料。张某某、周某某、李某某 3 人到达 33 采区三中车场装完一车锚杆钢带和一车铁丝网后，准备使用无极绳绞车运送物料。张某某安排李某某操作无极绳绞车，周某某在机尾把钩，自己在三岔门处把钩，待物料运送到位后，3 人共同卸料。大约 14 日 0 时 30 分，无极绳绞车启动约 2 min 后，司机李某某发现张紧器配重块剧烈颤动，怀疑梭车掉道，立即停车使用语音信号装置喊张某某去查看情况，未得到回应。李某某自行前往查看，走至三岔门向上约 10 m 处时发现一顶安全帽，再向上走发现张某某头朝水沟方向、面朝下斜趴在轨道上，身体受到重创，后经医生确认死亡。

这起运输事故造成 1 人死亡，直接经济损失（不含事故罚款）172.49 万元。

（3）事故原因分析

1）直接原因。张某某违章乘坐无极绳绞车时摔落，被运行中的梭车及矿车碾压致死。

2）间接原因如下：

①违章作业。死者张某某未能正确履行岗位职责，违章乘坐无极绳绞车。

②安全教育不到位，职工安全意识淡薄，自保意识差，导致违章行为发生。

③劳动组织不合理，职工连续出勤，休息时间不足，疲劳作业。

④安全监督管理不到位。对违章作业监督检查不到位，对零散作业人员监督管理不到位。未认真吸取事故发生前省内事故教训，“三违”治理工作存在差距。

（4）事故教训和整改措施

1）进一步加强职工安全教育工作，采取多种方式强化事故警示教育，提高职工安全意识，让按章作业真正入脑入心，彻底扭转“三违”现象屡禁不止的局面。要切实摆正安全与生产的关系，合理安排劳动组织，科学安排作业时间，避免职工疲劳作业。加强班组安全管理，统筹安排采、掘及辅助工作。

2）加强安全监督管理工作，深入剖析“三违”背后的深层次原因，采取有效措施，有效治理“三违”行为。严格落实各岗位安全生产职责，加强零散作业人员监督管理。

3）加强机电运输管理，特殊地点、重点岗位宜采取视频监控等方式加强管理。路线长、高差大的工作面准备巷道积极推广使用机械运送人员，降低职工劳动强度。

（5）相关知识与管理借鉴

事故之后，调查组对事故现场进行勘查及技术分析。

事故现场勘查情况：一是事故地点为3303机巷掘进工作面，巷道支护方式为锚网支护。二是梭车的左侧第二车轮内边缘及梭刀、矿车碰头处、部分轨道间有血迹，梭车牵引的第一辆矿车前轮位置左侧的压绳轮损坏。三是距三岔门15 m处有血迹，距三岔门22 m处有死者衣服残片、血迹等。四是矿车边缘一侧距人行道巷帮0.9 m，一侧距皮带输送机0.6 m，最后一辆矿车距三岔门位置45 m。五是3303机巷无极绳绞车运输距离为355 m，其中三岔门至绞车机尾310 m，巷道高差61.5 m。六是三岔门处信号装置距巷道口1.5 m。

通过技术分析，可以确认：3303机巷巷道支护完好，绞车运输时车辆距人行道巷帮安全间距符合要求，轨道铺设质量符合标准，现场未发现车辆掉道痕迹。梭车梭刀最前端、矿车碰头处、距三岔门15~27 m处部分轨道间有血迹，抢救报告显示死者全身开放性损伤，说明死者身体受到碾压。

通过现场勘查、调查取证，调查组综合分析认定张某某违章乘坐无极绳绞车，不慎摔落被梭车及矿车碾压致死。

《煤矿安全规程》（国家安全生产监督管理总局令第87号）规

定：无极绳连续牵引车运行时绳道内严禁有人。该公司所制定的《窄轨运输管理实施细则》第八章规定：无极绳绞车严禁载人。无极绳绞车运行时，严格执行“行人不行车，行车不行人”的管理规定。

通过分析，这起事故的发生，是作业人员违章乘坐无极绳绞车导致的。对于这样的人员违章事故，可以借鉴某集团“严格要求并执行到位”的管理模式。

该集团是一个以煤为基础、煤电路港航油（化）一体化运营的特大型国有企业，拥有 15 万员工，共有 52 处生产矿井、12 处在建矿井。“严格要求并执行到位”，是该集团安全管理的一条重要原则。为了确保各项措施和要求能够执行到位，集团把每一项制度措施量化到每一个环节、每一个岗位、每一位职工，要求职工严格执行，同时根据执行情况实行激励与惩罚并重的机制。长期的程序化管理和标准化操作，促进职工把执行制度变成习惯，把遵章守纪转变成为广大干部职工的自觉行动，使安全文化外化于形、内化于心，真正起到了促进安全生产工作的重要作用。

该集团以“煤矿事故可防可控”的先进理念为引领，建立健全并贯彻执行科学适用的安全管理方法，严格执行风险预控管理体系，超前控制了事故隐患，从根本上扭转了安全生产的被动局面。该集团还通过加强安全文化建设，促使广大矿工从思想深处更加珍惜生命、重视安全，激发出了搞好安全生产的强大精神力量。

33. 某煤矿卸载矸石时连人带车滚下矸石场伤亡事故

2009 年 6 月 28 日 0 时 30 分，湖南省涟源市伏口镇某煤矿地面工业广场矸石场发生一起运输事故，造成 1 人死亡，直接经济损失 32. 3 万元。

（1）企业基本情况

1）企业相关情况。事故煤矿位于湖南省涟源市伏口镇良相村，为保留整合技改矿井，有职工 96 人。煤矿聘请龙某某任法人代表；朱某某任矿长，负责煤矿全面工作；吴某某任安全副矿长，负责全矿安全管理工作。煤矿下设值班长 6 人，安全员 4 人。事故当班值班长为龚某某。

2）矿井情况。煤矿采用平硐—暗斜井开拓，事故发生时正在技改阶段，主要是进行开拓延伸、巷道扩刷和首采工作面的布置施工。事故发生时，矿井的主要生产系统已形成，首采工作面已布置完成，正在进行首采工作面的设备设施安装。

3）事故地点情况。事故发生在地面工业广场矸石场。矸石场右侧为山坡，左侧为翻煤坪，矸石场底部砌筑有 1 m 高的料石挡矸墙，矸石堆积斜长 10 m，垂高 6.5 m，坡度 40°。矸石场距主井口 220 m，距煤、矸分道道岔 150 m。井口至分道道岔段使用蓄电池机车运输；煤坪、矸石场为人力推车，使用 0.75 m^3侧翻式矿车运输。

矸石场铺设 15 kg/m 的钢轨，轨距为 600 mm，轨道坡度 5‰，轨道直接铺设在矸石堆上。矸石场照明装置于 2009 年 6 月中旬损坏，至事故发生时，尚未进行维修。推车时，推车工将矿灯安装在矿帽上照明。由于矸石场场地有限，煤矿采用铲车定期将矸石拖运出去，事故前一天，铲车装载矸石较多，致使矸石场下沉，轨道随之向外侧倾斜，高差 14 mm。

事故当班，井下安排巷道起底作业，巷道底部黏性较大的湿煤泥被运至矸石场。

（2）事故经过和救援情况

2009 年 6 月 27 日 15 时 30 分，值班长龚某某组织召开了进班会。当班作业人员 20 人，共安排有 3 个作业头，其中+320 m 水平煤巷掘进安排 6 人，+250 m 水平回风巷掘进安排 6 人，副井平硐起底维修安排 3 人，地面辅助工 5 人（主井绞车司机 1 人，主井井口摘挂钩 1 人，机车司机 1 人，推车工王某某和李某 2 人）。王某某和李某于 2009 年 6 月 22 日入矿工作，尚未接受培训。

地面推车工于 16 时 30 分开始推车，到 28 日 0 时，当推车工王某某翻完第 24 车矸石推着空矿车往回走时，走到距矸石场 100 m 处听到身后一声响，回头一看，发现李某和矸石车不见了。

王某某立即跑到矸石场察看，他站矸石场的轨道架上用矿灯往下看，发现李某推的矸石车已经倒翻在轨道架下面的矸石场斜坡上，李某滚落至矸石场底部的挡矸墙边，李某边呻吟边叫喊："哎呀，救命。"王某某见此情况，立即跑去井口找人求救，在井口碰到出班的值班长龚某某，2 人急忙赶到出事地点。

2 人到矸石场底下发现，李某仰卧在挡矸墙边，头朝挡矸墙，人在呻吟，后脑勺出血，矿帽被丢在一边。2 人便将龚某抬至轨道上。这时，在地面作业的人员和刚从井下出班的人员已闻讯赶来，值班长龚某某在通知其他人员的同时，和安全副矿长吴某某一起将李某抬到停在矿里的一辆面包车上，送往附近伏口镇医院抢救。在医院抢救了一个小时，医生发现伤员伤势太重，于是建议送上级医院抢救。3 时，龚某在被送往涟源市的途中死亡。

本次事故共造成 1 人死亡，直接经济损失 32.3 万元。

（3）事故原因分析

1）直接原因。轨道下部充填的矸石被铲车拖拉走后，基础不稳，出现沉陷，致使轨道倾斜不平，没有及时进行调整，且矿车内装载为煤泥，黏性强，不易卸载，来回晃动矿车过程中，存在严重的倾覆危险性。推车工卸载矸石时没有固定矿车车架，独自 1 人卸载矸石和煤泥时，矿车翻倒，推车工按压不住失重的翻矸车，连人带车滚下矸石场致使其受伤后死亡。

2）间接原因如下：

①事故隐患排查治理不到位。一是没有发现并排除 2009 年 6 月 27 日铲车装走矸石后外侧轨道沉陷的事故隐患。二是矸石场照明装置已经损坏 1 周，没有及时安排专人修复。

②安全设施设置不到位。矸石场轨道没有架空装设，而是设置在矸石上，基础不稳。

③安全培训教育不到位，安全管理人员培训不及时。一是新入矿的工人龚某没有接受任何培训即上岗。二是矿井只有安全副矿长吴某某和矿长朱某某持有安全管理人员资格证。

（4）事故教训和整改措施

煤矿要认真吸取这起运输事故教训，举一反三，杜绝同类事故再次发生。

1）整合技改安全设施设计没有获得批复，煤矿必须立即停止整合技改工程施工和原煤生产，对照事故调查组所查处的事故隐患和提出的防范措施，逐条逐项地进行整改。整改完成经自查合格后，申请涟源市煤炭局组织复查，复查合格且安全设施设计批复后方可进行整合技改施工。

2）煤矿新老系统 2 套班子必须统一管理、统一核算，安全管理人员必须统一调配，只能是一个法人主体、一个采矿权人，矿井只能有一套独立完整的生产安全系统。

3）煤矿必须严格加强机电运输管理。一是重新设计和改造运矸、运煤轨道的架设，运矸、运煤轨道质量必须符合要求，轨道基础必须牢固可靠。二是地面有人员作业地点、井下经常有矿车出入和人员停留的主要巷道必须装设照明装置，且经常维护，使其可靠。三是卸载煤和矸石时，必须有 2 名职工进行操作，并首先要固定矿车。

（5）相关知识与管理借鉴

在这起事故中，引发事故的原因很多。一是矸石场轨道没有架空装设，而是设置在矸石上，基础不稳。二是轨道下部充填的矸石被铲车拖拉走后，基础不稳，出现沉陷，致使轨道倾斜不平，没有及时进行调整。三是矿车内装载为煤泥，黏性强，不易卸载，来回晃动矿车过程中，存在严重的倾覆危险性。四是推车工卸载矸石时没有固定矿车车架。除此之外，夜间作业没有照明，矸石场照明装置已经损坏 1 周，没有及时安排专人修复。隐患是引发事故的导火索，众多的隐患必然会导致事故的发生。

在预防事故隐患方面，可以参考某煤矿采取“三线布防”保安全的做法。

该煤矿是一座现代化无烟煤大型矿井，于 1992 年 12 月 28 日建成投产，在册职工 2 700 余人。该煤矿将事故预防作为安全管理的重心，全面升级改造了矿内的硬件设施，并进一步提升职工的安全意识，向着本质安全矿井持续迈进。

1）“三线布防”预防事故。2012 年年初，该煤矿提出了“三线布防”的安全管理理念，即从思想上、行动上、管理上布置三道“防线”，把事故预防作为安全管理的重心，科学预测存在的风险，抓住安全生产的主动权，确保矿井安全发展。在思想上，该煤矿把事故预防作为安全管理最基础的工作之一，引导全矿职工自觉算好安全对家庭幸福、本人健康、经济收入、政治地位等账本，规范了职工的安全行为。在安全管理上，该煤矿实现闭环控制、分级管理、动态监控、超前预防，确保现场管理不留空当、不留缝隙。严格执行矿、科室、区队、班组和岗位“五级”隐患排查，以及隐患治理责任、措施、资金、期限、应急预案和监控措施“六落实”制度。对关键工序与岗位进行安全盯防，深入分析、查找和整改“人、机、环、管”

4 个方面存在的隐患，实施全过程动态安全预控，做到全员监督和全过程、全方位监控，促进安全生产稳步发展。

2）硬件升级织密安全网络。在更新完善安全管理理念的同时，该煤矿不断进行硬件设施的改造、升级，织密企业安全网络。2010 年以来，累计投资 3 000 多万元，对机电、运输、通信、防治水安全监测及洗煤等 6 大专业进行矿井硬件设施装备升级改造，为实现矿井本质安全打下了基础。例如，中央泵房自动化改造，结合“避峰填谷”原则，合理调度水泵及相应管路运行。该系统具有通信功能，管理人员能够及时监控井下水泵设备的所有检测数据及工作状态，进行远程控制，防止人为误操作造成设备设施的损坏，保障了人身和系统的安全。矿里还对井上、下主要配电室和供电系统进行了自动化改造，形成矿井供电系统的自动监控体系，达到配电室的遥测、遥调、遥控功能。为了防止煤仓出现涌仓、堵塞等事故，煤矿应用全数字调速电控系统，在煤仓内安装监控系统，根据煤仓煤位的高度自动开停相应皮带输送机、给煤机。同时在地面机房设置地面控制中心，操作人员通过远程控制主运系统皮带输送机及给煤机的顺序起、停，使整个主运系统实现自动化控制，实现了原煤调速数字化，提高了安全运行能力。

3）依靠科技手段培训员工。该煤矿在全矿 12 个生产区队的会议室、办公室和职工集中的 50 多个场所等处，安装了矿区闭路电视播放系统。职工安全教育中心通过这一信息系统，建立了覆盖全矿的“安全学习网”，按照编制的全矿职工安全学习计划，通过显示屏播放各工种、各岗位的安全操作课件。现代化教学辅助手段为教学创造了良好的硬件条件，它改变了以语言传递信息为主的传统课堂教学模式，把抽象的知识转化为形象的画面，刺激职工的感官，增强他们对知识的记忆。该煤矿规定，各生产区队每周组织一次安全活动，每月至少组织一次职工在线安全考试。该矿通过先进的科技手段培训职工，增加了职工学习安全知识的兴趣，把职工吸引到安全知识的海洋中，从中汲取安全文化知识的营养。

4）让职工“安心”就是安全。煤矿职工工作在井下，工作环境黑暗、潮湿，而且还要面对水、火、瓦斯、煤尘和顶板等灾害的威胁。强大的压力会使人焦虑、紧张。煤矿领导认为，在面对危险时，职工的心境会严重影响其安全系数，想要保证职工的安全，就要让他“安心”。为此，煤矿吸取了一些安全事故的教训，发现很多都是职工受家事、琐事的影响，心浮气躁，情绪不稳，精力不集中，最后导致事故发生。因此，矿工会等部门教育职工，在生活中要尽量宽宏大度，不要斤斤计较；要看淡得失，不要患得患失；正确地看待自己、对待他人，保持坚强的意志、乐观的情绪，与周围的环境保持良好的互动；要经得起挫折、打击以及各种痛苦和不幸，别让烦心分散安全的心；做到“不伤害自己、不伤害别人、不被别人所伤害”。

通过完善安全管理、改造革新设备和加强安全教育等多方面的措施，该煤矿持续提升企业的安全生产水平，不断向本质安全型煤矿靠拢。

34. 某煤矿未及时发出停车信号绞车拉断钢丝绳伤人事故

2017 年 6 月 12 日，某煤矿中班钻探工区，在Ⅱ632 机巷打运悬移支架至留巷段安装时，发生绞车钢丝绳断绳回弹伤人事故，造成 2 人受伤。

（1）企业基本情况

事故煤矿隶属于皖北某集团有限责任公司。该公司是以采掘业为基础，以煤电化、煤炭物流、非金属材料开发为支撑的大型国有能源企业，成立于 1984 年 5 月，1998 年 9 月改制为国有独资公司，总部位于安徽省宿州市，产业地跨三省区八地市，拥有 17 个子公司。

（2）事故经过

2017 年 6 月 12 日中班，钻探工区在Ⅱ632 机巷打运悬移支架至留巷段安装。作业人员使用第三部 JH-8 回柱绞车开始牵引悬移支架（当时第三部绞车钢丝绳从转载机机尾抵车单体下穿过），在通过第二部回柱绞车时，悬移支架在牵引时抵住第二部回柱绞车地锚，造成第三部回柱绞车钢丝绳在钩头 0.5 m 处断绳，约 3 m 多钢丝绳从抵车单体上回弹至挑棚外，抽伤正在运输机机头向上靠第一架支架的纵某某、顾某 2 人右腿。经医院拍片检查，未发现纵某某、顾某骨折现象，顾某 CT（电子计算机断层扫描）检查内脏暂未发现异常，右小腿缝 6 针，纵某某仅右小腿软组织挫伤。

（3）事故原因分析

1）直接原因如下：

①把钩工倪某精力不集中，发现悬移支架在牵引过程中抵住第二部回柱绞车地锚时，没能及时发出停车信号，造成绞车拉断钢丝绳，抽伤综采二区职工纵某某和顾某右小腿。

②安全负责人、绞车司机孟某某安排工作不落实，在牵拉物件时遇到阻力没有立即停车。

2）间接原因如下：

①钻探工区没有严格执行绳道两端警戒，绳道内无人的规定。

②钻探工区对机巷巡查不到位，没有消除大件运行路线上遇到的阻力。

③钻探工区管理人员现场发现问题，没有处理和消除隐患。

④钻探工区安全技术措施不完善。

（4）事故教训和整改措施

1）钻探工区完善安全技术措施，对可能受到危害或威胁的施工现场作出明确规定，并严格执行到位。

2）钻探工区进一步对 JH－8 回柱绞车滚筒容绳量、运行区间防止人员误入的范围，以及打运悬移支架时附带工字钢的最大允许数量等，要在安全技术措施中在作出明确规定。

3）钻探工区及时排查机巷运输线路，消除地锚等地板阻力。绞车司机在牵引过程中，及时掌握绞车受力情况，以便及时停车。

4）综采二区继续配合钻探工区，在悬移支架打运区间及时做好人员避让工作。

5）钻探工区加强现场隐患排查，及时消除事故隐患，加强自保、互保意识，克服麻痹大意思想，杜绝类似事故再次发生。

6）加强对职工的安全教育培训，提高职工安全意识，规范职工操作行为，严格落实各项作业操作制度，切实杜绝“三惯”思想。

（5）相关知识与管理借鉴

在这起事故中，把钩工精力不集中，发现悬移支架在牵引时抵住第二部回柱绞车地锚时，没能及时发出停车信号，造成绞车拉断钢丝绳，抽伤职工的右小腿。如果抽伤严重，有可能造成人员伤亡。

事故之后，经分析，发生事故的深层次原因：一是钻探工区职工安全意识淡薄，存在“三惯”思想，现场操作存在不规范行为。二是钻探工区安全培训不到位，对职工的操作行为和操作过程控制要求不严，对施工现场的预控没有详细分析，对事故隐患超前预想不够。三是现场第三部 JH－8 回柱绞车滚筒容绳量超过规定，绞车运行距离过长。四是综采二区职工自保意识不强，没有做到自保、互保。

绞车操作人员要认识到，如果绞车操作不当，可能造成绞车伤人或绳断跑车事故，因此要注意以下事项：

1）开机前，必须检查确认信号防护、保护设施等齐全、灵敏、可靠。

2）检修时，必须停机、断电、闭锁、挂牌。

3）处理事故时，必须坚守操作岗位。

4）制动系统失效时，严禁强行启动。

35. 某煤矿罐笼提升系统连接器坠落砸穿罐笼顶部事故

2012 年 5 月 6 日 16 时左右，位于内蒙古鄂尔多斯市乌审旗图克镇境内某能源有限责任公司（本案例中简称能源公司）某煤矿，在进行风井（竖井）临时改绞工程（将井筒内原吊桶提升改为布置一台临时罐笼和一对箕斗提升）罐笼制动装置安装作业时，制动装置的缓冲绳从缓冲器中脱落，坠入风井井筒，砸在正在下行的单层罐笼东侧，将罐笼侧板及顶部砸穿（当时单层罐笼向下运行至井深约 631 m，距井底 40 m 处），造成乘罐人员 4 人死亡、5 人受伤。事故造成直接经济损失 868 万元。

（1）企业基本情况

1）企业相关情况。事故煤矿隶属于能源公司，是鄂尔多斯 300 万 t/a二甲醚配套煤矿项目之一。该煤矿属新建项目，位于内蒙古鄂尔多斯市乌审旗呼吉尔特矿区，井田面积 98. 08 km^2，煤炭资源量为 27. 28 亿 t，设计生产能力为 1 300 万 t/a，服务年限为 90 年。该矿采用主、副、风 3 条竖井开拓方式。主井井筒净直径 9. 6 m，装备 2 对 50 t 箕斗；副井井筒净直径 10. 0 m，装备 1 个带平衡锤的宽罐笼和 1 个带平衡锤的窄罐笼；风井井筒净直径 8. 0 m。煤矿主要运输采用带式输送机。矿井配套同等能力的选煤厂，总投资 62. 94 亿元。

2）煤矿安全管理情况。事故煤矿负责矿井现场建设和管理工作，配备矿长 1 名，基建、机电、安全副矿长各 1 名，总工程师 1 名，机电、水文副总工程师各 1 名，设置综合管理、工程技术、机电物资、安全管理、地测水文、通防管理 6 个业务科室，管理技术岗位编制 50 人，招聘到位人员 30 人，安全管理人员和特殊工种作业人员均取得安全资格证和操作资格证。该矿矿领导带班制度不完善，事故当班无矿领导带班。

3）事故前矿井建设情况。某建设公司主要从事事故矿井建设施工作业。事故发生前，煤矿风井（竖井）井筒已施工到底，垂深 679. 8 m，并转入二期施工，已完成风井与副井贯通巷以及风井临时改绞措施巷 246. 0 m。为适应风井（竖井）转平后二期施工的提升运输需求，正在进行风井临时改绞工程。

（2）事故经过和救援情况

2012 年 5 月 6 日，煤矿项目部经理纵某某安排当日风井改绞工程作业，由机电副经理张某某、机电队长李某某分别负责井上、下现场作业。

13 时许，机电队技术工人鲍某某、电钳工蔺某某、机修工孙某将预先与制动绳连接好的缓冲绳安装固定在井架上的缓冲器中，并完成固定作业，由机电副经理张某某与孔某某等共 4 人开始从地面向井下放第一根制动绳。15 时左右，制动绳放至井底后，作业人员割除多余的绳头，并将制动绳穿入抓捕器，然后 4 人乘坐罐笼升井，准备放第二根制动绳。此时正值交接班时间，由于制动绳连接器的 3 个配件没有找到，所以先由罐笼输送四点班部分作业人员入井。当时约 15 时 50 分，风井改绞作业人员交接班，共 18 人乘坐罐笼入井，运行了约 10 min 时间，下井口信号工郑某某听见井筒内有异响，随即打点停钩。同时，站在井口附近的机电副经理张某某看到罐笼主提升绳晃动，随后，看到制动绳由井口坠入井筒。

16时当班班长夏某某立即通知调度室，并向调度室主任李某某作简要报告，16时05分调度室主任李某某立即通知项目部经理纵某某等人。

16时10分，煤矿项目部立即启动应急救援预案，并迅速成立事故救援小组，随即展开救援工作。16时30分，救援人员经勘察事故现场确认，防坠绳坠落后将罐笼东侧侧板及顶部砸穿，导致罐笼倾斜，当时单层罐笼向下运行至井深约631 m（距井底40 m）处。罐笼由于被坠落的制动绳缠绕，无法提升，抢险人员机电副经理张某某、王某某、刘某某、魏某某4人经请示决定乘坐风井副箕斗携带救援物资第一次入井进行救援。副箕斗向下运行一段距离后，主箕斗运行通道被下落的钢丝绳卡住，致使副箕斗不能继续向下运行，机电副经理张某某与在井筒底部的机电队长李某某联系，由李某某派郭某某佩戴安全带沿稳绳爬到主箕斗处将钢丝绳移开。随后，箕斗继续运行到达事故现场，抢险人员用对讲机与地面绞车房联系，将副箕斗与罐笼调到同一水平，然后用携带的木板搭成通道，魏某某等由通道经罐笼顶部进入罐笼内实施救援，第一次将罐笼内重伤的3人运送至地面。

到5月6日23时，18名当班人员分次全部被救升井。到7日凌晨2时，受伤的9人陆续被送抵榆林市北方医院，截至7日6时30分，经医院确认其中4名受重伤人员死亡，救援工作结束。

（3）事故原因分析

1）直接原因。煤矿在风井上部罐笼提升系统防坠绳安装过程中，缓冲器滑块压紧丝杠未按规定拧紧到位，致使东侧缓冲绳从缓冲器中抽出，缓冲绳、制动绳及二者间的连接器坠落，将正在井筒中向下运行的罐笼东侧侧板及顶部砸穿，导致事故发生。

2）间接原因如下：

①煤矿项目部对风井临时改绞工程作业重视不够。操作人员在罐

笼及缓冲器安装过程中，对技术数据不清楚，在无厂方技术人员现场指导下，自行安装，造成缓冲器未能达到设计的阻力值，缓冲绳在防坠绳自重、罐笼下行摩擦力及摆动载荷的综合作用下从缓冲器中抽出。

②煤矿项目部现场管理不到位。操作人员违反风井改绞罐笼安装程序，未按施工组织设计规定的工序（安装 2 根防坠绳后方可挂罐，并经试验合格后方可投入运行）组织施工，仅挂 1 根防坠绳就多人乘罐运行，对关键安全设施重视不够，关键部位安装过程没有专业人员现场监督，安装结束后没有检查验收。

③煤矿项目部安全培训教育不到位。煤矿项目部作业前没有就安装的技术标准、操作要领、检测方法等要求向安装缓冲器的人员进行专门交底和贯彻。操作人员业务素质低，在不清楚技术标准和操作方法的情况下，盲目进行安装作业。

④煤矿安全管理人员配备不足，对煤矿项目部施工组织管理、安全技术措施审批、现场安全监督检查不到位，煤矿领导带班制度落实不到位。

（4）事故教训和整改措施

1）煤矿在建设项目审批手续完善后，要认真完善各项管理制度、业务流程、岗位职责，明确建设单位、施工单位、监理单位的管理责任。在施工作业中，严格按照施工程序进行，按照各自分工职责，科学组织施工，合理安排工期，杜绝盲目赶工期、抢进度、违章组织施工、违反程序作业。

2）煤矿和施工单位要切实做好从业人员的安全教育和培训工作，保证从业人员具备必要的安全生产知识和专业技能。加强劳动用工管理，从严技能培训，严格按照“三大规程”要求，科学组织施工，严格按照施工组织设计工序作业，杜绝违章指挥和违章作业。重点环节和关键部位严格执行领导干部和专业人员跟班作业制度。

3）施工单位要合理确定专业技术岗位，配齐配足专业技术人员，满足现场管理需要，实行专业化管理。重点工程施工装备、大型安装工程，必须由专业队伍施工。

4）煤矿、施工单位、监理单位要认真落实《国务院关于进一步加强企业安全生产工作的通知》（国发〔2010〕23 号）精神，将企业安全生产的责任主体落实到位。严格执行矿领导带班入井制度，加强现场监督检查。认真执行各项安全管理制度和事故隐患排查制度，真正把煤矿安全生产各项规章制度和技术措施落实到位。

5）能源公司要强化安全意识，健全安全保障体系，切实加强对建设、施工、监理单位的管理，进一步加大对施工单位的监督检查力度，加强安监人员的配备，严格现场安全监管。建设、施工、监理单位要分系统、分部位、分环节、分工序进行全面的隐患排查。

（5）相关知识与管理借鉴

这起事故的发生比较意外，究其原因，是操作人员在罐笼及缓冲器安装过程中，对技术数据不清楚，在无厂方技术人员现场指导下自行安装，结果造成缓冲器未能达到设计的阻力值，缓冲绳在防坠绳自重、罐笼下行摩擦力及摆动载荷的综合作用下从缓冲器中抽出，从而导致事故。

安全不容忍任何马虎，必须注重细节，除此之外，还需要认真负责的精神。杨某是某煤矿机电科一名员工，他对工作兢兢业业，从一名普通工人成长为一名高级技师。有一次，他遇到一个难题，矿井提升机发生莫名其妙的故障。

矿井提升机是煤矿物料上下、人员出入、原煤提升的“咽喉”，每停机 1 h，矿上就要损失 10 多万元。矿井提升机操控元器件数以万计，尤其是有些电气故障受声音、电磁、电子信号的间歇影响，仅凭肉眼是看不出来的，甚至连仪器也检测不出来，被大家称之为“疑难杂症”。这一次，煤矿副井绞车在提升运行过程中，时常出现瞬间掉电的故障。故障的呈现是隐性的、偶发的，时而发作、时而良好。当绞车处于启动、运行、停止状态时，当班检修人员对其进行反复排查，故障依然存在。杨某闻讯后，主动请缨。他在现场长时间观察后发现，每当有重车或者载重较大的汽车从绞车房边的主干道经过，地表、房屋产生震动时，或者提升机牌坊预警铃声响起时，伴随电铃振动，故障相对容易显现。杨某圈定了排查范围后认真筛查，原来是牌坊预警器边的一个开关存在缺陷，在地表震动或牌坊电铃的振动干扰下出现异动。原因查明后，问题也随之迎刃而解。

36. 某煤矿提升吊筐时辅助盘倾斜导致人员坠井事故

2012 年 9 月 6 日 18 时 06 分，甘肃省张掖市某煤矿副立井井筒套内壁作业过程中，距井底 236.4 m 处的辅助盘发生倾斜、侧翻，导致在 2 个辅助盘上作业的 10 名工人坠井后全部遇难，直接经济损失 501.468 万元。

（1）企业基本情况

1）企业相关情况。事故煤矿位于甘肃省张掖市山丹县，为民营企业，注册资金 3 亿元，经营以煤炭、选煤为主。该煤矿为新建矿井，于 2012 年 3 月 22 日开工建设，设计生产能力 90 万 t/a，设计服务年限为 40.3 年。该煤矿设计采用双立井开拓方式，冻结法施工，设计主井深 531 m，净直径 5.5 m；副井深 549 m，净直径 6.5 m。煤矿采用中央并列式通风方式，主井进风，副井回风。

2）事故地点情况。事故发生在副井筒距井口 211.6 m 的上、下辅助盘至距井口 448 m 的井底内。副井采用多绳提升，北南两侧各装设主、副绞车单钩提升。副绞车提升人员、模板和下放钢筋等材料，主绞车下放砼，井底积有 4 m 深的养护淋水。副井井下吊盘直径 6.2 m，层间距 4 m，用 10 根（中间 4 根，周围 6 根）250 槽钢焊接连接，稳绳兼罐道绳 4 根。为加快施工进度，施工方在吊盘底部连接 2 个辅助盘，吊盘—上辅助盘—下辅助盘均使用 4 根钢丝绳软连接。上辅助盘距离吊盘 10 m，用于绑扎钢筋、组模和放砼；下辅助盘距离上辅助盘 10.3 m，用于卸模和洒水养护。多项施工工艺同时作业。吊盘装设有 1 部矿用防爆通信电话机和 4 个信号器。上辅助盘通过 10 m 长的铁丝与吊盘信号器连接，作为上辅助盘的信号装置。

提升模板时，用 4 根钢丝绳固定装模板的吊筐四角，通过 1 根长 12 m 的钢丝绳与吊桶底部连接。提升时，吊桶带动吊筐上升，通过上辅助盘南侧的提升孔到达上辅助盘。

2012 年 8 月 21 日，该立井曾发生过一起吊筐刮擦辅助盘的涉险事故，8 月 23 日召开班前会，口头要求在用吊筐提升模板前，井下信号工必须先电话通知井口信号房。

（2）事故经过和救援情况

1）事故发生经过。2012 年 9 月 6 日 11 时 30 分，施工队队长李某某组织召开班前会，参加班前会的人员有班长刘某某（兼辅助盘信号工）、工人张某某（吊盘信号工）、盛某某（放料工）等 19 人。会后施工人员相继入井到达吊盘，班长刘某某安排张某某、盛某某 2 人在吊盘发信号和放砼，12 人在上辅助盘组模，5 人在下辅助盘拆模板，随后施工人员进入各自岗位开始作业。17 时左右，刘某某安排盛某某下到上辅助盘帮助组模，张某某在吊盘发信号兼放砼。

18 时，刘某某在未给井口信号房打电话的情况下，直接发快提信号给井口信号房，提升装有模板的吊筐，绞车运行后刘某某又连续发了 2 次快提信号。吊筐在接近提升孔时速度突然加快，摇摆上升的吊筐挂住上辅助盘并使之倾斜，同时带动下辅助盘倾斜。在上辅助盘的刘某某发现异常，立即发出停车信号，并和韩某某等 7 人爬到绑扎好的钢筋架和安装好的模板上。井口信号工石某某接到急停信号后，马上给绞车房发了慢提和急停的信号（施工方规定，绞车运行后要停车必须先发慢提信号，后发急停信号），绞车司机马某某接到信号后立即停车，但此时吊筐已经挂带辅助盘向上运行了 7~8 m，致使上、下辅助盘倾斜侧立，导致未挂安全带的上辅助盘 5 名工人和下辅助盘 5 名工人坠落井底。

2）应急救援情况。事故发生后，张某某立即发出事故信号，井口信号工石某某接到信号后，立即向项目经理刘某某与安全经理王某某报告。刘某某和王某某接到事故报告后，立即组织人员赶赴事故现场，使用主提升绞车将井下被困的 9 人救出。

山丹县委、县政府和张掖市委、市政府接到事故报告后，立即启动应急救援预案，成立抢险救援指挥部，指挥救援工作。通过紧张有效地科学施救、全力搜寻，至 9 月 8 日 1 时 15 分，10 名遇难矿工的遗体全部被找到并运送升井，事故救援结束。

（3）事故原因分析

1）直接原因。副井套内壁施工作业过程中，信号工误传信号，在提升装有模板的吊筐时，吊筐挂带上辅助盘南侧提升孔上升，导致上、下辅助盘倾斜侧立，致使在辅助盘上作业的 10 名工人坠井。

2）间接原因如下：

①技术管理薄弱。施工方未严格按照设计方案组织施工，变更施工组织设计方案未按程序上报。加装辅助盘套内壁作业未编制作业规程，安全技术措施的编制存在缺陷，技术措施审核审批把关不严。上、下辅助盘和吊筐及其连接装置为施工方自行加工，对施工工艺和设备设施的安全可靠性考虑不够，对卸模、组模、绑扎钢筋、放砼等

多项施工工序平行作业可能产生的事故隐患认识不到位。提升模板时，吊筐未直接与绞车钢丝绳钩头连接，而是违章与吊桶底部连接，提升时不可避免发生摇摆。提升孔未采用喇叭口导向，在吊筐提升摇摆时不能纠偏。未及时调整安全带悬挂位置，任由作业人员安全带“无根”施工。

②提升信号不可靠。未按照规定在辅助盘设置声光信号，辅助盘信号工用铁丝拉打吊盘信号器时无法判断所发出信号的准确性。井下无法直接发给绞车司机紧急停车信号，导致吊筐顶到吊盘时不能立即停车。套壁作业时吊盘上升活动频繁，绞车的深度指示器标识的吊盘位置随时变化调整，导致绞车司机对吊盘所在的位置判断不准确。井下吊盘未装设视频探头，绞车司机只能听从信号工指令开、停绞车，无法完整了解吊桶及吊筐通过提升孔的运行状态。

③安全管理制度落实不到位。施工单位未严格落实安全生产主体责任，在井下作业现场未按照规定安排专职安全员和信号工，未严格落实矿领导带班下井制度和隐患排查治理制度。对井下作业人员未按规定佩戴安全带的行为未加制止，对提升信号不可靠的事故隐患未及时采取有效措施予以消除。建设单位未严格落实安全管理责任，矿长及部分管理人员未持证上岗，未督促施工方及时整改存在的事故隐患。监理单位未严格落实安全监理责任，部分监理人员无证上岗，对施工单位安全管理工作监理不到位。

④现场管理混乱。施工方副井作业现场无专职信号工、安全员和带班矿领导，随意调配特殊岗位人员，作业人员随意顶班替班，劳动组织混乱。建设方和监理方对施工现场安全监督管理不到位，对作业人员未按规定佩戴安全带，井下未按规定装设信号装置的事故隐患未及时整改，对施工方未按施工组织设计施工未予制止。

⑤职工教育培训不到位。职工的培训时间和培训内容均达不到要

求，部分新职工未经培训即下井作业；安全技术措施贯彻不到位；部分特殊工种无证上岗、特殊岗位单人单岗；职工安全意识淡薄，未按规定佩戴安全带，违章作业现象突出。

⑥安全防范意识不强。对 8 月 21 日发生的同类涉险事故未引起高度重视，发现事故隐患后未编制补充安全技术措施。非专职井下信号工在模板提升时未执行“先电话、后信号”的要求，未在吊筐提起适当高度后发暂停信号进行稳筐。

（4）事故教训和整改措施

1）立即对存在重大隐患的关键部位和环节进行整改。立即停止采用挂设上、下辅助盘的作业方式；严禁使用将吊筐悬挂在吊桶底的提升方式；各提升容器安全间隙、吊筐与其提升孔最大外缘之间的安全间隙要满足安全升降的要求，钢丝绳要处于安全完好状态；要进一步完善改进矿井提升信号系统，辅助盘必须增加专门的信号系统，井下所有水平、吊盘和辅助盘必须加设直接通往地面绞车房的紧急停车信号，井下关键部位必须加装视频监控探头；及时调整安全带悬挂位置，加强对悬空作业人员加挂安全带、佩戴自救器等的监督检查。

2）切实加强煤矿建设项目的安全管理。要严格落实煤矿建设项目安全责任，建设单位必须全面负起安全管理职责，对项目施工相关单位进行统一协调管理；施工单位必须落实煤矿建设施工安全的主体责任；监理单位对煤矿安全施工承担全面的监理责任，对存在事故隐患的，应当要求立即整改并向建设单位及时报告。

3）严格现场管理和技术管理。严格落实煤矿领导带班下井制度，规范各种安全规程、作业规程和操作规程的制定、审批和实施，保证各项制度和措施落实到位；制订科学合理的施工进度计划，严禁抢工期、赶进度。

4）加强职工安全培训。进一步落实“三项岗位人员”持证上岗制度，加强职工教育培训，督促从业人员熟悉有关安全生产规章制度和安全操作规程，提高安全防范意识，强化自我保安能力。

（5）相关知识与管理借鉴

在这起事故中，提升系统的上、下辅助盘和吊筐及其连接装置，均为施工方自行加工，对加工工艺和设备设施的安全可靠性考虑不够，对卸模、组模、绑扎钢筋、放砼等多项施工工序平行作业可能产生的事故隐患认识不到位。同时，提升信号不可靠，未按照规定在辅助盘设置声光信号，辅助盘信号工用铁丝拉打吊盘信号器时无法判断所发出信号的准确性。井下无法直接发给绞车司机紧急停车信号，导致吊筐顶到吊盘时不能立即停车。这起事故，就是在不安全、不可靠的设备运行中造成的。

矿山提升系统，一般指矿山井筒提升系统（也包括地面矸石山提升系统），它是矿山在地面与井下之间、井下各水平之间的连接通道，负责提升煤炭、矸石，以及升降人员、设备和物料。矿山提升系统一方面是矿山生产能力的决定因素之一，另一方面还涉及所有入井人员的生命安全，因此在矿山生产中具有极其重要的作用。矿山提升系统与通风系统、压风系统和排水系统共同构成矿山四大固定设备。

矿山提升系统主要由井筒及井筒装备、提升机、电动机及电气系统、安全保护装置、提升信号系统、提升钢丝绳、提升容器、井架、天轮、装（卸）载附属设备等组成。根据不同的标准，矿山提升系统可以有多种分类方法。矿山提升系统根据提升井筒型式的不同，可分为立井提升系统和斜井提升系统；根据提升任务的不同，可分为主井提升系统和副井提升系统；根据提升容器的不同，可分为罐笼提升系统、箕斗提升系统、串车（包括斜井人车）提升系统和吊桶提升系统。不论哪种方法，都必须保证安全；否则，就不是好的方法和好的设备。

37. 某煤业公司斜井人车严重超员导致跑车撞击伤亡事故

2012 年 9 月 25 日 0 时 10 分，甘肃省白银市某煤业有限公司（本案例中简称煤业公司）发生一起重大运输事故，造成 20 人死亡、14 人受伤，直接经济损失 2 341.2 万元。

（1）企业基本情况

1）企业相关情况。煤业公司地处甘肃省红会煤田的东南部，隶属白银市平川区共和镇，矿井始建于 2001 年 12 月，设计生产能力 9 万 t/a，2003 年 10 月正式投产，核定生产能力 9 万 t/a。该公司采矿许可证、安全生产许可证、矿长资格证、矿长安全资格证均合法有效。

2）矿井相关情况。矿井采用一对斜井开拓，单水平开采，布置主、副 2 条井筒，副井兼作回风井。通风方式为中央并列式，通风方法为机械抽出式，主井进风、副井回风。主井装设 JK-2 型绞车，主要用于提煤；副井装设 JTK1600 系列绞车，主要用于辅助提升和运送人员。矿井安装了 KJ78N 型安全监控系统和 KJ106 型人员定位系统，建有通信联络系统、供水施救系统和压风自救系统，紧急避险系统尚未建成。

3）事故发生前矿井状况。自 2012 年 9 月 16 日起，承包方组织工人维修主副井联络巷、副井总回风巷、1450 总进风巷、102 进回风联络巷 4 条巷道。在回收 102 进风巷机尾以里报废巷道的钢棚支架期间，作业人员为增加出煤量，违规放顶落煤，形成采煤点采煤。

副井提升绞车是建矿时利用其他煤矿的旧绞车，铭牌及相关资料已丢失，型号为 JTK1600 系列。该绞车保护装置不全，无过负荷和欠电压等保护装置，未按规定进行检测检验。事故发生前监管监察部门已责令停止使用，至事故发生时，该绞车仍在使用，且绞车司机单岗作业。为加大提升能力，9 月 21 日起，承包方违规将提升矿车由 4 辆增加至 6 辆。

井筒内敷设 18 kg/m 的轨道，铺设质量差，淤泥、浮煤将大部分枕木掩埋，托绳轮数量不足且不能转动。

提升钢丝绳公称直径 26.0 mm，于 2012 年 7 月 29 日悬挂使用，悬挂前进行了检测检验，使用中未进行正常维护保养，钢丝绳磨损锈蚀严重。

副井运送人员使用 2 节 XRC-10 型斜井人车，按规定进行了检测检验，但未进行相关安全运行试验，每节人车核定乘载 10 人。

（2）事故经过和救援情况

1）事故发生经过。2012 年 9 月 24 日 15 时，曾某某、林某某和带班副矿长赵某某组织召开中班班前会，安排饶某某等 19 人到副井总回风巷、102 进回风联络巷和 1450 下山维修巷道，刘某某等 16 人到 102 进风巷机尾以里回收钢棚，林某某等 7 人到 102 进风巷第三台刮板输送机机尾处灭火，纪某某等 3 人到 1450 总进风巷维修巷道，李某某等 2 人到主副井联络巷扩帮维修，张某某负责副井车场信号把钩，赵某某负责各作业地点的安全监督检查工作。会后，中班共 49 人分乘人车入井按各自分工作业。

23 时 40 分，人车跟车工兼信号工李某某和中班下班人员赵某某、林某某等 34 人挤乘 2 节人车升井，人车刚起步就掉道了，李某某等人下车将人车抬上轨道后继续升井。

9 月 25 日 0 时 10 分，当人车提升至距井口 68 m 处人车突然掉道，李某某发出停车信号，但掉道后的人车随即与井筒右侧的钢管法兰盘碰撞，导致钢丝绳断绳，人车跑车至距井口以下 560 m 处停止。事故发生后，当班其余 15 人从主井安全升井。

2）应急救援情况。副井绞车司机符某某接到停车信号后立即刹车，瞬间断开的钢丝绳弹回到绞车房内。符某某发现钢丝绳断绳后，当即向矿领导进行了报告，副矿长闫某某、党某某接到事故报告后立即下井查看情况并组织人员自救。

接到事故报告后，白银市委市政府、平川区委区政府立即启动重大安全事故应急救援预案，成立事故抢险救援指挥部，并调动附近矿井辅助救护队协助相关救护大队展开事故抢险救援工作。至 25 日凌晨 2 时 51 分，救援人员先后将 15 名受伤矿工运出井口，送往医院抢救，其中 1 人因伤势过重抢救无效死亡。14 时 50 分，救援人员将其余 19 名遇难矿工遗体全部运至地面，事故抢险救援工作结束。

（3）事故原因分析

1）直接原因。严重超员的斜井人车在提升过程中掉道，随即与巷道巷帮底部的钢管法兰盘发生碰撞，致使磨损锈蚀严重的提升钢丝绳负荷突然增大超过其承载极限而断绳，导致人车跑车。跑车后的人车在快速下滑过程中与巷道发生强烈撞击，造成斜井人车严重变形、乘车人员伤亡。

2）间接原因如下：

①现场安全管理混乱。井底车场没有配备安全员维持乘车秩序，带班矿领导、跟班人员和人车跟车工对工人违章挤乘人车未加制止并参与违章，人车超员严重，核定乘坐 20 人，事故发生时实乘 34 人。

②运输安全管理不规范。轨道敷设规格偏小，铺设质量差，导致提升中的车辆频繁掉道。浮煤、淤泥将道心和枕木掩埋，导致人车跑车落闸后插爪失效。管理人员违章指挥，车辆超负荷提升，加剧钢丝绳疲劳损伤。

③提升设备管理不到位。副井绞车保护装置不全，未按规定进行检测检验。副井筒内装设的托绳轮数量不足，大多数被淤泥掩埋不能转动，导致钢丝绳磨损严重。钢丝绳使用中未进行维护保养，锈蚀严

重；提升运输制度不落实，人车未按规定进行安全运行试验。

④隐患排查治理不彻底。钢丝绳检查制度不健全、责任不落实，对提升过程中车辆经常掉道未及时查明原因进行整改。安全投入不足，副井绞车保护装置不全，钢丝绳磨损锈蚀严重，均未及时更换，仍继续使用。

⑤安全管理机构不健全。矿井将生产经营权承包后，安全监督与生产管理脱钩；安全管理人员、工程技术人员和特殊工种作业人员配备不足，安全监督检查不到位。承包方未设置安全管理机构，未配备安全管理人员，日常安全管理责任不落实。

⑥监管监察指令执行不到位。矿井没有严格执行监管监察部门下达的执法指令，违规使用安全性能不符合规定的副井绞车提升人车。回收报废巷道钢棚支架期间，作业人员为增加出煤量，违规放顶采煤。

⑦培训教育制度不落实。大部分新招职工未经过安全教育培训就安排下井作业，职工安全意识淡薄，违章指挥、违章操作、违反劳动纪律等现象突出。

（4）事故教训和整改措施

1）加强现场安全管理，配备现场安全管理人员，认真落实矿领导带班下井职责，加强现场安全监督检查，杜绝“三违”现象，确保各项安全管理制度和措施落实到位。

2）加强提升运输系统安全检查，全面排查治理提升运输系统存在的事故隐患，对排查出的事故隐患要切实做到整改措施、责任、资金、时限和预案“五到位”。提运人员设备必须按规定安装各类安全保护装置并按规定定期检测检验。

3）严格落实矿井各项安全生产制度，认真细致地做好安全检查和整改工作。建立健全提升运输系统巡回检查制度，确定专人检查绞车、钢丝绳和轨道使用情况。严格执行《禁止井工煤矿使用的设备及工艺目录》，严禁使用国家明令禁止或淘汰的设备和工艺。

4）加强矿井安全生产技术管理，按规定配备专业工程技术人员，及时组织排查治理事故隐患，认真研究解决矿井存在的技术问题。规范各种设计、作业规程、操作规程及安全技术措施的编制和审批，确保各项措施贯彻落实到位。

5）严格执行国家关于承包经营的相关规定，严禁以包代管，要将生产经营活动纳入矿井的总体管理，认真落实承包方的安全管理责任，严格落实企业安全生产主体责任，坚持依法依规生产。

6）建立健全矿井安全管理机构，配齐专职安全管理人员，严格贯彻落实国家有关产业政策和安全生产的法律法规，不折不扣地执行上级安全监管监察部门下达的执法指令。

7）加强职工安全教育培训，“三项”岗位人员必须经考试合格取得有效证件后方可上岗作业。严格执行劳动用工规定，对新招职工要建立档案，签订劳动合同，职工必须全部培训合格后方可上岗，提高职工安全意识和自我防范能力。

（5）相关知识与管理借鉴

事故企业现场安全管理混乱，毫无章法，也没有规矩，井底车场既没有配备安全员维持乘车秩序，带班矿领导对工人违章挤乘人车未加制止并参与违章，由此导致人车超员严重，核定乘坐 20 人，事故发生时实乘 34 人。人员严重超载，再加上提升设备管理存在问题，绞车保护装置不全，未按规定进行检测检验；副井筒内装设的托绳轮数量不足，大多数被淤泥掩埋不能转动，导致钢丝绳磨损严重；钢丝绳使用中未进行维护保养，钢丝绳锈蚀严重等，如果没有发生事故属于侥幸，发生事故属于必然。

《煤矿安全规程》（国家安全生产监督管理总局令第 87 号）规

定：长度超过1.5 km的主要运输平巷，上下班时应采用机械运送人员。乘车人员主要存在着触电、因乘车位置不当或所乘车辆掉道、翻车引起的挤压、碰撞，以及在乘车场被车辆撞击等危险因素。因此，所有乘车人员必须遵守下列规定：

1）人员只能乘坐专门运送人员的带有顶盖，从侧面上、下车的人车。

2）人员上、下车地点应有照明。采用架空线的电机车运送人员时，架空线必须装设分段开关或自动停送电开关，乘车人员必须听从司机或乘务人员的指挥，在切断该区段架空线电源后方可上、下车。一般情况下，车辆进入车场，切断该区段架空线电源后应有声音或灯光信号。乘车人员必须在确定已经收到停电信号后方可上、下车。严禁车辆刚进入车场，尚未切断该区段架空线电源时上、下车。

3）人员乘车后，必须在开车前关上车门或挂上防护链。人体及所携带的工具和其他物品严禁露出车外。

4）严禁超员乘坐人车。

5）严禁在机车上或任何2个车厢之间搭乘人车。

6）车辆行驶中和尚未停稳时，严禁上、下车和在车内站立。

7）车辆掉道时，必须立即向司机发出停车信号。

8）运送人员时，严禁同时运送有爆炸性、易燃性、腐蚀性的物品或附挂物料车。

38. 某煤矿翻滚笼处矿车被顶掉道将摘钩人员挤伤事故

2014年1月2日5时10分许，徐州某煤矿地面排矸系统进行顶车作业时，发生一起地面轨道运输事故，造成1人死亡，直接经济损失约90万元。

（1）企业基本情况

1）企业相关情况。事故煤矿坐落在江苏省徐州市沛县境内，始建于1979年1月，1986年12月14日投产，矿井设计生产能力120万t/a，核定生产能力为225万t/a。井田走向长11.0 km，斜向长2.5 km，井田面积30.9 km^2。该矿安全生产许可证、采矿许可证、工商营业执照、矿长资格证、矿长安全资格证齐全有效。

矿井采用立井多水平分区式开拓布置，有主井1个，副井2个，风井2个，矿井分为5个开采水平。

2）事故班组情况。事故班组为生产二队，在册人数49人，队长和副队长3人，跟班维护1人。矸石山人员9人，包含班长1人，地面选矸楼放矸人员1人，地面矸石山滚笼司机1人，11.4kW小绞车司机兼摘钩人员1人，矸石山1.6 m绞车司机1人，地面机车司机2人及休班人员等。

（2）事故经过

2014年1月2日夜班，运搬工区区长潘某某及队长桑某召开班前会，班长王某某进行分工，安排工人宁某某负责在地面矸石山翻滚笼驾驶11.4 kW小绞车兼摘钩，工人马某某负责开翻滚笼，机车司机杨某某驾驶内燃机车。

5时10分前后，杨某某驾驶内燃机车从老副井西北侧的选矸楼拉出16辆矸石车。列车到车场后，改向矸石山翻滚笼方向顶车，准备将所顶矸石车停放在翻滚笼处的另10辆矸石车后。杨某某在停车过程中未及时停车，将翻滚笼处矸石车顶掉道，造成前3辆车爬车，把正在摘钩的宁某某挤伤，后经抢救无效死亡。

事故造成1人死亡，直接经济损失约90万元。

（3）事故原因分析

1）直接原因。翻滚笼处矿车被顶掉道，将摘钩作业人员挤伤，是造成事故的直接原因。

2）间接原因如下：

①内燃机司机在顶车时没有鸣笛示警，也没有与翻滚笼人员进行联系，盲目顶车作业，是造成这起事故的主要原因。

②小绞车司机违章作业，摘钩时站位不当，身体进入2辆矿车之间，是造成这起事故的重要原因。

③安全教育不到位，职工安全意识不强，没有执行“手指口述”安全确认制度。

（4）事故教训和整改措施

1）认真执行国家安全生产法律、法规及标准，将安全规章制度和管理措施落到实处。

2）加强对机车司机及摘（挂）钩人员的管理，进一步完善矸石山的相关管理规定，严格按照规程措施要求作业。

3）加大对安全管理人员不履职行为和职工操作不安全行为的治理力度，牢固树立“遵章指挥、遵章作业”的观念，严格按照法律、法规的要求，提高“三违”治理质量，切实做到“四不伤害”。

4）加强对职工的安全教育培训，提高全员安全意识。

5）全矿立即进行一次安全大检查，排查各类事故隐患，并及时整改，做到不安全不生产。安全、技术等部门应根据有关技术规范及安全管理需要，针对是否需要在翻滚笼进车侧的适当位置安装阻车设施拿出可行意见。

（5）相关知识与管理借鉴

在这起事故中，内燃机司机在顶车时没有鸣笛示警，也没有与翻滚笼人员进行联系，盲目顶车作业，是造成这起事故的主要原因。小绞车司机违章作业，摘钩时站位不当，身体进入2辆矿车之间，也是造成事故的重要原因。

该事故的小绞车司机1971年10月出生，小学文化，1990年参加工作，事故发生时为煤矿运搬工区工人，已经过岗前安全培训及小绞车司机、电瓶车司机培训并取得相应资格证。小绞车司机有20多年的工作经验，按道理不应该发生摘钩时站位不当的违章行为，从当时的情况来推论，可能还是麻痹大意，没有预料到内燃机司机在顶车时会操作失误。

司机在操作内燃机和电机车时，应注意以下事项：

1）司机必须按信号指令行车，在开车前必须发出信号。

2）司机操作时的正确姿势：坐在座位上，目视前方，左手握控制器操作手把，右手握制动手轮（手拉杆），制动手轮停放的位置应当保证手轮转紧2~3圈内能有效制动。

3）严禁司机在车外开车，严禁不松闸就开车。

4）机车运行中严禁将头或身体探出车外。

5）机车运行中司机必须经常注意前方，严禁闯红灯。要注意观察人员、车辆、道岔岔尖位置、有无障碍物等，注意各种仪器仪表的显示，细心操作。

6）司机不准擅自离开座位，离开座位必须切断电机车电源，将控制手把取下保管好，扳紧车闸，但不得关闭车灯。

7）司机在行车中，应时刻保持头脑清醒，遇有异常情况应及时冷静进行处理。行车中接近风门、巷道口、硐室出口、弯道、道岔、坡度较大或噪声大等处所，以及前面有人、有机车或视线有障碍物时，都必须减低速度，并发出警示信号。

七、煤矿其他常见事故

我国煤矿大多数是井工矿井，地质条件复杂，灾害类型多，分布面广，因而煤矿生产具有很大的危险性，易发生人员伤亡事故，尤其是重特大伤亡事故。在煤矿各类事故中，除了被称为五大自然灾害的煤尘、瓦斯、火灾、水灾、顶板事故之外，还有人员中毒窒息、高处坠落、物体打击、机械伤害、起重伤害、车辆伤害事故等。对于这些事故，同样需要加以重视，同样需要加强安全管理，认真做好预防工作，减少人员伤亡事故的发生。

39. 某煤矿人员未采取措施进入瓦斯积聚采面窒息事故

2017 年 11 月 21 日 15 时，贵州某矿业开发有限公司（本案例中简称矿业公司）水城县化乐乡某煤矿 1211 采面运输巷发生一起较大窒息事故，造成 4 人死亡，直接经济损失 434.4 万元。

（1）企业基本情况

1）企业相关情况。矿业公司成立于 2010 年 11 月 8 日，下属有事故煤矿等 19 家煤矿，设计生产能力 840 万 t/a。矿业公司设置有安全监察部、总工办、通防部、机运部、地测部等管理部门对下属煤矿生产、安全等工作进行管理。

事故煤矿位于贵州省六盘水市水城县化乐镇，设计生产能力30万t/a，属煤与瓦斯突出矿井。该矿采用斜井开拓，中央并列式通风。停产前布置有1211、1504采煤工作面，暗主斜井、暗副斜井2个掘进工作面。

2）事故发生前人员情况。事故发生前，煤矿留守人员有生产副矿长吴某某（代行矿长职责）、机电副矿长雷某某、安全员3人、瓦斯检查工3人、电工1人、钳工2人及调度员2人，共计13人。留守人员每天分3班入井排水及巡查，每班安排瓦斯检查工和安全员各1人，其中停产期间机电方面的问题由机电副矿长和电工、钳工负责处理。

3）事故区域情况。事故发生在1211采面。1211采面布置在2号煤层中，2013年11月形成并开始回采，2013年12月28日回采过程中遇到断层。为甩开断层，煤矿在运输巷开口往里320 m处调整方位另掘了一段1211运输巷。新掘巷道长284 m，采用锚网喷支护，净断面6 m^2。新掘巷道贯通后，未回采过，距运输巷开口450 m处到采面下出口形成了落差约6 m的凹形巷道，煤矿在巷道最低处装设了一台潜水泵排水。

（2）事故经过和救援情况

1）事故发生经过。2017年11月19日，1211采面运输巷的潜水泵损坏，机电副矿长雷某某安排瓦斯检查工及安全员入井巡查，叮嘱不要到1211采面去，由钳工负责1211采面巡查工作。

11月21日9时50分，负责巡查1211采面的钳工何某某升井后向矿调度员林某某报告，1211采面运输巷最低处水封棚了。10时左右，雷某某带领电工代某某和钳工何某某、蔡某入井更换1211采面运输巷的潜水泵。12 时 20 分，4 人升井吃饭。

13 时左右，4 人未携带任何瓦斯检测设备再次入井更换水泵。直到 16 时 30 分，林某某未接到 4 人的工作汇报，也未见 4 人升井，便安排瓦斯检查工吉某某和安全员李某某入井查看。2 人在 1211 采面运输巷开口处，发现运输巷没有进风，怀疑可能出事了，便电话向林某某报告。19 时 8 分，林某某电话向生产副矿长吴某某报告了情况。

2）应急救援情况。11 月 21 日 19 时，矿调度员林某某接到安全员李某某怀疑机电副矿长雷某某等 4 人可能出事的电话。21 日 22 时 42 分，水城某矿山救护有限公司接到事故煤矿生产副矿长吴某某召请电话，于 23 时 20 分到达事故煤矿，23 时 40 分入井侦察并搜救，22 日 0 时 10 分侦察到 1211 运输巷，巷内处于无风状态。22 日 3 时左右，救援人员在距 1211 采面运输巷开口 450 m 处发现遇难者代某某、何某某、蔡某，460 m 处发现遇难者雷某某。4 名遇难人员于 10 时 30 分被运送出井，抢险救援工作结束。

（3）事故原因分析

1）直接原因。作业人员在未进行气体检测，也未采取安全措施的情况下，进入瓦斯积聚的 1211 采面运输巷作业，因氧气含量不足，导致人员窒息死亡。

2）间接原因如下：

①1211 采面运输巷因排水工作管理不到位，水淹巷道造成通风不畅，导致瓦斯积聚。

②事故煤矿停产期间安全管理工作不落实。未健全停产期间的管理制度和措施，值守安全管理混乱；安全监控系统长期不能正常使用，入井人员未按照规定携带便携式甲烷检测报警仪检测作业点气体。

③矿业公司安全检查工作流于形式。未按规定对所属停产矿井进

行检查，检查次数达不到规定要求；2017 年对事故煤矿仅有的 2 次检查记录中，均未提出监测监控系统不能正常使用、甲烷检测仪器未定期检验等隐患。

（4）事故教训和整改措施

1）长期停产煤矿要按照《煤矿安全规程》（国家安全生产监督管理总局令第 87 号）有关规定，重新制定停产期间的安全措施，确保监测监控系统能正常使用，配备足额的瓦斯检测仪器，按规定进行检定。入井巡查人员、抽水人员必须由瓦斯检查工陪同，瓦斯检查工必须携带检验合格有效的光学甲烷检测仪和便携式甲烷检测报警仪，严禁人员进入无风或停风巷。

2）矿业公司对长期停产的煤矿要按照公司相关规定，按时到矿检查，并制定检查方案，不留死角，切实履行企业生产安全工作的主体职责。

3）政府监管部门要认真宣传贯彻国家有关法律法规，研究制定对停工停产矿井盯守职责及安全监管方案，确保依法履行煤矿安全监管主体责任，杜绝类似事故再次发生。

（5）相关知识与管理借鉴

事故之后，经调查，在该矿停产期间，煤矿曾制定多份安全技术措施，2017 年 9 月 10 日制定的“煤矿停产期间专项安全措施”（以下简称“安全措施”）报经矿业公司批复。该“安全措施”规定，“1. 矿井监测监控系统必须保持正常运行；2. 机电设备检修必须按机电设备检修操作规程执行，严禁带电作业，同时由瓦斯检查工现场检查瓦斯，严禁瓦斯超限作业。”

但是根据查证，至事故发生时，该矿未按规定对甲烷检测仪器进行检验，煤矿已有的光学甲烷检测仪已经不能使用，便携式甲烷检测报警仪所测数据不准。在日常入井抽水和巡查中，仅瓦斯检查工携带一台未检验的便携式甲烷检测报警仪。2017 年 4 月左右至事故发生，安全监控系统完全不能使用。

救援队入井进行勘查，未发现巷道有被破坏的迹象，并重新测定了相关气体参数。在 3 人遇难处测定的气体浓度分别为瓦斯 35%，二氧化碳 1%，一氧化碳 0，氧气 10%，温度 21℃。在 1 人遇难处测定的气体浓度分别为瓦斯 45%，二氧化碳 2%，一氧化碳 0，氧气 5%，温度 22℃。

我国大多数煤矿为地下开采，煤矿井下空气稀薄，氧含量低。同时，在煤矿生产过程中，还会有许多有毒有害气体产生，这些气体不仅会使井下空气中的氧含量降低，造成人窒息或中毒，而且大多数气体还具有爆炸性。

1）煤矿井下空气的组成。地面新鲜空气进入煤矿井下后由于受到井下各种自然因素和生产过程的影响，其空气成分会发生一些变化，如氧含量降低、有毒有害气体浓度增高等。煤矿井下空气中除含有大气中所含有的氧气、氮气和二氧化碳外，还有甲烷、一氧化碳、二氧化氮、硫化氢、二氧化硫、氢气、氨气等一些气体。这些气体不但无助于人的呼吸，反而会对人产生伤害。同时，它们中的大多数气体还具有爆炸性，使井下成为爆炸性环境。

2）矿井空气中常见的有毒有害气体及最高允许浓度。煤矿井下空气中有毒有害气体种类较多，但常见的主要有一氧化碳（CO）、硫化氢（H_2S）、二氧化氮（NO_2）、二氧化硫（SO_2）等。由于矿井空气质量的好坏对人的身体健康乃至矿井安全都有着重要的影响，我国《煤矿安全规程》（国家安全生产监督管理总局令第 87 号）对矿井空气中主要气体的浓度都作出了明确的规定，同时要求井下采掘工作面进风流中的氧气浓度不得低于 20%，二氧化碳浓度不得超过 0.5%。

这起事故就是作业人员在未进行气体检测，也未采取安全措施的情况下，进入瓦斯积聚的1211采面运输巷作业，因氧气含量不足，导致窒息死亡。

40. 某煤矿矿井停风井下一氧化碳积聚人员中毒事故

2013年1月29日10时33分，黑龙江省牡丹江市东宁县某煤矿发生一起一氧化碳中毒事故，造成12人死亡（其中，煤矿企业施救人员死亡9人）、8人受伤，直接经济损失1 149万元。

（1）企业基本情况

1）企业相关情况。事故煤矿于1986年建井并投产，2002年建设接续矿井，2004年3月接续矿井建成生产。该矿位于黑龙江省东宁县老黑山镇下碱村东2.6 km。矿井设计生产能力为6万t/a，核定生产能力5万t/a，矿井剩余储量112万t，为私营企业。矿井于2011年被鉴定为瓦斯矿井，煤层自燃发火倾向性为不易自燃煤层。

该矿井为片盘斜井开拓，主井斜长120 m，坡度20°，副井斜长110 m，坡度22°，斜井串车提升。矿井采用中央并列抽出式通风，矿井总入风量760 m^3/min，总排风量830 m^3/min。矿井安全监控系统为KJ-76N型，人员定位系统为KJ-320型，有压风自救、供水施救、通信联络系统。

2）事故发生地点情况。事故发生地点为左二路和左三路平巷。该矿井经煤炭管理部门批复的作业地点为左五路采煤工作面和左六路掘进工作面。矿井停产前，矿方擅自打开左二、左三密闭恢复掘进，计划穿过F1断层开采当年老井留下的残余煤田。停产时，左二路已掘进1 280 m，进入老井区域内，左三路已掘进1 150 m，部分条块已进行了回采。

（2）事故经过和救援情况

1）事故发生经过。2013 年 1 月 29 日，农历腊月十八，是东宁县煤矿企业民俗祭井日。当日 8 时 58 分，煤矿投资人殷某某、高某带领本矿主要管理人员和部分工人拜祭井口。拜祭结束后，殷某某、高某及部分煤矿管理人员在矿办公室等待吃饭，机电矿长张某某安排主扇工李某某、登钩工田某某、技术矿长（挂名）柳某某入井抽水。

9 时 30 左右，李某某等 3 人启动主扇后入井（该井于 1 月 27 日放假时便关停主扇）。10 时 30 分左右，李某某等 3 人行至左二路时，2 人中毒晕倒，李某某（当时中毒较轻）从井下打电话求救。

2）应急救援情况。接到求救电话后，矿长赵某某安排技术矿长王某某、机电矿长张某某、采煤班长马某某、常某某入井救援。11 时，矿监控室接到井下电话，再次请求救援，赵某某又安排地面工人马某、采掘工韩某某、后勤矿长陈某某、铲车司机刘某某、把钩工纪某某等人入井救援，同时给住在矿家属区的工人打电话，并安排人员去临近矿井找人来帮忙救援。随后，赵某某带领安全矿长（挂名）朴某某入井。12 时 30 分左右，该矿顾问李某某在矿翻车房接到井下赵某某电话，告知赶紧找救护队，里面无法进人，进去的人已遇险。李某某立即给县煤炭局救护队副队长刘某某打电话请求救援，告知井下遇险人员数量不清。刘某某要求不要再下井，他马上就过去。12 时 50 分左右，刘某某赶到事故煤矿，了解情况并向县煤炭局局长宋某报告后入井。企业自救期间，事故煤矿及附近煤矿人员相继赶来并入井，前后共有 20 人入井参加救援，其中有 5 人误入左三路巷道。

1 月 30 日 9 时 05 分，附近救护队首先到达事故矿井。经救援，13 时 15 分升井 6 人，3 人生命体征稳定，3 人遇难。15 时 30 分又有 2 名遇难人员被送出井，抢险救援结束。这起事故共造成 12 人遇难，8 人受伤。

（3）事故原因分析

1）直接原因。报废矿井火区一氧化碳通过裂隙渗入煤矿 8 号下煤层左二平巷第四片盘；由于矿井停风，造成井下一氧化碳积聚，作业人员进入左二平巷排水，导致一氧化碳中毒事故发生。

2）间接原因如下：

①煤矿企业违反有关安全法律、法规。一是矿井停产期间，不执行省政府要求的“六不停”规定，随意停风。二是矿井采取伪装手段砌筑密闭，躲避监管部门执法检查，私开工作面。三是矿井周边有火区隐患，没有制定有效的防范措施。

②煤矿应对事故抢险救援措施不力。事故发生后，煤矿未按《生产安全事故报告和调查处理条例》（国务院令 493 号）要求及时上报事故，延误了最佳救援时机。煤矿企业有关人员在无防护措施的情况下，盲目组织施救，导致事故伤亡扩大。

③该矿违反相关规定，煤矿安全管理人员“人、证、岗”不符，实际管理人员无证，职工安全培训教育不到位。

④煤矿主要管理人员安全意识淡薄，2013 年未开展事故灾害应急演练，职工应急救援常识缺失，不能有效实施自救与互救。

⑤东宁县煤矿监管部门监管力量薄弱，安全监管不到位。在日常监管中没有督促事故煤矿针对矿井周边火区采取防范措施；未发现该矿矿工入井不随身携带自救器、不检查有害气体等问题；针对东宁县煤管局监控中心对事故煤矿监控系统一氧化碳报警与联网中断问题，没有采取有效措施切实解决。

（4）事故教训和整改措施

1）企业要切实落实安全生产主体责任，加强煤矿安全基础管理。要把“一通三防”作为煤矿安全的重中之重，强化矿井通风管理，确保通风系统可靠，严禁无风、微风、循环风冒险作业。加强煤矿火区的治理，严禁在火区周围进行采掘活动。停产矿井必须做到停工不停风。入井工人必须随身携带自救器。

2）各级煤矿安全管理部门及有关职能部门要加大监管力度，扎实开展“打非治违”专项行动，加强对企业现场的监督检查，严厉打击煤矿非法、违法组织生产行为，督导企业依法依规组织生产，及时发现和整改事故隐患，切实保护矿工生命安全。要针对事故中暴露出的煤矿非法生产问题，制定针对性措施和办法，特别要加强对超层越界、隐蔽工程的专项检查和开工验收管理工作。要按部门职能各司其职，各负其责，形成合力，严厉打击煤矿超层越界及盗采资源的违法行为。

3）要加强应急救援队伍建设。针对救援队伍技术力量不强，设备落后，经验不足，未进行针对性救助演练等问题，要加强队伍建设，配齐充实专业人员，配备专业装备，加强日常训练、演练，提高抢险救灾能力。

4）加强职工安全培训教育。要进一步加强职工的安全教育培训工作，全面提高职工的自主保安意识和安全责任意识，提高管理队伍的素质，杜绝“三违”现象。

（5）相关知识与管理借鉴

在这起事故中，该煤矿违反有关安全法律、法规，矿井停产期间不执行不停电、不停压风自救、不停水、不停通信、不停风、不停瓦斯监测的“六不停”规定，随意停风，造成井下一氧化碳积聚，作业人员进入左二平巷排水，导致一氧化碳中毒事故发生。之后，盲目组织施救，结果又导致9名施救人员死亡。

矿井中毒窒息防治措施主要有以下内容：

1）加强通风，保证井下各通风地点有足够的新鲜空气，并将各种有害气体冲淡到安全浓度以下。

2）矿井通风系统要完整独立，不得与其他矿井共用。

3）加强通风设施管理，局部通风机要使用矿用型，压入式局部通风机和启动装置必须安装在进风巷道中，距回风口不得少于10 m，确保不发生循环风。

4）爆破过程会产生大量有毒有害气体，放炮后必须持续通风半小时以上，有毒有害气体浓度降到安全浓度后人员才可进入爆破地点。

5）在长期停风的地点，有毒有害气体积聚，氧气严重不足。恢复这些地点作业时，事先必须编制专门的安全措施，报矿井技术负责人批准，并严格执行。

6）加强测风测气工作，配备足够的专职瓦斯检查工和瓦斯检测仪器，严格实行瓦斯检查制度。

此外，还需要注意的是，井下发生气体中毒、缺氧窒息事故，在没有采取有效安全措施的情况下，冒险施救非常危险，往往会造成事故扩大。要设法往事故地点供风，施救人员进入事故地点，需要检测氧气和有毒有害气体浓度，确定符合《煤矿安全规程》（国家安全生产监督管理总局令第87号）规定后，方可进入。有自救器、呼吸器时，在新鲜风流处试戴完好后，可2人一组进入事故地点迅速开展抢救。在不具备施救条件时，立即与当地煤炭管理部门或就近的矿山救护队联系，请求协助救援。

41. 某煤业公司工作面无风有害气体涌出人员窒息事故

2012年1月6日5时许，吉林省舒兰市某煤业有限责任公司（本案例中简称煤业公司）发生一起较大窒息事故，造成5人死亡，直接经济损失315.2万元。

（1）企业基本情况

1）企业相关情况。煤业公司始建于 1997 年 8 月，设计生产能力为 4 万 t/a，为私营企业，独资经营。矿井从 2008 年 12 月开始进行施工，至 2011 年 2 月 25 日竣工验收合格，公司“六证”均在有效期内。

2）矿井情况。矿井通风方式为中央并列抽出式，主井入风，副井回风，安装了 KJ19（N）型安全监测监控系统和 KJ529 型人员定位系统，主井右翼越界区域未安装甲烷、一氧化碳等传感器和人员定位系统分站。

矿井于 2011 年 10 月中旬开始，在主井 + 75 m 标高车场以里 27. 5 m 处向主井右翼掘送一条九层运输巷（长度 367 m，其中越界 297 m），在该运输巷拉门点以里 120. 5 m 处掘送了一条主井右翼九层回风巷（长度 680 m，其中越界 510 m），共越界掘送巷道 807 m，非法采出煤炭 1 253 t。该矿隐瞒越界开采行为，逃避监管，煤矿安全监管部门来矿检查时，采取架棚、刹帮等方式封堵越界开采区域的巷道；矿井各种图纸资料、报表、记录中均无越界区域的相关信息。

3）事故发生地点情况。矿井越界区域采用巷道式采煤工艺采煤。在主井+75 m 标高右翼九层运输巷内掘送一条平巷，并沿煤层掘送采煤上山（倾角 12°，煤层厚度 0. 8 m），事故发生前已开采完 2 条采煤上山，第三条采煤上山掘送 21. 5 m，事故发生在第三条采煤上山10 ~ 18. 5 m 范围内。该采煤上山作业地点采用 2. 2 kW 的局部通风机，装设在主井+75 m 标高右翼九层运输巷回风岔口处，循环通风。矿井使用破损且漏风严重的塑编风筒向工作面供风，用铁钉连接风筒，不使用风筒圈，风筒出口距离该采煤上山正头 14 m。作业人员在作业过程中将风筒埋压，致使作业地点无风。

（2）事故经过和救援情况

2012 年 1 月 6 日 0 时，当班出勤 11 人。其中主井左翼+98 m 标高掘进工作面出勤5人，安全矿长石某某带班，掘送七层运输巷；主井+75 m标高右翼九层运输巷采煤上山作业地点6人。主井+75 m标高右翼九层运输巷采煤上山作业地点负责人韩某某验收完上一班工作量后，安排本班正常作业，随即升井。其余5名作业人员进入作业地点作业，事故前出煤6矿车。

5时许，作业人员在采煤上山正头用电镐开帮作业时，打通已开采完的同煤层第二条采煤上山，有害气体涌出，将现场作业的5人熏倒。

8时20分左右，白班安全员高某某来到该工作面时，发现5名作业人员均倒在采煤上山内，立即向投资人宁某某报告，并找来白班刚刚入井的韩某某、张某某等6人盲目组织施救。张某某在进入采煤上山5 m处时，感觉到胸闷、呼吸不畅，便退回到平巷，将采煤上山外部平巷中为主井+75 m标高右翼九层运输巷正下供风的2.2 kW局部通风机开启，并将风筒接到了事故地点采煤上山内，供风一段时间后，再次进行施救。9时左右，救援人员将5名人员救至地面，送至医院，确认均已死亡。

（3）事故原因分析

1）直接原因。作业人员作业时将采煤上山风筒埋压，造成工作面无风；在开帮时打通已开采完的同煤层第二条采煤上山，有害气体涌出，致使5名作业人员窒息死亡。

2）间接原因如下：

①煤业公司通风、瓦斯管理混乱。局部通风机装设位置不合理，循环通风；使用国家明令禁止的塑编风筒且破损漏风严重，风筒出口距离该采煤上山正头14 m，超出供风距离，作业人员作业时又将采煤上山风筒埋压，造成工作面无风作业；安全管理人员不执行瓦斯检查制度，参与并安排他人伪造瓦斯检查日报表；越界区域未安装甲

烷、一氧化碳等传感器。

②煤业公司违法越界掘送巷道，并采用巷道式采煤工艺生产出煤；采取封堵巷道方式，隐瞒越界开采行为，逃避监管。

③煤业公司安全管理混乱，岗位责任制形同虚设，安全生产责任不落实，安全管理人员不履行安全管理职责。矿长应负责矿井全面安全管理工作，实际只负责煤炭销售和物资采购工作，未督促检查本单位的安全生产工作，不能及时消除生产安全事故隐患；生产、安全、技术副矿长应负责矿井的生产、安全、技术工作，实际只负责各自区域的安全管理工作，未对全矿井的安全生产工作进行统一管理；事故地点未编制设计方案、作业规程及安全措施，伪造领导干部下井带班记录；安排未经安全生产教育和培训合格的从业人员上岗作业。

（4）事故教训和整改措施

1）煤矿企业要加强安全管理，落实企业安全生产主体责任。要切实加强矿井“一通三防”管理，严禁无风、微风及瓦斯超限作业，严禁使用国家明令禁止使用的设备和开采工艺，严禁无设计方案施工、无规程作业。

2）矿井要按规定配齐安全管理人员，落实岗位责任，完善并认真执行各项安全管理制度，强化现场安全管理；要认真遵守安全生产法律、法规，切实增强依法办矿和依法管矿意识，严禁越界开采，杜绝隐瞒生产问题。

3）要按规定切实加强对从业人员的安全教育和培训工作，杜绝“三违”作业；要制定切实可行的事故应急预案并定期组织演练，避免发生事故后盲目施救，防止次生灾害发生。

4）有关监管部门要认真履行监管职责，进一步加大监管力度，及时发现并严厉打击越界开采等非法违法行为；督促煤矿企业认真贯彻执行国家有关煤矿安全生产的方针、政策以及相关规定和标准，切实加强安全管理，持续保持安全生产条件。

（5）相关知识与管理借鉴

煤矿生产人员在井下作业，当进入井下没有通风的上山、下山或独头煤岩巷、废弃巷道、老窑、采空区时，由于严重缺氧，有毒有害气体积聚，就可能发生缺氧中毒窒息事故。此外，瓦斯爆炸、煤尘爆炸、矿井爆破等都将产生大量一氧化碳，从而造成人员中毒窒息伤亡。

煤矿井下空气中有毒有害气体种类较多，但常见的主要有一氧化碳、硫化氢、二氧化氮、二氧化硫等。

1）一氧化碳。一氧化碳是一种无色、无味、无臭的有毒气体，能与空气均匀地混合。当空气中含有 0.4%（体积分数）的一氧化碳时，人吸入后就有中毒的危险。《煤矿安全规程》（国家安全生产监督管理总局令第 87 号）规定，煤矿井下一氧化碳的最高允许浓度不得超过 0.002 4%。矿井空气中的一氧化碳主要来自井下爆破、矿井发生火灾以及矿井发生瓦斯、煤尘爆炸等方面。

2）硫化氢。硫化氢属剧毒气体，有强烈的刺激作用，人吸入后能使人患鼻炎、气管炎以及肺水肿等疾病。井下空气中硫化氢达到一定浓度时，人就有中毒死亡的危险。《煤矿安全规程》（国家安全生产监督管理总局令第 87 号）规定，煤矿井下硫化氢的最高允许浓度不得超过 0.000 66%。矿井空气中硫化氢的主要来源是有机物的腐烂、含硫矿物的水解、从老空区和旧巷积水中放出，我国有些矿区煤层中也有硫化氢涌出。

3）二氧化氮。二氧化氮是一种褐红色的剧毒气体，有强烈的刺激气味，对眼睛、呼吸道黏膜和肺部组织有强烈的刺激及腐蚀作用，严重时可引起肺水肿。二氧化氮中毒有潜伏期，它是井下炮烟中毒的主要原因。《煤矿安全规程》（国家安全生产监督管理总局令第

87 号）规定，煤矿井下二氧化氮的最高允许浓度不得超过 0.000 25%。井下空气中二氧化氮气体的主要来源是井下爆破。

4）二氧化硫。二氧化硫是一种剧毒气体，无色，有强烈的硫黄气味及酸味，对眼睛及呼吸系统黏膜有强烈的刺激作用，可引起喉炎和肺水肿。当空气中二氧化硫浓度达到 0.05%时，短时间内即有生命危险。《煤矿安全规程》（国家安全生产监督管理总局令第 87 号）规定，煤矿井下二氧化硫的最高允许浓度不得超过 0.000 5%。井下空气中二氧化硫的来源主要是含硫矿物的氧化和燃烧，含硫矿物爆破以及含硫矿层中都会产生二氧化硫。

42. 某煤矿未执行“三人连锁”放炮制度导致伤人事故

2017 年 11 月 6 日 11 时，某煤矿井下 10-306（1）掘进工作面发生一起放炮事故，造成 1 人死亡，直接经济损失 134.6 万元。

（1）企业基本情况

事故煤矿位于山西省临汾市霍州白龙陈村，于 2011 年 10 月 28 日注册设立，经营范围是原煤开采。

（2）事故经过和救援情况

2017 年 11 月 6 日 5 时 50 分，矿井开拓一队队长张某某主持召开班前会，对本班工作进行安排，并强调了安全注意事项。当班为三小队，出勤 9 人，分别是跟班副队长孙某某，班组长贾某某，副班组长李某某，打眼工钱某某、王某某、朱某某，维护工陈某某，新工人付某某、赵某某。

当班人员于 6 时 40 分在主井口乘车入井，途径 10-301 三联巷时，陈某某和新工人付某某、赵某某在此处卸料，其他人员在 8 时 30 分左右到达 10-306（1）系统巷掘进工作面。经检查，工作面符合开工条件，钱某某、王某某、李某某、朱某某就开始打眼。10 时左右，工作面打眼完毕，首先起爆了工作面下部 29 个炮眼（工作面实际打眼 38 个，分为上部炮眼 9 个，下部炮眼 29 个）。

约 15 min 后，贾某某、卢某某（安全员兼瓦斯检查工）、李某某、施某某（放炮员）进入工作面进行检查。打眼工钱某某从临时火药点将火药背入工作面，放炮员施某某装引药，贾某某、钱某某、李某某往炮眼装药。装完后，钱某某跟放炮员去往临时火药存放点送剩余的火工品，贾某某和李某某连接雷管脚线。连线工作快结束时，贾某某让李某某继续连线，自己去叫放炮员，走到距工作面（10-301 三联巷方向）80 m 左右的地方遇见放炮员施某某，请他进入工作面连接母线。放炮员施某某在没听清楚的情况下就启动发爆器，贾某某听到炮响就对着放炮员施某某说："工作面还有人，怎么就放炮了！"随后贾某某、施某某、副队长孙某某先后赶往工作面，看见李某某躺在工作面上，施某某抱起伤者发现还有其脉搏和呼吸，孙某某查看后立即组织人员对伤者进行简单包扎，并报告调度室，同时和打眼工钱某某、朱某某、王某某等人，用担架将伤者抬至 400 水平站台，从立井运出，随后送往洪洞县人民医院，伤者经诊断已经死亡。

（3）事故原因分析

1）直接原因。施某某未履行连接放炮母线并最后离开工作面的职责，在未执行"三人连锁"放炮制度的情况下直接启动发爆器，导致事故发生。

2）间接原因如下：

①班组长贾某某、安全员卢某某未认真履行安全监督职责，未执行"三人连锁"放炮制度。

②副班组长李某某违规将工作面雷管脚线和放炮母线连接。

③未按照 10-306（1）系统巷掘进工作面作业规程的规定采用全

断面一次起爆，而是采用2次装药2次起爆的方法。

④教育培训不到位，职工自保、互保意识差。安全管理及安全监督检查指导不到位。

（4）事故教训和整改措施

1）煤矿要进一步加强职工安全教育和培训，不断提高职工素质和安全意识，增强职工自保和互保能力，防范麻痹思想；加大反“三违”力度，杜绝违章作业行为，确保“一炮三检”和“三人连锁”放炮等有关煤矿安全生产的规章制度、规程措施落实到现场。

2）要严格落实安全生产责任制。按照安全生产管理权限，层层落实，责任到人，做到每项工作都有责任人负责监督管理，形成从上到下层层负责的模式，消除安全管理上的漏洞。

3）结合本单位事故，开展一次反思教育活动，认真吸取事故教训，举一反三，查找生产安全漏洞，完善相关管理措施，有效防范和遏制生产安全事故，切实落实企业安全生产主体责任，夯实基础管理工作。

（5）相关知识与管理借鉴

在这起事故中，放炮员、班组长、安全员3人没有认真履行“三人连锁”放炮制度，放炮员也没有履行连接放炮母线并最后离开工作面的职责，直接启动发爆器，导致事故发生。

“三人连锁”放炮制度，是为了保证放炮安全、避免错误操作而专门设计的一种制度。“三人连锁”放炮的“三人”具体指班组长、安全员和放炮员，安全员由采掘队指定专人兼任。

当班放炮员必须持“放炮警戒牌”，班组长必须持“瓦斯检查牌”，安全员必须持“允许放炮牌”。拿牌人员必须管好自己所持牌子，并核对牌子内容，防止拿错，牌子不得交给他人保管或由他人转交。“三人连锁”放炮实行交牌制，按换牌流程进行爆破作业。

“三人连锁”放炮具体作业程序如下：

1）放炮员检查雷管脚线连线情况，准确无误后，将“放炮警戒牌”交给班组长。

2）班组长接到“放炮警戒牌”后，认真检查顶板、支护、风量、工具设备、洒水等放炮准备工作，经检查处理，确认放炮准备工作无误，达到放炮条件时，组织人员撤离到规定的安全地点躲避，派专人在可能进入爆破地点及附近的所有通路上，按作业规程规定设置警戒。班组长必须清点人数，确认无误后，方准下达放炮命令，将自己携带的“瓦斯检查牌”交给班组安全员。

3）班组安全员接到“瓦斯检查牌”后，利用便携式甲烷检测报警仪对爆破地点 20 m 以内风流中的瓦斯浓度进行检测，将检测结果及时记录到“一炮三检”手册上。瓦斯浓度超过规定时，严禁进行爆破作业，撤出人员并报告调度室。瓦斯浓度在 1%（体积分数）以下，没有明显煤尘飞扬，符合放炮规定后，安全员方可将自己携带的“允许放炮牌”交给放炮员。

4）放炮员接到“允许放炮牌”后，才允许将放炮母线与连接线连接，最后离开爆破地点，按作业规程规定的位置和距离，到指定地点发出放炮警示信号后进行放炮。

5）放炮后，待炮烟吹净（一氧化碳浓度降到 0.002 4%以下），放炮员、班组长、安全员 3 人共同巡视爆破地点，检查通风、瓦斯、煤尘、顶板、支护、瞎炮、残炮等情况，安全员必须对放炮地点瓦斯进行检查，如有危险情况，必须立即处理，确认安全，方可由班组长解除警戒，恢复工作面工作。

6）放炮工作结束，3 牌各归原主。

43. 某矿业公司人员井口作业回收电缆未佩戴安全带坠井事故

2011年9月16日0时25分，淮北某矿业有限责任公司（本案例中简称矿业公司）在风井回收井筒电缆时发生一起人员坠井事故，死亡4人，直接经济损失474.9万元。

（1）企业基本情况

矿业公司于2007年9月11日成立，位于安徽省淮北市杜集区石台镇刘庄，从事煤炭开采、洗选煤等。

（2）事故经过和救援情况

2011年9月16日0时25分，某建设集团第一工程处（本案例中简称第一工程处）正在风井处进行施工作业。当回收的井筒电缆距离井口还有350 m左右时，悬吊电缆的钢丝绳突然断裂，导致已回收到井上的130 m左右电缆滑入井中。在井口实施作业的4名工人被电缆带入井下，致使4人坠井身亡。

（3）事故原因分析

1）直接原因。作业人员违反安全技术措施的规定施工，未将回收的电缆缠在滚筒上，井口作业未佩戴安全带。

2）间接原因如下：

①项目部管理不到位。

②矿业公司安全管理不到位。

③第一工程处安全监督管理不到位。

④监理公司监理职责履行不到位。

（4）事故教训和整改措施

1）矿业公司要立即停止建设，认真排查事故隐患，经上级主管部门验收合格后方可建设。

2）矿业公司要严格落实安全管理制度，加强对施工队伍的管理，加强对职工的安全教育培训。

3）项目部要强化现场和技术管理，加强对职工的安全教育和培训。

4）第一工程处要加强安全管理，配齐安全管理人员。

（5）相关知识与管理借鉴

在这起事故中，在井口实施作业的 4 名工人有些麻痹大意，未将已经回收到井上的 130 m 左右电缆缠绕到滚筒上，当悬吊电缆的钢丝绳突然断裂，电缆滑入井中，把 4 人带入井下，造成高处坠落事故。

《煤矿安全规程》（国家安全生产监督管理总局令第 87 号）关于防止坠落的要求如下：立井井口必须用栅栏或者金属网围住，进出口设置栅栏门。井筒与各水平的连接处必须设栅栏。栅栏门只准在通过人员或者车辆时打开。之所以这样规定，就是预防有人在行走或作业时，从井口坠落。

煤矿生产作业不像建筑施工那样经常发生高处坠落事故，因而也就不像建筑施工那样格外重视临边作业、洞口作业安全。《建筑施工高处作业安全技术规范》（JGJ 80—2016）中规定：高处作业是指在坠落高度基准面 2 m 或 2 m 以上有可能坠落的高处进行的作业。

按照《建筑施工高处作业安全技术规范》（JGJ 80—2016）的要求，当临边作业时应注意以下事项：

1）坠落高度基准面 2 m 及以上进行临边作业时，应在临空一侧设置防护栏杆，并应采用密目式安全立网或工具式栏板封闭。

2）分层施工的楼梯口、楼梯平台和梯段边，应安装防护栏杆。外设楼梯口、楼梯平台和梯段边还应采用密目式安全立网封闭。

3）建筑物外围边沿处，应采用密目式安全立网进行全封闭，有外脚手架的工程，密目式安全立网应设置在脚手架外侧立杆上，并与脚手杆紧密连接；没有外脚手架的工程，应采用密目式安全立网将临边全封闭。

4）施工升降机、龙门架和井架物料提升机等各类垂直运输设备设施与建筑物间设置的通道平台两侧边，应设置防护栏杆、挡脚板，并应采用密目式安全立网或工具式栏板封闭。

5）各类垂直运输接料平台口应设置高度不低于1.80 m的楼层防护门，并应设置防外开装置。多笼井架物料提升机通道中间，应分别设置隔离设施。

44. 某煤矿人员高处作业未系安全带导致坠落造成事故

2015年9月4日12时52分，某煤矿综采一队发生一起登高作业坠落事故，造成1人死亡。

（1）企业基本情况

该事故煤矿始建于1987年10月，1996年正式投产，全矿有人员945人。

（2）事故经过和救援情况

2015年9月4日7时20分，该矿综采一队正常组织召开班前会，采煤技术员陈某某主持并对安全生产具体工作进行了安排，书记沈某某对井下安全注意事项进行了强调。

8时30分组织入井，人员到达工作面后，跟班队长郝某某安排当班人员在52302运输顺槽放绞车钢丝绳，拆卸移变轨道螺栓，为第二天作业做准备。

大约11时07分，班长康某某巡查发现回风巷排水管路拆除完毕，于是带着李某某、高某某、张某某、白某、赵某某等7人去52302回风顺槽距工作面38 m水仓与顺槽交叉口处补打木点柱。

12时52分，作业人员打了3组6根木点柱，第七根木点柱运到位后立起，其中4人去抬另一根木点柱。其间班长康某某安排李某某在下面扶着木点柱，副班长高某某站在爬梯上扶着木点柱的上面，康某某去拿铁丝准备固定木点柱。随后高某某叫李某某去拿木垫板和木楔子准备加固，自己一个人扶着木点柱。李某某松手离开时听到有人喊“倒了，倒了”，回头发现木点柱倾倒，高某某抱着木点柱摔下来，导致木点柱砸在高某某胸部。现场人员发现后立即施救，矿立即启动应急预案，并将其送往医院进行抢救，高某某经抢救无效于13时28分死亡。

（3）事故原因分析

1）直接原因。副班长高某某在打木点柱作业时，站在2 m以上的作业平台上操作时未系安全带，又将协同作业人员李某某派到2 m外爬梯下取木垫板、木楔子，在无人协同配合的情况下违章作业，导致从平台上坠落造成事故。

2）间接原因如下：

①综采一队在打木点柱作业前，未根据现场作业情况详细编制打木点柱标准作业流程，部分操作人员对打木点柱操作程序不熟练。《52302综采工作面回顺顶帮管理专项措施》中规定：“木点柱扶起后，需3人配合扶住木点柱，保证木点柱不偏头、不摆动；1人扶住爬梯，1人传递木垫板及木楔子，1人登三级爬梯用木垫板和木楔子将木点柱楔实，木点柱楔实后用铁丝将木点柱与顶板连接牢靠。”现场作业人员操作过程中，在未将木点柱楔实并与顶板连接牢靠的情况下，班长康某某和副班长高某某商量决定进行下一道工序，未严格执行措施中的相关规定。

②现场危险源辨识、评估不到位，员工对打木点柱作业时可能发生的危险认识不到位。综采一队对打单体作业进行了详细的危险源辨识，并制定了预控措施，但未对打木点柱作业进行危险源辨识，队领导仅在班前会进行了口头强调。现场作业人员在操作过程中，也未对

打木点柱作业进行危险源辨识和风险评估。

③综采一队在52302工作面回风顺槽支护高度发生变化时，未制定专项安全技术措施。52302工作面回风顺槽正常段高度4~4.2 m，但事故地点巷道高度为4.7~4.9 m。一方面，综采一队对作业爬梯未进行改制加高；另一方面，顺槽高度发生变化时，现场作业人员也未采取有效的防范措施。

④当班班长康某某和其他作业人员对高某某的违章行为没有及时制止，员工的自保、互保、联保意识差。

⑤煤矿日常安全管理不到位，对员工不安全行为未采取有效的管控、纠偏措施。

（4）事故教训和整改措施

1）煤矿要组织全员进行岗位危险源再辨识、标准化作业流程再学习，对于每一项工作任务都必须编制标准化作业流程，并培训贯彻到每位作业人员，确保全员考试过关，不合格者严禁上岗作业。

2）各矿井要利用班前会、调度会，立即将本次事故通报到全体员工，深刻吸取事故教训。各生产及生产辅助单位要组织进行巷道支护作业危险源再辨识，对可能发生事故的危险源重新进行梳理、辨识，制定并落实针对性管控措施。

3）各单位要全面加强安全技术培训，现场作业人员必须熟练掌握作业流程，严禁违章指挥、违章作业，切实提升员工安全操作技术水平和自保、互保、联保意识。

4）各单位要全面提高调度会和班前会质量，安排工作任务时，要将安全责任细化分解到每位员工。班前会上必须对当班生产作业任务进行全面的危险源辨识及风险评估，并制定相应的安全技术措施。现场作业人员对于临时安排的工作任务，必须进行危险源再辨识和风险再评估，采取针对性预控措施后，方可作业。

5）各单位要结合危险源辨识成果编制岗位标准作业流程，当工作面作业环境或条件发生变化时，及时组织进行危险源梳理、辨识，制定落实针对性安全措施，完善岗位标准化作业流程。

6）各单位跟班、带班领导必须明确岗位职责和任务，全面掌握当班各项生产活动和工作任务，全面落实当班现场监管职责，不断加大员工违章作业行为的查处和打击力度。对重点工作的关键部位和环节，要严加盯防，做到心中有数，消除管理盲区。带班队长和班长要合理安排当班工作任务，严格贯彻执行安全技术措施，切实加强现场生产组织管理。

（5）相关知识与管理借鉴

在这起事故中，作业人员站在 2 m 以上的作业平台上操作，既没有系安全带，又将协同作业人员派到 2 m 外爬梯处取木垫板、木楔子，在无人协同配合的情况下违章作业，导致从平台上坠落造成事故。

按照规定，在坠落高度基准面 2 m 或 2 m 以上有可能坠落的高处进行的作业称为高处作业。高处作业包括临边作业、洞口作业、攀登作业、悬空作业、操作平台作业（移动式操作平台作业、落地式操作平台作业、悬挑式操作平台作业）、交叉作业等。

在施工中，高处作业经常发生坠落事故，因而对高处作业的管理极为严格。在进行高处作业前，要做到以下几点：

1）高处作业施工前，应对作业人员进行安全技术教育及交底，并应配备相应的劳动防护用品。

2）高处作业施工前，应检查高处作业的安全标志、安全设施、工具、仪表、防火设施、电气设施和设备，确认其完好，方可进行施工。

3）高处作业人员应按规定正确佩戴和使用高处作业劳动防护用品、用具，并应经专人检查。

4）对施工作业现场所有可能坠落的物料，应及时拆除或采取固定措施。高处作业所用的物料应堆放平稳，不得妨碍通行和装卸。工具应随手放入工具袋；作业中的走道、通道板和登高用具，应随时清理干净；拆卸下的物料及余料和废料应及时清理运走，不得任意放置或向下丢弃。传递物料时不得抛掷。

5）施工现场应按规定设置消防器材，当进行焊接等动火作业时，应采取防火措施。

6）在雨、霜、雾、雪等天气进行高处作业时，应采取防滑、防冻措施，并应及时清除作业面上的水、冰、雪、霜。

7）当遇有 6 级以上强风、浓雾、沙尘暴等恶劣气候，不得进行露天攀登与悬空高处作业。暴风雪及台风暴雨后，应对高处作业安全设施进行检查，当发现有松动、变形、损坏或脱落等现象时，应立即修理完善，维修合格后再使用。

8）需要临时拆除或变动安全防护设施时，应采取能代替原防护设施的可靠措施，作业后应立即恢复。

对这起高处坠落事故，应该吸取教训，狠抓不安全行为治理工作，加大查处和处罚力度，特别要加大对管理层带头违章、违章指挥、习惯性违章、集体违章等行为的处罚力度，发现一起查处一起，给予严厉的行政处罚和责任追究，做到“处理一个人，教育一批人”，让安全的警钟长鸣。

45. 某煤矿电工进行检查时未进行验放电导致触电事故

2012 年 6 月 3 日 8 时，某煤矿变电所发生一起机电事故，造成 1 人死亡。

（1）企业基本情况

事故煤矿隶属于某矿业（集团）有限责任公司（本案例中简称

矿业公司)。矿业公司是全国520家大型企业集团之一，有12处生产矿井和14个子公司，资产总额1 490亿元。

事故煤矿成立于2013年12月10日，经营煤炭开采与销售（有效期至2016年11月25日）等。

（2）事故经过和救援情况

2012年6月3日早班，保供队班长安排4名电工到井下变电所对4台干变式变压器及其安装质量进行送电前检查。8时，电工到达现场，进行分工检查。

在检查干变式变压器时，一名电工未进行开关编号确认，在处理过程中，被另一名电工叫到别处处理接线柱螺栓松动问题，处理中发生巨响及火光，一人被电击中，后经抢救无效死亡。

（3）事故原因分析

1）直接原因。电工在进行检查时，未进行验放电，带电作业，导致触电。

2）间接原因如下：

①作业前未进行安全确认，无现场跟班。

②技术管理不到位。

③职工安全教育不到位，作业人员安全意识不强，自保、互保、联保不到位。

（4）事故教训和整改措施

这是一起由于电工作业违反安全操作规程而导致的生产安全责任事故，事故企业应从事故中吸取以下教训：

1）在进行检查作业时，先用试电笔设施进行验电，确认不带电后再进行作业。

2）在带有金属顶棚的建筑物上作业前，应戴好绝缘手套，穿绝缘鞋，并对顶棚进行验电，接好地线；作业人员离开顶棚后，在拆除地线时，身体不准触及地线。

3）如果安全距离达不到要求时，必须事先与电力部门联系停止送电，并有专人看管，经验电确认停电后再作业。作业时仍须戴绝缘手套，穿绝缘鞋，戴安全帽，使用绝缘钳子。

（5）相关知识与管理借鉴

由于煤矿井下环境特殊性，发生漏电与触电的概率远比一般地面工业环境高，因此必须采取有效措施，预防这类电气事故的发生。

结合煤矿井下的具体情况，可采取以下措施：

1）加强井下电气设备的管理和维护，定期对电气设备进行检查和试验，性能指标达不到要求的，应立即更换。

2）将带电导体、电气元件和电缆接头等，都封闭在坚固的外壳内。在电气设备的外壳与盖子间设置可靠的机械闭锁装置，以保证合上外盖前不能接通电源，或者在接通后便不能打开外盖。这一措施可以有效防止因带电检修而造成的触电事故。

3）加强手持式电动工具把手的绝缘。这类把手在正常时本来是不带电的，但当带电部分的绝缘损坏时，把手便有可能带电而引起触电事故，所以必须在把手上再加一层绝缘套，以形成双重保护。

4）对人身接触机会较多的电气设备，采用较低的额定电压。例如，手持式电钻、照明设备及信号装置的额定电压不得超过 127 V，井下各种电气控制回路的额定电压限制在 12~42 V。

5）井下配电变压器的中性点禁止直接接地，以减小漏电或触电电流。井下若采用中性点直接接地的供电系统，发生漏电或人身触电的情况将有所不同，此时，漏电或触电电流入地后就直接经过接地极回到变压器的中性点。由于接地极的电阻很小（几欧姆），电源相电压几乎全部加在漏电过渡电阻或人体电阻上，危险性极大。

八、铁矿、铜矿、金矿常见事故

金属矿山（铁矿、铜矿、金矿等）开采是一个综合性的技术行业，涉及地质、采矿、通风、运输、安全、机电和电气、爆破、环境保护及企业管理等多方面的内容。因受自然地理条件等因素的影响，矿山开采活动的空间和场所处在不断变化的过程中，工作环境和安全状况非常复杂，有的甚至十分恶劣，安全生产受到很大威胁。尤其是近年来，大量中小矿山企业不断涌现，给矿山安全生产工作带来很大压力。这些中小企业规模小，开采技术落后，作业环境差，安全生产投入不足，加之企业安全管理混乱，致使违章指挥、违章作业现象屡禁不止，伤亡事故频频发生。对此，金属矿山企业需要深刻吸取事故教训，认真落实《金属非金属矿山安全规程》（GB 16423，以最新版为准），积极做好事故预防工作。

46. 某铁矿人员违章进入作业面进行凿岩顶板冒落事故

2014 年 4 月 6 日 9 时左右，承德某铁矿北山采区 Fe4 矿体发生一起冒顶片帮事故，造成 2 人死亡，直接经济损失约 185 万元。

（1）企业基本情况

1）企业相关情况。事故铁矿位于河北省承德县头沟镇上苍子村，由 4 家铁矿整合而来，相关证照均在有效期内。该矿 2014 年 5 月新增铁矿石开采。涉事企业事故铁矿北山采区 Fe4 矿体为独立法人单位。

2）北山采区 Fe4 矿体工程情况。该采区为独立的生产系统，设计开采方式为地下开采；开拓方式为竖井开拓运输，下盘斜坡道回风；采矿方法为平底结构浅孔留矿法；排水方式采用井下集中排水。根据相关要求，老采空区未进行治理，安全设施“三同时”不予验收，故企业聘请承德市某环境工程设计有限责任公司编制采空区治理方案。设计主要采用“崩落法”处理采区，于各中段下盘布置脉外巷道，通过石门揭露采区，之后将石门作为爆破硐室，穿凿束状中深孔爆破，自上中段向下中段依次崩落下盘围岩及采空区顶部隔离矿柱，将顶部中段与地表露天坑底和边帮崩通，然后崩落露天采坑边帮，并通过露天采坑边缘利用废石回填采空区。事故发生地点为采空区治理工程 488 水平脉外巷道。

（2）事故经过和救援情况

2014 年 4 月 6 日 9 时左右，事故铁矿北山采区 Fe4 矿体安全科科长黄某某及凿岩工方某某、李某某下井作业。3 人途经 488 水平空压机室，黄某某发现空压机有故障，就过去检修。方某某和李某某未经批准私自前往掘进巷道，10 多分钟后，方某某和李某某被掘进巷道顶板掉落下来的石头砸中。

事故发生后，正在检修空压机的安全科科长黄某某听见响声后立刻跑过去，发现方某某和李某某被石头砸中，便立刻上报给安全副总吕某某，同时电话通知田某某。吕某某立即组织人员进行救援，将方某某和李某某挖出时，方某某和李某某已经死亡。

（3）事故原因分析

1）直接原因。在掘进巷道作业面未经排险处理和安全确认的情况下，方某某、李某某违章作业，违反安全管理制度，私自进入作业面进行凿岩作业，顶板冒落导致 2 人被砸致死。

2）间接原因如下：

①安全管理不到位，安全生产管理制度未有效执行。未执行爆破后对爆破作业地点排险作业制度，未执行进入作业场所对现场进行安全确认等制度。建立了相关安全生产规章制度，但在实际运行中从业人员未能有效落实。

②培训教育流于形式，安全教育和培训不到位。从业人员安全意识薄弱，对危险、有害因素未能引起足够重视，对掘进作业面顶板危害认识不清。

③隐患排查治理未按规定开展，从业人员进入作业现场未采取防范措施，未落实敲帮问顶等防范措施，未及时消除事故隐患。

（4）事故教训和整改措施

1）要切实加强安全管理。建立健全安全生产规章制度，完善操作规程，强化制度和操作规程的落实，并严格落实到位，杜绝“三违”现象，全面提升安全管理水平。

2）加强安全培训教育。全面提高从业人员专业素质及安全意识，使从业人员真正了解作业场所、工作岗位存在的危险、有害因素，掌握相应的防范措施、应急处置措施和安全操作规程。

3）开展安全生产大检查。结合本次事故，在公司内部全面开展安全检查及隐患排查活动，对检查中发现存在问题的部位要制定切实可行的解决方案，做到整改责任人、时限、资金、措施、预案“五落实”。

4）落实事故报告制度。主要负责人及安全管理人员要认真学习有关法律、法规，进一步落实安全生产工作“党政同责、一岗双责”

的重要指示精神，加强对安全生产工作的领导，加大安全监督检查的力度，确保安全生产形势持续稳定向好。

（5）相关知识与管理借鉴

在这起事故中，在掘进巷道作业面未经排险处理和安全确认的情况下，作业人员就违章作业，结果发生冒顶事故。从这起事故可以看出，事故企业安全管理不到位，安全生产管理制度未有效执行。

矿山企业井下开采，危险性比较大，必须要认真做好安全管理工作。金属非金属地下矿山企业，要做到以下几点：

1）必须证照齐全有效，安全生产管理机构健全或配备专职安全管理人员，安全生产责任制落实，外包工程安全管理到位。

2）必须确保矿领导下井带班，全员培训合格，“三项岗位人员”持证上岗。

3）必须按规定设置安全出口并保持畅通，严禁独头开采。

4）必须建立机械通风系统，局部通风管理安全可靠。

5）必须配齐自救器和便携式气体检测仪。

6）必须加强顶板管理和采空区监测、治理。

7）必须落实探放水制度，加强水害隐患治理。

8）必须确保提升、运输设备安全可靠，严禁使用国家明令淘汰和未经检测检验合格的设备、材料。

9）必须落实爆破器材库和爆破作业安全管理。

10）必须建立专（兼）职应急救援队伍，确保救援装备和物资配备及应急演练到位。

47. 某铁矿排险过程中顶板浮石突然掉落造成冒顶事故

2016 年 8 月 9 日，承德宽丰某矿业有限公司（本案例中简称矿业公司）某铁矿二采区发生一起冒顶事故，造成 1 人死亡，直接经济损失 90 万元。

（1）企业基本情况

1）企业相关情况。事故铁矿位于河北省宽城满族自治县峪耳崖镇北大岭村，1986 年建矿，1987 年投入使用，是一家采、选一体的民营企业，在册职工 83 人。经营范围为铁原矿采选、生产和铁精粉销售。该矿证照齐全有效。

2014 年 6 月 15 日，矿业公司将事故铁矿二采区井下开拓、采准、切割、采矿工程发包给温州某建设工程有限公司（本案例中简称温州公司），并签订了“非煤矿山外包工程安全生产管理协议”，明确了双方的安全管理职责和责任。温州公司承德分公司设立事故铁矿二采区项目部（本案例中简称项目部），并委派颜某某担任项目部负责人。矿业公司负责对该项目采掘过程中安全生产工作进行统一协调和管理，并对发生生产安全事故的后果承担安全生产监督管理总体责任，温州公司对发生生产安全事故的后果承担一切安全管理和法律责任。

2）生产情况。事故铁矿二采区由北沟竖井、大竖井和斜井组成，2 条竖井在 175 水平分别向下延伸 2 条盲竖井，分别为北沟盲竖井、大竖井盲竖井。北沟竖井有 3 个生产水平，即 125 水平、75 水平和 25 水平。事故发生时，125 水平 2 号脉西翼共有 5 个采场，第一、二、三采场已采矿完毕，第四、五采场正在进行采矿作业，第四采场已采到第四联络道。第四、五采场作业人员从同一条天井进入。事故地点为第五采场，矿房长 50 m，高 50 m，矿体厚度约 8 m，已采到第二联络道，事故发生当日该采场东侧准备进行凿岩作业。

（2）事故经过和救援情况

1）事故发生经过。2016 年 8 月 9 日 6 时 50 分，项目部凿岩工陈某某、王某某乘罐下井到北沟盲竖井井下一中段（125 水平）西翼第五采场进行凿岩作业，7 时 10 分左右到达工作地点。2 人休息一会儿后开始进行顶帮排险作业，陈某某持撬棍排险，王某某在一旁监护。7 时 30 分左右，陈某某见排险工作已快完成，就让王某某到距排险处七八米远的地方整理风枪和风管。约 5 min 后，王某某听到采场里有落石声音，就立即跑过去，发现陈某某趴在料堆上，其头部有血，人处于昏迷状态。

2）应急救援情况。事故发生后，王某某呼喊相邻采场（第四采场）作业人员李某和田某请求救援。田某和李某从第四联络巷沿天井下至第二联络巷与王某某会合，随后田某下天井去打电话通知井上，李某同王某某进入采场查看情况，2 人发现伤者较重后，就从天井下来到巷道找人，正好碰到工人刘某某赶来救援。3 人返回现场，由王某某抬陈某某头，刘某某抱腰部，李某抬脚部，将其救至天井口，这时工人田某也赶到，几人共同将陈某某救至天井下部，沿巷道向外抬。此时施工队队长张某某带人赶到，并让吴某某电话通知井口准备车辆，8 时 40 分左右将伤者从大竖井乘罐救至井口，随后送至宽城县中医院，14 时 10 分左右陈某某经抢救无效死亡。

（3）事故原因分析

1）直接原因。在排险过程中顶板浮石突然掉落，砸中工人陈某某致其死亡。

2）间接原因如下：

①项目部现场安全管理不到位。安全管理人员和作业人员在作业前没有对作业现场安全状况进行认真检查和确认，工人陈某某在处理顶板浮石过程中对作业风险估计不足，违规冒险作业。

②项目部管理人员职责不清。管理人员、带班领导与实际工作岗位不符，责任不明确，履职不到位。

③项目部安全生产教育培训不到位。项目部对职工安全培训缺乏针对性、实用性，职工安全意识淡薄、疏忽大意，未严格执行浮石管理制度规定，未起到双人互保作用。

④采区安全管理单位安全监管责任落实不到位，监督检查不到位。

（4）事故教训和整改措施

这是一起因职工安全意识淡薄、违规作业而引发的一般生产安全责任事故。

1）要认真落实企业安全生产主体责任，吸取事故教训，举一反三，确保安全生产责任制、规章制度、操作规程和安全措施切实落到实处，消除事故隐患，杜绝类似事故。

2）要委托具备矿山相应资质的单位对所辖地下矿山生产系统开展一次全面的安全生产大检查，并将排查结果和落实情况报县安委办备案。

3）要开展全员（含外埠施工项目部）警示教育活动。重点分析事故经过和原因，并对相关责任人员进行通报，提高员工安全意识和危险因素辨识能力，做到人人受警示、人人受教育。

4）要重新核定项目部的安全管理人员、带班领导，确保岗位与人员相一致，切实做到职责明确、履职尽责，并严格落实领导带班下井制度。

5）要对该项目部的安全培训教育加强监督、指导，培训教育内容要有针对性和实操性。

6）要加强对所辖施工项目部的统一协调和监督管理，严格按照相关规定和安全管理协议履行职责，并加强作业现场的安全管理，强化作业前的安全确认制度，确保安全生产。

（5）相关知识与管理借鉴

在这起事故中，项目部2名作业人员在排险过程中顶板浮石突然掉落，导致人员伤亡。在间接原因中，项目部现场安全管理不到位，管理人员职责不清，安全管理人员和作业人员在作业前没有对作业现场的安全状况进行认真检查和确认，是造成事故的重要原因。

这起事故涉及对项目部作业人员的安全管理，即对外协单位的安全管理。在这一方面，可以借鉴某铁矿三级管控外协单位安全管理的做法。

该铁矿外协单位众多，多数外协单位安全管理机构人员配置不足、安全管理粗放，现场存在大量事故隐患，而且多数外协职工安全技能水平低下，安全意识淡薄，安全管理难度较大。

针对这些问题，该铁矿在外协单位安全管理中应用了三级管控模式，具体内容如下：

第一级为契约式管控模式，适用于独立工作型项目承包的外协单位。承包单位在独立的区域自主开展工作，空间界面和工作界面责任清晰，不与该铁矿发生交叉作业，日常生产作业过程也不存在与用工单位之间的安全确认和联系。此时可使用第一级管控模式，将外协单位视同该铁矿的一个作业区进行管理。

第二级为集中一贯制管控模式，适用于项目承包单位与该铁矿存在交叉作业的安全管理。外协单位以工程项目承包方式，承包该铁矿生产、检修、建设施工等工程项目，与该铁矿时间、空间、流程上有相关联或相交叉的作业时，可使用第二级管控模式，将外协单位视同该铁矿的一个班组进行安全管理。

第三级为一体化管控模式，适用于劳务派遣外协业务的安全管理。各作业区、直属单位作为劳务派遣的外协职工的使用主体，将外协职工视同作业区、直属单位班组职工，进行安全教育、检查和管理。该铁矿内部相关管理制度、规定、作业标准（包括安全管理制度、职业健康安全管理制度）等，均适用于对外协职工的管理，外协职工与本单位在职职工同管理、同要求、同激励、同考核。

该铁矿通过实施外协安全三级管控模式，实现了连续多年外协单位生产性工亡、重伤事故为零的目标，为铁矿长周期、科学安全地发展提供了坚实的基础。

48. 某金矿人员撬碴作业站在排险点同一侧导致冒顶事故

2013 年 7 月 9 日，丰宁某工业有限公司（本案例中简称丰宁公司）某金矿发生一起冒顶事故，造成 1 人死亡，直接经济损失 92 万元。

（1）企业基本情况

1）企业相关情况。事故金矿位于河北省丰宁县土城镇榆树沟村，2000 年建矿，属民营企业，年产矿石 4 万 t，有 3 个采矿系统和 1 座选矿厂，从业人员 300 人，已有 1 个系统取得了安全生产许可证，另外 2 个系统处于基建期。企业另有 1 个探矿权，勘查面积 18.45 km^2。

2）工程情况。事故发生在事故金矿二道沟矿区二中段。2012 年 12 月 25 日，丰宁公司与浙江某建设有限公司（本案例中简称建设公司）签订了探矿工程承包合同书，合同工期为 1 年，自 2013 年 1 月 1 日起至 2013 年 12 月 31 日止。2012 年 11 月 2 日，建设公司成立驻丰宁公司项目部，并授权委托周某某全权代理丰宁公司二道沟矿区探矿工程施工管理相关事宜。2013 年 9 月，探矿工程停止，巷道废弃。

（2）事故经过和救援情况

2013 年 7 月 9 日 21 时左右，周某某带领郝某某、代某某、张某某、周某某进入二道沟矿区二中段，郝某某进行撬碴，周某某用手电为其照明，另外3人在后面等待。在进行撬碴排险作业过程中，突然发生冒顶，落下的岩石（长约1.2 m，宽约0.6 m，厚约0.3 m）砸在郝某某头部左侧，郝某某随即倒在身后为其照明的周某某怀中。

事故发生后，周某某立即用巷道内有线电话通知井口人员备车，同时代某某、张某某、周某某轮流将郝某某背到井口，用项目部面包车送往丰宁县医院，22时左右到达县医院进行抢救，23时左右郝某某经抢救无效死亡。

（3）事故原因分析

1）直接原因。郝某某在撬碴作业时，站在巷道排险作业点同一侧，违章冒险作业，被冒落的岩石砸中头部死亡。

2）间接原因如下：

①周某某、郝某某安全意识淡薄，进行排险作业前对作业现场危险、有害因素未充分辨识。

②企业安全管理不到位。建设公司对驻丰宁公司项目部疏于管理。丰宁公司忽视对承包方的安全管理和日常检查，在项目部发生事故后未能及时发现。

（4）事故教训和整改措施

这是一起因员工作业过程中操作不当及企业管理不善造成的安全生产责任事故。

1）加强外包施工队伍管理。事故金矿要加强对外包工程的安全管理和日常检查，将外包工程纳入企业内部管理，对其安全工作实行统一协调管理。

2）吸取事故教训。建设公司要吸取本次事故的教训，加强对派驻项目部的安全管理，强化对从业人员的培训教育，增强员工的安全意识，杜绝类似事故再次发生。

3）组织学习法律、法规及公司各项安全规章制度，提高自身安全管理知识水平，对发生的事故要及时、如实进行上报，杜绝迟报、瞒报、谎报、漏报问题的发生。

（5）相关知识与管理借鉴

非煤矿山开采危险性较大，在统计分析中发现，除中毒窒息、火灾、透水、爆炸、坠罐跑车等事故，冒顶坍塌的事故也较为多发，约占事故总量的 21.9%；死亡人数约占总人数的 21.1%，排在事故发生率的第一位。因此，有效防范冒顶坍塌事故，是减少事故总量和遏制较大事故多发的重中之重。

预防冒顶坍塌事故，要注意做好以下 3 项工作：

1）加强顶板管理，落实顶板分级管理制度。一是确保井下检查井巷和采场顶帮稳定性及撬浮石、进行支护作业的人员经专门的安全技术培训并考核合格，持证上岗。二是坚持回采作业前，必须敲帮问顶，处理顶板和两帮的浮石，确认安全后方可进行作业。大力推广撬毛台车代替人工撬毛作业。严禁在同一采场同时凿岩和处理浮石。三是发现冒顶预兆，应停止作业进行处理。发现大面积冒顶危险征兆，应立即通知井下人员撤离现场，并及时上报。

2）加强支护加固。一是加强工作面顶板的支护与维护，及时进行永久支护和临时支护，杜绝空顶下作业。二是对所有支护的井巷定期进行检查，及时更换和维修变形的支架。

3）强化地压和采空区管理。一是所有矿山企业必须摸清矿区范围内的采空区，禁止人员进入老窿及采空区采矿。二是采用留矿法、空场法采矿的矿山，特别是非金属矿山，要按照设计方案及时对采空区进行处理，严禁出现大面积未处理的采空区。三是严禁擅自回采保安矿柱。四是要加强地压监测工作，工程地质复杂、有严重地压活动，以及 800 m 以上的深井矿山要建立并严格执行采空区监测预报制度和定期巡查制度；必须建立地压监测系统，发现大面积地压活动预兆，应立即停止作业，将人员撤至安全地点。五是地表塌陷区要设明显标志，并设置栅栏防止人员进入，通往塌陷区的井巷必须封闭，人员不得进入塌陷区。

49. 某矿业公司人员违反撬碴工操作规程被岩石砸中冒顶事故

2013 年 12 月 16 日 11 时 10 分，平泉县某矿业有限公司（本案例中简称矿业公司）井下 476 水平掘进工作面发生一起冒顶片帮事故，造成 1 人死亡，直接经济损失 78 万元。

（1）企业基本情况

1）企业相关情况。矿业公司成立于 1995 年，位于河北省平泉县柠椤树镇下营坊村，法定代表人陈某某，注册资金 2.83 亿元，是一家集采、选一体的黄金矿山企业，从业人员 110 人。该公司证照齐全有效。

2）工程情况。矿业公司为弄清 3～15 勘探线矿体形态、产状等要素变化情况，决定对 3～15 勘探线矿体进行巷道工程控制验证。2013 年 7 月 20 日，矿业公司与辽宁某建设工程有限公司第四项目部（本案例中简称项目部）签订了施工合同及安全管理协议。项目部于 2013 年 9 月 13 日开始进场施工，截至事故发生时，该工程主要在 476 水平开掘，开掘巷道近 300 m。

（2）事故经过和救援情况

2013 年 12 月 16 日 11 时 10 分左右，项目部撬碴工巩某某、胡某某和监护员任某某在矿业公司井下 476 水平掘进工作面进行炮后排险撬碴作业。胡某某和巩某某 2 人一人照明，一人撬碴，交替轮换作业，任某某负责监护。在第三轮由胡某某撬碴，巩某某照明，撬碴过程中胡某某站立位置头顶上部石头突然落下，其中一块长约 40 cm、宽约 30 cm、厚约 20 cm 的石头砸中胡某某头部，胡某某随即倒下。

事故发生后，巩某某立刻上前救护伤者，监护员任某某立即报告正在井下其他工作面巡查的值班经理高某某和技术员牛某，并通知井上人员拨打“120”急救电话，调救援车辆到现场。巩某某和及时赶来的技术员牛某共同将胡某某抬下工作面，此时胡某某有呼吸但意识不清醒，头部有血。10 min 左右到达地面，胡某某被立即送往平泉县医院进行救治，在去往医院途中将其转移到“120”急救车上救治。胡某某经医院全力抢救无效于 2013 年 12 月 16 日 12 时 40 分左右死亡。

（3）事故原因分析

1）直接原因。撬碴工胡某某安全意识淡薄，违反撬碴工操作规程，撬碴时站在巷道排险作业点同一侧，被下落的岩石砸中头部，导致其死亡。

2）间接原因如下：

①项目部对顶板管理的安全措施落实不到位，且对排险撬碴工作重视不够。

②项目部现场监护人员对工作面地质变化认识不足，现场安全管理经验欠缺，监护不到位。

③项目部安全培训教育不到位，工人安全意识差。

④矿业公司对项目部承包的施工作业现场监督检查不力。

（4）事故教训和整改措施

通过现场勘察和调查取证，确认该起事故属于因职工违章作业造成的一般生产安全责任事故。

1）项目部要认真吸取此次事故教训，进一步加强对职工的安全教育和培训工作，提高职工的安全意识，有效防范生产安全事故的发生。

2）项目部要强化工作面现场的安全管理。严格领导带班和安全会议制度，严查工作面隐患及从业人员的“三违”现象，避免类似事故再次发生。

3）项目部要加强生产技术管理。对现有的施工组织设计方案、安全技术措施、岗位操作规程重新进行修订、完善，补齐相关内容，增强针对性和可操作性，加大对贯彻、落实情况的监督检查力度，确保各项措施落实到位。

4）矿业公司要进一步加强对项目部施工现场的监督管理，严格督导项目部完善制度、落实责任，确保施工安全。

（5）相关知识与管理借鉴

在这起事故中，撬碴工安全意识淡薄，违反撬碴工操作规程，撬碴时站在巷道排险作业点同一侧，被下落的岩石砸中头部，导致其死亡。

撬碴工在井下作业时，要遵守安全操作规程，注意安全。撬碴作业必须2人同行，其中要有一名有经验的工人，作业时一人监护和照明，详细观察顶帮的变化情况，及时告知撬碴人。在撬碴前要做好下列工作：

1）确认采场和作业面是否通风良好。

2）将照明工具准备好，检查撬棍的数量和质量是否满足要求。

3）观察好进退路线及顶板情况，确定安全位置。

4）毛矿要洒透水，冲洗好顶板。

5）要明确分工，认真负责，要对周围顶帮情况进行周密的检查，防止撬碴时带动周围岩矿石冒落伤人。

撬碴工在进行作业时，还要注意以下事项：

1）自工作面外部安全地点，由外往里进行撬碴，禁止站在浮石下面撬碴。

2）当工作面不平整时，撬碴人员一定要站在高处处理，防止浮石滚下伤人，撬碴人员两腿要站稳。

3）撬碴人员的背后 1 m 内不得有人停留，照明人员要站在撬碴人员一侧 1 m 以外的安全地方。

4）撬碴时要经常用撬棍问顶，及时检查顶板的安全情况。

5）在撬碴过程中，禁止同时进行打眼作业，禁止支护、扒装与撬碴在同一地点作业，留矿法作业禁止在撬碴时放矿。

对于撬不下来的浮石，应做明显的标记，及时联系支护工用支柱支撑牢固，并经常检查。请示代（值）班长同意，也可以用炮崩。浮石上有残、盲炮时，必须检查处理好后再处理浮石。

50. 某金矿人员只顾弯腰装料未观察环境变化冒顶事故

2014 年 7 月 11 日 9 时 50 分左右，河北承德宽城某金矿有限公司（本案例中简称金矿公司）某矿 247 水平贯通工程掘进作业面发生一起顶板冒落事故，造成 1 人死亡，直接经济损失 90 万元。

（1）企业基本情况

1）企业相关情况。金矿公司位于河北省宽城满族自治县铧尖乡铧尖村，1988 年建矿，1990 年投入生产运行，公司类型为有限责任公司，在册职工 178 人，经营范围为金原矿采掘、冶炼及金矿石收购。该公司相关证照齐全有效。

2）工程情况。发生事故的为公司所属某金矿。该矿为了使井下掘进废石不出坑，有效回填废旧巷道，2014 年 7 月计划从 247 水平原有巷道向前掘进透至 247～270 m 斜井底，将井下废石倒入 270 m 斜井内，用电耙作业将废石回填。计划共 10 天，掘进工程量共 7 m，7 月 5 日开始架设照明、清理巷道等工作，至 7 月 11 日共完成掘进 3 m。

（2）事故经过和救援情况

2014 年 7 月 11 日 7 时，班长叶某和本班工人王某某、徐某、吴某某和张某某在井口开完班前会后乘罐笼下井到达 5 中段，由叶某进行组织分工，徐某在 5 中段运输大巷驾驶电机车负责运料，其余 3 人由叶某带领到 247 水平掘进面进行出碴作业。8 时 40 分左右，在进行排险和洒水消尘后 4 人开始向手推车上装碴，装满后由 1 人负责将车推到溜井处倒料（作业面距溜井约 50 m），轮流推车。

约 9 时 50 分，吴某某推车已经离开作业面，张某某和叶某在作业面靠南侧，王某某在北侧装碴，此时北侧顶板突然冒落一块 300 多千克的毛石，将王某某砸中。

事故发生后，张某某和叶某立即查看顶板，发现无冒落危险后迅速跑到王某某身边，发现王某某被石块压住。由于石块太重，2 人找来撬棍由叶某撬着石块，减轻压在王某某身上的重量。这时吴某某也赶来，叶某让吴某某出去叫人，张某某又将石块撬起来一些，发现能把人救出时，由叶某撬着石块，张某某将王某某从石块下拽出来，发现王某某已经没有了呼吸。

10 时 20 分左右，金矿公司和事故金矿领导组织人员赶到现场，用担架将王某某抬到罐笼上升至井口，“120” 医护人员进行了检查，发现王某某无生命体征，已经死亡。

（3）事故原因分析

1）直接原因。根据现场地质构造，作业面北侧顶板节理面明显，下方为构造破碎带岩体，随着巷道掘进该处岩体暴露后，支撑力削弱，形成下向自重力，使节理面下方一块岩体沿节理面脱离，工人王某某只顾弯腰装料，作业中未随时观察作业环境的变化造成事故。

2）间接原因如下：

①现场安全管理人员和作业人员在敲帮问顶排查过程中不仔细，

未能及时发现存在的事故隐患。

②职工对周围作业环境危险因素辨识能力不足，安全确认制度未得到有效落实。

③企业对职工的安全培训教育不到位，职工安全意识不强，自保、互保能力不强。

（4）事故教训和整改措施

1）事故公司要认真吸取事故教训，举一反三，全矿所辖地下矿山生产系统停产整顿，在公司开展一次全面的安全生产大检查，确保安全生产责任制、规章制度、操作规程和安全措施切实落到实处，消除事故隐患，杜绝类似事故，防止其他事故，确保安全生产。

2）开展全矿警示教育活动，重点分析事故经过和原因，并对责任人员进行通报，做到人人受警示、人人受教育。

3）加强职工的安全教育和培训，提高其安全意识和安全技能，增强职工自保、互保能力和危险因素辨识能力。

4）企业管理人员要加强井下作业环境地质构造的检查和管理，及时采取有效的安全措施，认真落实隐患排查和安全确认制度。

（5）相关知识与管理借鉴

这起事故是一起因隐患排查不彻底，人员在作业中未随时观察作业环境引发的生产安全责任事故。

《金属非金属矿山安全规程》要求，建立顶板分级管理制度，对顶板不稳固的采场，应有监控手段和处理措施。

人员需要进入的采场作业面顶板和侧面必须确保稳定，矿岩不稳固时必须采取支护措施。在围岩松软不稳固的岩层中掘进井巷，必须进行支护，永久性支护与掘进工作面之间应架设临时支护。围岩不稳固的回采工作面、采准和切割巷道，应采取支护措施。因爆破或其他原因而受破坏的支护，应及时修复。围岩不稳固的矿山主要运输巷道、井底车场和主要硐室等必须采取永久性支护措施。主要井巷严禁采用木支护作为永久性支护措施。

51. 某矿业公司人员违规跨越运转中的皮带高处坠落事故

2015 年 6 月 27 日 16 时 50 分左右，滦平县某矿业有限公司（本案例中简称矿业公司）选矿厂破碎筛分车间发生一起高处坠落事故，造成 1 人死亡，直接经济损失 120 余万元。

（1）企业基本情况

1）企业相关情况。矿业公司位于河北省承德市滦平县小营乡二道沟门村，为民营企业，注册资金 500 万元，公司类型为有限责任公司，经营范围为加工、销售铁精粉。该企业 2004 年开始筹建，2005 年选矿厂建成并投入生产使用，设计产能 35 万 t/a，实际产能 18 万 t/a。企业有职工 150 人，其中生产工人 135 人，管理人员 15 人。

2）生产情况。该公司选矿厂破碎筛分车间工艺流程大致如下：原矿自卸至旋回破碎机进行粗碎，粗碎矿石经 1 号和 4 号皮带输送机输送到中碎车间，中碎矿石经 5 号皮带输送机，转运至 6 号皮带输送机进入细碎车间。6 号皮带输送机上中碎矿石经过筛分：振动筛上面粗矿经 7 号皮带输送机转运至 8 号皮带输送机，输送到细料仓，细碎后经 9 号皮带输送机返回振动筛；振动筛下面细矿进入干选皮带输送机进行干选甩毛，毛石经皮带输送机输送到毛料仓后外运，精料经皮带输送机倒料小车送到球磨给料料仓。

（2）事故经过和救援情况

1）事故发生经过。2015 年 6 月 27 日，矿业公司破碎厂筛分车间主任李某某 16 时召开班前会安排当班工作，自己负责细碎车间，当班班长麻某某负责 1 号皮带输送机变频器和中碎、粗碎，岗位工潘某某负责旋回段下料。

2015 年 6 月 27 日 16 时 20 分，破碎筛分车间 2 号皮带输送机皮带跑偏停车维修，7 号、8 号皮带输送机空转运行。16 时 40 分，麻某某沿 6 号皮带输送机通廊到达机头平台，没有经过行人天桥，而是钻过 9 号皮带输送机皮带架及小皮带架，沿小皮带检查钢梯进入筛分平台，抄近路前往 2 号皮带输送机甩毛皮带查看停车停料情况。由于 7 号皮带输送机阻隔未形成通道，麻某某试图跨越正在空转的 7 号皮带，跨越过程中麻某某掉入 7 号皮带输送机机头 4 m 深的漏斗内，并从 7 号皮带输送机机头漏斗底部掉落至 8 号皮带输送机皮带上，顺着空转的 8 号皮带输送到机头，掉落至细料仓内。

2）应急救援情况。16 时 50 分左右，车间主任李某某安排完 2 号皮带输送机甩毛皮带跑偏维修工作后，发现麻某某在 7 号皮带输送机机头一闪不见了，李某某知道出事了，立刻前往 8 号皮带输送机查看。8 号皮带输送机岗位工许某某发现皮带上先出现一个安全帽，紧接着出现一个人，许某某立即按停了皮带输送机，但麻某某已被 8 号皮带输送到机头细料仓内。李某某安排在场的工人把麻某某从细料仓内抬出，送往承德市中心医院抢救，18 时 50 分医生宣布麻某某因急性特重型闭合性颅脑损伤抢救无效死亡。

（3）事故原因分析

1）直接原因。当班班长麻某某擅自离开工作岗位，违规跨越正在运转的 7 号皮带输送机时，掉入 7 号皮带输送机 4 m 深的漏斗内，由漏斗底部掉落至 8 号皮带输送机，被空转的 8 号皮带输送到细料仓内，造成高处坠落死亡。

2）间接原因如下：

①矿业公司破碎筛分车间新改装的 7 号皮带输送机安全设施不完善，未设置行人天桥。7 号皮带输送机未设置“禁止跨越”警示

标志。

②矿业公司主要负责人未认真落实安全生产承诺制，对年度培训教育计划未严格落实。车间、班组日常安全教育流于形式，工人安全思想意识淡薄。

③矿业公司隐患排查不到位，对工人违规跨越皮带输送机等习惯性“三违”现象未能及时发现并进行纠正。

（4）事故教训和整改措施

1）矿业公司对选矿厂工艺流程安全设施进行补充设计，严格按照设计方案进行整改。

2）矿业公司要加强职工安全教育和培训，提高职工安全意识，加强班组建设，强化作业现场规范化安全管理，坚决杜绝“三违”现象发生。

3）矿业公司要开展全厂安全警示教育活动，重点分析事故经过和原因，并对责任人员进行通报，做到人人受警示、人人受教育。

4）矿业公司要进一步完善公司各项规章制度，明确各岗位职责，加强公司安全管理。

5）矿业公司要深刻吸取事故教训，严格落实企业安全生产主体责任，完善岗位安全责任制，对全公司进行一次彻底的隐患排查，并进行认真整改。加强企业隐患排查体系建设，建立健全隐患排查治理长效机制。

6）矿业公司要认真开展安全生产承诺制建设，主要负责人在全体职工大会上公开进行承诺，认真开展《安全生产法》宣贯，主要负责人和分管安全负责人亲自进行宣讲，转变“轻安全、重生产”观念，牢固树立红线意识和底线思维。

（5）相关知识与管理借鉴

在这起事故中，当班班长擅自离开工作岗位，违规跨越正在运转的 7 号皮带输送机时，掉入 7 号皮带输送机 4 m 深的漏斗内，由漏斗底部掉落至 8 号皮带输送机，被空转的 8 号皮带输送到细料仓内，造成高处坠落死亡。

在事故中，作业人员跨越正在运转的皮带，这属于严重违章行为，而这种违章行为却发生在当班班长身上，有些不可思议。企业要抓好班组安全建设，运用班组的力量来消除事故隐患，消除违章行为，保证安全生产。在这方面，中国某氧化铝厂一车间破碎工序副班，创建“无伤害班组”消除事故隐患的做法值得借鉴。

破碎工序副班是一个担负着生产运行和设备检修与维护任务的混合型班组，共有 15 名成员，平均年龄 35 岁，是一个充满激情和活力的团队。该班组针对班组成员安全操作技能以及设备流程和安全环保设施的现实状况，从安全管理三要素入手开展工作，即杜绝人的不安全行为，消除物的不安全状态，控制不安全的环境因素。

1）杜绝人的不安全行为。在杜绝人的不安全行为方面，班组围绕完善制度、规范绩效和开好“三会”等有效载体来开展工作。一是为让班组成员有法可依、有章可循，班组以适度的管理来调动全体员工的工作积极性。通过民主生活会、家访、谈心等沟通方式，内化于心，外化于行，以此来消除班组成员思想情绪的波动。二是通过观看培训录像和邀请车间安全工程师授课培训，建立了班组危险辨识、风险评价和清理检修安全预防措施等基础资料。这些扎实细致的工作使班组每一名员工都能够熟悉自己所处工作环境中存在的危险、有害因素以及相应的防范措施，同时开展“三方确认单”办理程序现场演练，与其他班组交流开展安全日活动。

2）消除物的不安全状态。在消除物的不安全状态方面，班组注重不断完善现场安全设施，改良设备工况。一是在检修安排上以工序日报表为基础，以设备交接班为纽带，加强与运行班组岗位人员的联系，当天出现的设备问题和事故隐患当天解决，随时保证设备的正常运转和防护设施的安全可靠。二是溜槽堵料、冒料会给正常操作带来很大困扰，不仅影响生产，而且还会造成设备损坏。为攻克这一瓶颈环节，副班成立了自主管理小组进行攻关，通过半年的努力，自行开发、设计和制作了溜槽冒料自停装置，并在 17 号溜槽一次试验成功，解决了溜槽堵料、冒料的难题。三是加强对安全防护设施的维护与改进，对工序所属区域的 23 处地坑、孔洞加装了盖板，制作更换对轮罩、机头机尾防护罩 10 余个，配重区域系统加装防护栏，在 2 号裙式机、中碎机等检修危险部位加装平台。一系列切实有效的改进措施，使防护设施的安全性、可靠性和美观性得到了较大的提高。

3）控制不安全的环境因素。在控制不安全的环境因素方面，班组充分考虑因天气、季节等变化对检修和生产运行造成的不安全因素。一是编制了夏季“四防”和冬季“五防”危险辨识与应急预案，有针对性地开展了雨雪、大雾天气检修和突发停电相关知识的学习。二是定期对电收尘装置进行检查、维护、润滑和清理，保证电收尘装置的良好运转。在 2 号、3 号裙式机上加装水抑尘装置，降低了粉尘浓度和总排放量。班组对溜槽进行了系统密封与治漏，同时对电收尘管道中出现的 28 处漏灰点选行了治漏、密封和更换，减少了粉尘外扬，降低了岗位粉尘浓度，切实保证了员工的身心健康。

52. 某矿业公司工人冒险进入平巷作业高处矿石滚落伤亡事故

2015 年 5 月 11 日 14 时左右，承德某矿业集团有限公司（本案例中简称矿业公司）某铁矿启盈二采区井下 310 m 中段 7 号装矿平巷端部发生一起物体打击事故，造成 1 人死亡，直接经济损失 130 余万元。

（1）企业基本情况

1）企业相关情况。事故铁矿启盈二采区，位于河北省滦平县张百湾镇周台子村，为民营企业，始建于2009年7月，注册资金1 000万元，公司类型为有限责任公司，经营范围为铁矿石开采，年生产规模5万t/a。该企业有员工40人，其中管理人员6人。

2）工程情况。2015年3月12日，事故铁矿启盈二采区与河北某建筑工程有限公司（本案例中简称建筑公司）签订了承包合同和非煤矿山外包工程安全生产管理协议。井下工程承包为大包形式，矿业公司负责监督管理，建筑公司负责具体工作。合同签订后，建筑公司成立事故铁矿启盈二采区项目部，项目部负责人罗某某，有员工20人，其中管理人员4人。

3）事故地点情况。事故发生地点为事故铁矿启盈二采区310 m中段7号装矿平巷端部。该矿开采方式为地下开采，开拓方式为竖井开拓。事故发生时该矿已有2条竖井SJ5、SJ8和1条平硐PD2。SJ5作为主提升井，井深137 m；SJ8作为行人罐笼井，井深176 m。进风井SJ5、SJ8与PD2及盲竖井形成完整的生产通风系统。井下有2个生产中段370 m、310 m。310 m中段有8个出矿口，370 m中段还未正式开采。

（2）事故经过和救援情况

2015年5月11日13时左右，项目部施工人员张某某和何某某下井到310 m中段7号装矿平巷端部进行二次破碎作业。张某某是当班班长，负责具体工作。7号装矿平巷端部有3块较大的矿石，14时40分左右，在凿岩作业结束后，张某某冒险作业，向外拔钻杆，何某某在张某某后面扶着凿岩机，突然从采场内高处滚落一块10 kg左右的矿石，砸到张某某的腰上，张某某被砸倒，把身后的何某某也带倒了。何某某叫张某某，但张某某已经昏迷没有回应。

事故发生后，何某某立刻组织井下人员将张某某运至地表，并通知施工队负责人罗某某。罗某某立即组织人员将张某某送往滦平县医院救治，张某某经滦平县医院抢救无效后于17时左右死亡。

（3）事故原因分析

1）直接原因。张某某和何某某违章冒险进入要求封堵的装矿平巷作业。采场下侧6号、7号装矿平巷过度出矿，致使装矿平巷与矿房之间形成空区，从而造成高处矿石滚落至作业地点击中作业人员。

2）间接原因如下：

①启盈二采区项目部对职工的安全培训和教育力度不够，内容不全，职工对事故隐患所造成的危害认识不足。

②启盈二采区项目部未制定安全生产事故应急预案，未建立隐患排查治理台账，对存在的事故隐患整改措施落实不到位，对职工管理不到位。

③矿业公司“三项制度”不健全，没有针对性，采掘作业规程和矿山生产工艺严重不符。

④矿业公司管理疏漏，对启盈二采区项目部监管不到位，没有对其安全生产条件进行审查，没有对其安全生产制度建设、职工培训、隐患整改等工作进行监督落实。

（4）事故教训和整改措施

1）启盈二采区项目部加强对全体职工进行安全培训和教育的力度，增加培训内容，全面提高职工安全意识。

2）启盈二采区项目部对采区进行全面的隐患排查，加大对安全生产的资金投入，规范浅孔留矿法采矿放矿工艺。

3）建筑公司要加强对项目部的管理，制定安全生产事故应急预案，建立隐患排查治理台账，对存在的事故隐患整改措施要及时落实到位，对职工要令行禁止，防止再次出现违规作业现象。

4）事故铁矿启盈二采区要加强对施工队的监督管理，再次明确各自职责，按照安全生产管理协议的要求，各自查找问题，并解决存在的问题。对启盈二采区项目部安全生产条件进行审查，监督落实其安全生产制度建设、职工培训、隐患整改等工作。

（5）相关知识与管理借鉴

这是一起因企业管理不到位、工人冒险违章作业而引发的生产安全责任事故。

在加强安全管理，建设安全矿山中，某铁矿强化隐患排查治理，打造本质安全矿山的做法值得借鉴。

该铁矿在岗职工 2 407 人，采矿设计生产能力 340 万 t/a，年生产铁精矿 128 万 t、球团矿 120 万 t，是重要的优质球团矿生产基地。作为高危行业，随着矿山开采深度的增加，井下环境更加复杂多变，现场隐患是诱发安全事故的重要因素。该铁矿积极推进隐患排查治理标准化、数字化体系建设，保障高效运行，打造本质安全型矿山，实现了安全事故为零的目标。

该铁矿在安全管理上，实施全员全岗位全过程，自下而上进行排查，修订完善了安全基础工作检查标准（通用部分）、非金属地下矿山检查标准、尾矿库检查标准，具体落实到 87 个岗位。该铁矿将检查标准以文件形式下发到各部门、车间、岗位，要求对照标准组织开展全员全岗位隐患排查治理活动，抓好整改落实。同时建立“四级”安全生产隐患排查治理体系，即班组每班、工段每旬、车间（部门）每月、矿每季对生产作业区域进行隐患排查。各级制订隐患排查计划和排查标准，领导带队组织实施隐患排查。对各级查出的隐患，及时下达隐患整改通知单，明确责任单位、责任人、整改期限、整改措施和应急预案。责任单位按要求限期落实整改，并将整改情况及时反馈主管部门。主管部门对整改情况进行跟踪、复查、销号。由专人负责对各类隐患进行统计、分析，及时录入数据，每旬一次分别向鄂州市和集团公司“两化”管理系统上报隐患排查治理信息。

该矿在履行好日常专业安全管理职责的同时，围绕重大危险源、重点要害部位、重要生产工序和高风险作业，各主管部门组织专业技术力量，定期排查治理重大事故隐患，先后完成总降压隐患整改、炸药库技防系统建设、地面水泥罐装输送、提升系统防过卷防坠和井下电梯安全专项整治及矿山水库防渗加固。开展井下泥石流形成机理及防控措施研究，井下黄泥管理及地表变形实现数字化监测。积极推广远程起爆工艺，新建通风井，引进先进设备更换提升机首绳，对全矿所属机动车辆安装了 GPS 定位系统。该矿对尾矿库进行了园林式改造，实现了在线监测，其严谨科学的管理被国家安监总局誉为尾矿库“教科书式管理”。

该矿加大安全投入，实施科技兴安，先后投入 3 000 多万元，严格按照国家的要求和标准，建设井下安全避险“六大系统”。人员定位系统、通信联络系统、监测监控系统、紧急避险系统、压风自救系统、供水施救系统及综合信息管理平台投入运行，实现了井下数据采集、生产调度、决策指挥、安全管控的网络化、信息化、科学化，有效提高了抗风险能力。抓好新风井运行，集中整治井下通风系统，完成项目 15 项，有效改善了井下通风环境。为满足充填采矿法要求，引进了铲运机蓝牙遥控装置，将铲运机改造成无人驾驶车辆。职工在安全地点，像玩电子游戏机一样操作 80 m 远的铲运机，开采空场内的矿石，提高了充填现场开采矿石的安全系数，为井下安全生产提供了安全保障。该矿投入 139. 4 万元建设尾矿库在线监测二期系统，具备数字监测、视频监控、信息传输和短信报警功能；投入 100 万元，用于选矿车间细碎除尘改造；投入 56. 95 万元，对采矿车间生活废水进行处理。该矿严格落实国家规定，清查、淘汰 19 种国家严禁使用的安全性能低下的落后设备和工艺。

2012 年 7 月以来，全矿共排查各类隐患 1 500 项，其中 2014 年排查隐患 523 项，整改率 100%，创造了安全、文明、有序的作业环境，未发生生产安全事故。

 53. 某金矿公司人员在废弃天井下用钢钎撬动矿石伤亡事故

2015 年 5 月 23 日 11 时 30 分，河北易县某金矿有限公司（本案例中简称金矿公司）井下 757 巷道发生石块塌落伤人事故，造成 1 人死亡，直接经济损失 150 余万元。

（1）企业基本情况

1）企业相关情况。金矿公司位于河北省甘河净乡栾木厂村，成立于 1991 年 9 月，是一家证照齐全的金矿采选单位，生产金矿石 1.5 万 t/a，服务年限 2.5 年。按照易县人民政府办公室《关于对全县采石加工等建材企业实施停产整顿的紧急通知》要求，该企业自 2014 年 12 月以来一直处于停产状态。

2）事故发生地点情况。发生事故的地点位于企业办公区西北约 2 km 处。2014 年 12 月 20 日，企业延续安全生产许可证以后，按照设计要求，开采范围为 621 中段至 501 中段，757 巷道为非生产中段。

（2）事故经过和救援情况

2015 年 5 月 23 日 8 时左右，金矿公司 757 巷道负责人董某某，借矿领导安排清理 757 巷道内水管和电缆等废旧材料的机会，指派公司员工马某和陈某某，进入 757 巷道出碴。11 时 30 分至 12 时，马某在距离 757 井口 400～500 m 处的一个废弃天井下用钢钎撬动溜井内不稳固矿石时，被从头顶上方天井里掉落的石块砸中。

事故发生后，同班的陈某某立即报告了董某某，董某某在757井口用内部电话联系副矿长刘某某，让刘某某带人来757巷道。12时40分左右，救援人员把马某从井下用木板抬出，送往较近的保定第七医院救治，约14时50分到达满城县保定第七医院，初步诊断已无呼吸，经抢救30 min后无效死亡。

（3）事故原因分析

1）直接原因。马某长期从事井下工作，明知企业处于停产状态，仍然听从董某某违章指挥，进行下井作业，并且在井下未进行敲帮问顶等必要的操作规程，冒险作业，导致事故发生。

2）间接原因如下：

①安全管理不到位。企业负责人李某、负责生产的副矿长刘某某，在企业停产且未经政府组织验收期间，明知757巷道不允许人员进入，仍然违章指挥，安排董某某负责对757巷道进行清理，给了董某某以清理巷道为名进行出矿的机会。

②安全教育培训不到位。在停产期间，企业忽视对员工的安全培训和岗前教育，工作前未能对存在的危险因素进行安全检查。员工盲目冒险作业，自我保护意识不强。

③企业隐患排查不到位。企业对非生产中段（757巷道）封堵措施缺乏有效的管理，对人员能够进入757巷道存在的隐患未能及时发现和整改。马某等下井人员对长期停用的757巷道内的危险因素未能辨识和采取有效的防护措施。

（4）事故教训和整改措施

这是一起违反政府停产指令进行生产经营活动，作业场所存在隐患，安全管理不到位，员工违章作业而导致的生产安全责任事故。

1）政府相关部门加大对矿山企业停产期间的监管力度。企业进一步完善企业安全生产“三项制度”，特别要完善并严格执行井下安全管理制度和安全操作规程。职工应提高安全意识，杜绝违章指挥、违章作业现象，防止此类事故再次发生。

2）金矿公司加大对全体职工的安全教育与培训力度，不断增强职工的安全意识，掌握本岗位的安全操作技能和应急处置方法，杜绝各类违章现象的发生。

3）金矿公司要全面开展隐患排查治理工作，复工前，聘请相关矿山安全专家进行一次全面的隐患排查，对排查出的隐患和问题认真整改并经排查专家和易县安监局复查验收合格后方可复产。

（5）相关知识与管理借鉴

在这起事故中，作业人员在井下未进行敲帮问顶等必要的操作规程，冒险作业，结果导致事故的发生。

这起事故的发生，从侧面反映出该矿在人员安全教育、技术培训方面存在问题，作业人员不仅安全意识薄弱，而且井下作业知识也有所欠缺。

金属地下矿山企业必须按照《安全生产法》的有关要求，对职工进行全员安全生产教育和培训，保证职工具备必要的安全生产知识，熟悉有关的安全生产规章制度和安全操作规程，掌握本岗位的安全操作技能。未经安全生产教育和培训合格的职工，不得上岗作业。

按照《金属非金属矿山安全规程》的有关规定，新进地下矿山的作业人员，应接受不少于 72 h 的安全教育，经考试合格后，由老工人带领工作至少 4 个月，熟悉本工种操作技术并经考核合格，方可独立工作。每年接受再培训的时间不得少于 20 学时。调换工种的人员，应进行新岗位安全操作的培训。

54. 某矿业公司反井钻机施工废碴瞬间喷出人员被掩埋事故

2016 年 11 月 8 日 16 时左右，滁州某矿业有限责任公司（本案例中简称矿业公司）2 名职工在-485 m 中段北带 822 线废石溜井处出碴作业时，发生一起溜井废碴坍塌事故，造成 2 名工人死亡。

（1）企业基本情况

1）企业相关情况。矿业公司成立于 2002 年 6 月 26 日，总经理为陈某某，注册资金 3 721 万元，经营范围为铜精矿、铁精矿开采及有色金属加工、销售。该公司有职工 980 人，设有综合部、生产部、设备能源部、安全生产监督管理部（本案例中简称安监部）等 7 个部门，配有专职安全管理人员 7 名。

该公司为铜矿采选企业，开采方式为地下开采，年开采矿石量约 22 万 t，金属量 4 000 t 。开拓系统为主井、盲主井和副井联合开拓，两翼对角抽出式通风系统，上向水平分层充填法采矿，阶梯式排水，生产系统比较完善，有多个中段。发生事故的-485 m 中段为开拓中段。

2）工程施工情况。根据生产需要，矿业公司于 2016 年 2 月决定在-485 m 中段北带 822 线新打 2 个溜井（一个废石溜井，一个矿石溜井），并进行了深部开拓 822 线矿石和废石溜井施工设计。事故溜井为废石溜井，其中导井反井钻机已钻凿至-425 m 标高。

2016 年 8 月，矿业公司会议研究决定采用新技术反井钻机施工溜井，并通过协商形式将溜井施工包括钻机钻凿、出碴承包给南京市某矿业有限公司（本案例中简称南京公司）滁州分公司，但尚未签订书面协议。外包单位由于涉及设备调运、巷道狭窄、交叉作业等因素，实际施工中产生的岩碴由南京公司滁州分公司交由矿业公司一工区负责清运。

（2）事故经过和救援情况

1）事故发生经过。2016 年 11 月 8 日 7 时 30 分左右，一工区职工徐某某、杨某根据生产计划下井至-485 m 中段，先是调运电动铲运机，清运北带 822 线一工区开拓产生的岩碴。10 时左右，2 人来到发生事故的废石溜井处，利用电动铲运车开始清运导井底部的岩碴。

14 时 30 分左右，一工区辅助班职工张某路过废石溜井处作业现场，看到 2 人还在正常作业。约 16 时 30 分，在北带从事开拓工作的一工区职工迟某路过废石溜井处作业现场，突然发现电动铲运机被岩碴掩埋，未发现现场作业的 2 名工人，立即报告给同一班的打眼工黄某。黄某来到废石溜井石碴清运现场，发现电动铲运机已被岩碴掩埋大半，不见 2 人踪影，随后在巷道口发现 2 人的工具包，黄某感觉可能出事了，立即跑到井口打电话给一工区区长邹某某。邹某某立即进行核实，确认 2 名工人尚未升井，可能发生事故了，立即打电话给调度室和安监部部长齐某某，随后下井赶往事故现场。

2）应急救援情况。齐某某接到电话后，立即启动公司应急预案，组织救援队伍开展救援工作，同时向公司及矿业总公司报告。18 时 40 分，在确认发生生产安全事故后，矿业公司从 11 月 8 日 18 时开始，先后投入 60 多人和 1 台电动铲运机及其他救援器材，不间断开展救援。由于巷道狭窄，岩碴带水黏滞，电动铲运机又被冲倒倾覆，救援工作异常艰难。

21 时 44 分，被掩埋在电动铲运车底部的职工杨某被找到并送往地面，由等候的“120”救护车送往滁州市第一人民医院抢救。11 月 9 日 4 时 50 分，另一名被掩埋在废石溜井侧里巷的职工徐某某被扒出，送往地面后急送医院抢救。2 名职工终因伤势过重抢救无效死亡。

此次事故共造成 2 人死亡，直接经济损失约 303 万元。

（3）事故原因分析

1）直接原因如下：

①反井钻机施工时，钻头产生的湿岩粉在溜井内形成棚料体，职

工清碴时，防护措施不当，废碴瞬间喷出，造成人员被掩埋。

②职工违反公司《电动铲运机工安全技术操作规程》中“铲运机工作时严禁前后站人”的规定，违规作业。

2）间接原因如下：

①矿业公司对首次引进的反井钻机新技术安全风险分析与评估不足。

②矿业公司现场安全管理缺失，对反井钻机施工中可能存在的事故隐患失察；安全教育和培训不到位，职工安全意识淡薄；公司、安监部、一工区领导带班下井制度执行不严、检查不力。

③南京公司滁州分公司安全技术交底不够，指导不力。

（4）事故教训和整改措施

1）严格按照国家的法律、法规对所有工程项目的建设实行公开招投标，并加强对工程项目生产安全的监督和统一管理。

2）进一步落实安全生产主体责任，严格执行领导带班下井制度；调整工区、安监部人员配备，强化日常安全管理特别是现场安全管理，加大安全监管力度。

3）建立健全安全风险分级管控和隐患排查治理双重预防机制，坚持风险优先、超前预控、系统防控、全员参与、持续改进的原则，及时发现并消除安全事故隐患。

4）强化安全生产宣传教育和培训，特别是对“四新”人员要进行专门的安全教育和培训，着力提高职工安全意识和自我防范能力。同时，要进一步完善各项安全规章制度和操作规程，并督促职工严格落实，从而规范生产秩序，确保生产安全。

（5）相关知识与管理借鉴

经调查认定，这是一起因职工违规作业，现场管理缺失，安全风险分析评估不足而导致的生产安全责任事故。这起事故暴露出矿业公司安全责任不落实，风险识别与防控、现场安全管理不到位，安全教育和培训缺乏针对性等突出问题，教训极为深刻。

从这起事故中，也可以看出，操作人员在反井钻机施工时，防护措施不当，废碴瞬间喷出，造成人员被掩埋。这也说明操作人员对操作规程和安全规程都不够熟悉，还没有完全掌握。

反井钻机施工中应注意以下事项：

1）凡参加反井钻机施工的人员均应熟悉反井钻机的构造、性能，并认真执行《金属非金属矿山安全规程》及本工种的操作规程等有关规程规定，严禁违章作业，确保人身与设备的安全。

2）凡参加反井钻井施工的司机、吊装钻杆工等井底施工人员，必须学习反井钻机操作规程，熟悉设备构造、性能及操作方法，并经培训考试合格后，方准操作。

3）司机必须现场交接班，对钻井方位、直径和深度、设备运转状况、实际地质与地质柱状图对比岩石状况等交清接明，双方司机共同试运行正常后，才为交接完毕，并做好运转钻进及交接班记录。

4）钻进前施工人员对钻机进行全面检查，各部螺栓、滑道、活塞杆、油管及接头、U 形卡等部件是否齐全、完整、准确牢固，传动是否灵活可靠，操纵手把放置是否正确（起动前闭锁状态），供水水源、油箱油量以及设备等是否达到设计与规程要求，如发现问题，不得钻进，及时处理。

5）钻进前应进行全面的空载试运转，包括动力头上下运行和旋转，检查机械手和转盘吊工作状况、有无漏油和卡阻现象，仪表指示、通信设施等是否正常，发现问题及时处理。

6）钻进时，必须先检查操作手把是否处于闭锁状态，接着启动水泵后开机。如果发现不供水，机器无法运转，应及时处理。

7）钻机扫孔接长钻杆前，推进油缸停止推进，把钻具提起

50 mm，继续冲水 2 min 左右，如下班无人接班，停运一班以上时，停机前必须把动力头提到一定高度。

8）钻进时，司机精神要集中，要根据柱状图和井深及给定的转速、背压、钻进速度等进行作业，并经常注意压力表变化情况，即时调整。

9）钻进前，其他工作人员要经常清理钻机及周围的杂物，并注意机器的运转情况，发现电机、动力头、马达及其他部件有异响或工作不正常时，应及时通知司机，停机检查处理。

10）油箱油温超过 50℃应停机冷却，或增加冷却水流量，确保不超温。

11）正常钻进时，要定期检查钻架导向轨、扶正器等部位的润滑状况与有无异物，及时清除异物和注油等，并检查各部位连接部件有无松动，油管是否漏油等，发现问题及时处理。

12）接钻杆时，动力头应提至最高位置，以免机械手输送钻杆时，钻杆与动力头碰撞。每次所接钻杆，必须将钻杆丝扣清洗干净并抹丝扣油。

13）用转盘吊、机械手运送钻杆时，如需扶正，只能从钻杆两端挪动，严禁用手抱住钻杆体，以防伤人事故发生。

14）卸钻杆时，先将卡瓦装入卡套，卸松钻杆和接头体丝扣，然后装上卡瓦，卸掉钻杆下部丝扣，上提动力头，用机械手抱住钻杆，取下上卡瓦，卸下钻杆和接头体丝扣。卸扣时，人员必须撤离至主机一侧指挥，慢速卸扣，丝扣较紧时，可用辅助卸扣装置。

15）卸下的钻杆必须套上保护帽。

16）在扩孔开始前，必须检查处理距孔中心 1.5 m 范围内，扩孔工作面是否平整，有无锚杆。对工作面凸起的岩石用风镐等找平，有锚杆要取掉。以每小时 0.5 m 的钻进速度慢速钻进，当钻进至 5 m 以上，正常扩孔钻进。

17）在反井钻机导孔与扩孔时，井下下口处，距钻孔中心5 m以外，打好栅栏和设专人警戒。未经钻机司机允许时，任何人不准进入警戒区内。当需要在下口工作时，通知停钻，在人全部撤出的情况下，方可开钻。

18）反井钻机在导孔、扩孔期间，钻机与下口处的电话，要保持畅通，以便联系。

19）凡反井施工人员，应正确使用、维护设备，做好日常保养，确保设备完好，安全运转。当设备发生故障时，及时查明原因，进行处理，并及时向主管领导报告。

20）扩孔钻进时，发现、钻头剧烈晃动、压力不稳、钻进困难时，可能大块岩碴落在刀盘上磨挤刀具所致，此时应将刀具下放一定距离，多次高速旋转，将岩碴甩掉。若无效果时，把钻头下放到底进行处理。

55. 某铁矿爆破后未经通风违规作业炮烟中毒窒息事故

2014年9月17日7时30分左右，宽城某矿业有限公司（本案例中简称矿业公司）某铁矿井下-23 m水平4号矿房西天井发生炮烟中毒窒息事故，造成3人死亡、1人重伤，直接经济损失500余万元。

（1）企业基本情况

1）企业相关情况。矿业公司位于河北省宽城满族自治县碾子峪镇沙窝店村，于1991年开始建设，1994年正式投产，为采、选一体的私营企业，固定总资产1.2亿元，下设采区、选厂、技术、安全等职能处室，员工680人，年产铁矿石85万t，年生产铁精粉30万t。公司营业执照、采矿许可证、安全生产许可证等齐全有效。

公司+30 m 中段至-30 m 中段开拓及部分采切工程（含天井工程）井巷施工采用工程清包形式，除主给风、通风、给水、排水、供电、运输、提升由矿业公司采区负责外，其余均由外协施工队伍承德某矿山建设集团有限公司（本案例中简称建设公司）负责。2014 年 1 月 1 日，矿业公司与建设公司签订了+30 m 中段、-30 m 中段开拓及采切工程井巷施工合同书，与建设公司第六分公司签订了非煤矿山外包工程安全生产管理协议。

建设公司第六分公司（本案例中简称第六分公司）主要承建矿业公司井下开拓、采准、切割、出矿及部分制作安装工程，分公司经理为高某某，副经理、安全负责人为吴某某，技术负责人为马某某，下设 3 个安全生产队，赵某某、刘某某、彭某某分别任队长，有凿岩工、出碴工、后勤管理人员共计 27 人。

2）事故地点情况。事故发生地点为矿业公司事故铁矿-23 m 水平 4 号采场西天井掘进工作面。该天井为竖直布置，功能为上下人员、设备、材料和通风，独头掘进施工。施工方法为普通法掘进，即用手持式（7655）凿岩机凿岩、2 号岩石乳化炸药，浅孔爆破，自重落碴，扒碴机出碴。天井内沿井壁北侧敷设角钢焊接梯子。此天井设计为-23 m 水平至+30 m 水平，总长约 57 m，设计断面长约 2 m，宽约 2 m，局部通风选用局扇通风，设计要求风筒口距工作面不得大于 5 m。

（2）事故经过和救援情况

1）事故发生经过。2014 年 9 月 16 日 8 时，罗某某、严某某在-23 m 水平 4 号矿房西天井进行凿岩作业，打完钻孔后，离开作业面升井。12 时左右，彭某某通知爆破员翁某某-23 m 水平 4 号矿房西天井可以爆破了。15 时左右，爆破人员翁某某、安全员高某某进行了爆破。

17日6时左右，第六分公司凿岩工罗某某、严某某及周某某、彭某某、李某某、张某某等人先后乘罐下井，其中，罗某某、严某某到-23 m水平4号矿房西天井进行凿岩作业。

7时20分左右，安全队队长彭某某检查发现严某某已经从天井中掉下来，躺在天井口底部，立即召集张某某、周某某、李某某、孙某某和田某某进行抢救，安排张某某向井上井口值班室打电话联系救护车，由周某某、李某某、孙某某和田某某用梯子将严某某抬到-30 m水平罐笼上。8时左右，孙某某、田某某护送严某某到达地面后，立即用矿方救护车将其送往宽城县医院，10时15分经诊断入院治疗。

2）应急救援情况。7时30分左右，井口值班室高某某接到张某某电话后，立即通知副经理吴某某组织人员下井救援，并电话告诉矿方采区主任娄某某，请求矿方联系救护车并组织救援。

周某某、李某某沿原路返回事故地点后，发现张某某躺在天井口底部，立即将其用梯子抬到-30 m水平罐笼处，随罐笼一同升井，8时30分左右到达地面，立即将张某某送往宽城县医院。9时54分，张某某经抢救无效死亡。

7时50分左右，吴某某带领韩某某、刘某某、惠某某一起下井救援。吴某某等人到达事故现场大约5 min后，矿业公司安全处处长施某某组织安全处、采区、技术处等救援人员赶到事故现场。救援人员现场勘查，发现-23 m水平作业面未进行通风，原风筒布破损，局扇正在运转，风筒口在天井底部，高某某用多种气体检测仪检测天井口处一氧化碳气体浓度为0.002 3%，天井二层一氧化碳浓度为0.04%。救援人员携带便携式气体检测仪并佩戴自救器逐步往天井架设风筒，逐层前进，到达4层联络道时发现彭某某瘫坐在第4层联络通道和梯子搭接处，罗某某仰躺在第4层联络道内。吴某某、高某某等立即在联络巷处重新搭建行人梯，处理浮石后，利用滑轮组及安全带首先将彭某某救援到-23 m 水平，立即用便携式氧气袋进行输氧施救，9 时 50 分左右，提升到达地面后立即用矿方救护车送往宽城县中医院。13 时 30 分，彭某某经抢救无效死亡。10 时 22 分，救援人员用同样的施救方式将罗某某救出地面，经医生现场确认，罗某某已无生命体征。至此，井下救援工作结束。

（3）事故原因分析

1）直接原因。在作业面爆破后未经通风，未检测有毒有害气体的情况下，凿岩工罗某某、严某某违章违规进入天井实施作业，造成罗某某中毒窒息死亡，是该起事故的直接原因。安全生产队队长彭某某未按应急救援预案而盲目冒险施救，造成彭某某、张某某死亡，导致事故扩大。

2）间接原因如下：

①外包施工队伍在天井施工爆破后，局扇风筒安装不到位，没有达到通风效果，且未及时发现和处理，安全管理存在重大缺陷。

②局扇风机安装位置不合理，污风循环，影响通风效果。

③作为辅助通风的压风管断裂破坏，不能起到辅助通风的作用。压风软管在向上 12 m 处软管被爆破崩断损坏，进入作业面的人员未先对其进行恢复，压风管的辅助通风作用丧失。

④该天井作业人员现场作业时，队长（班长）配备了便携式有害气体检测仪，班组人员均配备了自救器、安全带、安全绳等防护用品，但都未依规正常使用，致使防护设备、设施未发挥有效防护作用。

⑤安全培训教育不到位。尽管矿山企业对外包施工队伍的天井掘进施工作业规程、安全技术操作规程、矿山企业安全生产责任制等内容进行了培训，但对井下炮烟中毒窒息事故应急救援等知识和技能培

训不到位，导致作业人员没有熟练掌握井下炮烟中毒窒息等事故救援预案要求，对炮烟中毒等危害辨识不清，不具备该类事故救援技能和知识，自我保护和防范意识差，存在严重的“三违”现象。

（4）事故教训和整改措施

这是一起因违章作业、冒险违章施救导致的较大生产安全责任事故。

1）严格落实企业安全生产主体责任。企业主要负责人必须牢固树立安全发展、科学发展理念，切实履行安全生产第一责任人责任，严格落实《安全生产法》等法律、法规、政策规定，严格执行安全生产责任制度、管理制度和操作规程，特别是要严格落实《非煤矿山外包工程安全管理暂行办法》相关规定，明确发包与承包双方的责任和义务，强化对外包施工队伍安全生产工作的监督管理，严禁“以包代管”等行为。

2）严格落实外包施工单位施工现场安全管理责任。外包施工单位要加强对项目部的安全管理，强化日常检查和考核。要建立健全安全管理机构，按要求配备安全管理人员和专职工程技术人员，确保项目部具备相应的施工能力和安全管理水平。

3）切实加强井下作业现场安全、技术管理工作。一是严格按设计方案与作业规程施工，当作业现场施工条件发生变化时，要及时修改、补充完善设计方案及作业规程。二是加强局部通风管理，风机安装位置、风筒吊挂、风筒口到作业面的位置必须符合作业规程规定。三是加强现场安全生产秩序管理，搞好工艺衔接，及时敲帮问顶，检测有毒有害气体，确保安全时再进入下一步程序。四是加强安全设施管理工作，风筒、压风管路、安全棚等要按要求吊挂、架设，使之始终处于完好状态。

4）切实加强安全教育和培训工作。各矿山企业要结合本单位生产特点，有针对性地组织开展包括岗位职责、安全操作规程、安全技能、应急措施、作业现场危险因素、员工安全意识等在内的全员安全培训。尤其要对应急预案、施救方法进行重点培训，使作业人员强化安全意识，掌握安全常识，提高自救互救技能。

5）切实加强事故应急管理。各矿山企业要完善并落实有针对性的事故应急预案，要根据企业作业条件、设备状况、人员、技术、外部环境等不断变化的实际情况，及时评估和补充、修订完善预案，强化预案演练。要按照有关规定并根据行业特点和应急救援的需要，配备并正确使用自救器等个人防护装备和有毒有害气体检测仪。要落实矿井各类事故应急救援预案的措施，强化事故应急救援能力建设。

6）积极运用先进工艺方法。要逐步改进井下天井施工方法，研究推广使用吊罐法、深孔爆破法等天井施工工艺，从根本上改善职工作业条件。

（5）相关知识与管理借鉴

在这起事故中，在作业面爆破后未经通风，未检测有毒有害气体的情况下，凿岩工违章违规进入天井实施作业，造成人员中毒窒息死亡，接着现场人员盲目冒险施救，造成2人死亡，导致事故扩大。

金属矿山企业应建立完善的机械通风系统，这是为了保证向井下连续输送足够的新鲜空气，稀释并排除有毒有害气体和矿尘，为矿工创造安全健康的工作环境。

矿井实行机械通风，合理设置通风构筑物，正确布置局部通风机及风筒是控制中毒窒息事故发生的前提。加强通风系统维护与运行管理，保障安全可靠，是杜绝中毒窒息事故的有效措施。

建立完善机械通风系统是取得安全生产许可证的必要条件。地下矿山企业必须严格遵守《金属非金属矿山安全规程》以及《金属非金属地下矿山通风技术规范　通风系统》相关规定要求，加强通风系统维护与运行管理。

1）要建立通风管理机构或配备专职通风技术人员和测风、测尘人员，通风作业人员必须经专门的安全技术培训并考核合格，持证上岗。

2）必须安装主要通风机，并设置风门、风桥等通风构筑物，形成完善的机械通风系统。独头采掘工作面和通风不良的采场必须安装局部通风机，严禁使用非矿用局部通风机，严禁无风、微风、循环风冒险作业。

3）建立健全监测监控系统，所有通风机必须安装开停传感器，主要通风机必须安装风压传感器，回风巷必须设置风速传感器。

4）及时封闭废弃井巷，并设置明显的警示标志。

56. 某矿业集团有限公司破碎站岗位工处理卡料机械伤害事故

2015 年 2 月 9 日 3 时 30 分左右，承德县某矿业集团有限公司（本案例中简称矿业公司）破碎站发生一起机械伤害事故，造成 1 人死亡，直接经济损失 130 多万元。

（1）企业基本情况

1）企业相关情况。矿业公司位于河北省承德县高寺台镇营房村，企业固定资产 2.5 亿元，在册员工 226 人。企业选铁能力 30 万 t/a，钛 10 万 t/a。

2）生产情况。事故发生地为矿业公司破碎站。该站始建于 2013 年，在册职工 80 人，主要设备为 3 台进口圆锥破碎机。破碎站主要功能是将矿业公司各生产矿山采出的矿石进行统一破碎，为各生产选厂统一配矿。

破碎站采取“三八制”作业，2014 年生产正常，全年共处理矿石 30 万 t，处理的矿石全部为承德县某铁矿生产，破碎后的矿石全部供应某选矿厂磨矿车间使用。

（2）事故经过和救援情况

1）事故发生经过。2015 年 2 月 9 日 3 时 30 分左右，矿业公司破碎站 2 号圆锥破碎机岗位工穆某某发现邻岗 3 号圆锥破碎机废料大量堆积，岗位工张某某不在岗，于是主动到 3 号圆锥破碎机清理完废料后，在岗位四周进行寻找，未发现张某某，立即将情况报告当班班长薛某某。经层层报告后，企业决定停止生产，组织在岗人员在全厂范围查找张某某。10 时左右，副站长李某某在 2 号振动筛上找到一只残缺不全的脚，稍后在圆锥破碎机 3 号皮带支架下部处发现破损碎裂的安全帽、一只棉鞋及钱包，并确认是张某某的钱包。

2）应急救援情况。当班班长薛某某接到穆某某报告后于 3 时 56 分拨打张某某电话，为关机状态，便开始在作业区域、生活区域进行寻找，但未找到张某某。4 时 20 分左右，薛某某到破碎站值班室将张某某失踪情况向值班副站长田某某进行了报告，副站长田某某得知后，立即向公司报告，并与薛某某一起进行搜寻。4 时 40 分左右，企业停止生产，组织在岗人员在全厂范围查找。10 时左右，副站长李某某在 2 号振动筛上找到一只残缺不全的脚。2 月 11 日，事故调查组专家在 3 号圆锥破碎机底部东侧溜板缝隙发现一段夹裹在棉袄袖内的残肢（包含右手五指及约 30 cm 的手臂）和一件破损并沾满血迹的棉袄。

2015 年 2 月 11 日，承德县公安局法医从专家组发现的手臂残肢上提取了肌肉组织样本，2015 年 2 月 12 日抽取张某某之子血液样本，当日由承德县公安局报送北京某司法鉴定所进行了 DNA 鉴定。2015 年 2 月 13 日，司法鉴定所出具了《DNA 鉴定意见书》，DNA 检测结果确认，残肢确定死者为张某某。

（3）事故原因分析

1）直接原因。破碎站 3 号圆锥破碎机岗位工张某某忽视安全，违反操作规程规定，冒险处理溜槽出料口卡料，被运输皮带带入 3 号圆锥破碎机，导致死亡。

2）间接原因如下：

①矿业公司安全管理不到位。未督促作业人员严格按安全管理规定作业，执行联保互保安全管理制度不到位，对作业人员违章作业、冒险作业的行为未能及时发现和有效制止。

②矿业公司安全教育和培训不到位，导致职工安全意识淡薄，违章作业，对生产过程中的危险因素认识不足。

③矿业公司在张某某职业健康检查结果为“心脏Ⅰ度房室阻滞、双耳听力异常”的情况下，未及时进行调岗处理。

（4）事故教训和整改措施

1）矿业公司要继续加强职工的安全生产教育和培训工作，切实提高职工的安全意识和危险因素辨识能力，增强职工的自我保护意识，坚决杜绝“三违”现象，同时加强职工体检筛查工作，对不符合岗位工作要求的人员及时调岗。

2）矿业公司要深刻吸取事故教训，严格落实隐患排查治理责任制度，对发现的事故隐患，要明确专人负责盯办，切实把隐患排查治理工作落到实处。

3）矿业公司要立即在公司内部全面开展隐患排查和治理活动，规范作业现场。要逐工艺、逐部位、逐设施排查事故隐患，对排查出的事故隐患要立即采取有效措施予以消除，切实防范类似事故再次发生，确保各岗位安全生产。

4）矿业公司要根据本企业的实际情况，进一步修改完善各工种的岗位操作规程，使之具有较强的可操作性，并监督本企业职工有效地贯彻落实，同时加强技术装备投入。

5）矿业公司要加强班前会工作，要充分利用班前会逐岗位宣讲安全操作规程，强调易发生事故的部位及注意事项，确保安全生产。

（5）相关知识与管理借鉴

在这起事故中，破碎站圆锥破碎机岗位工忽视安全，违反操作规程规定，冒险处理溜槽出料口卡料，结果被运输皮带带入圆锥破碎机导致死亡。

圆锥破碎机主要由机架、水平轴、动锥体、平衡轮、偏心套、上破碎壁（固定锥）、下破碎壁（动锥）、液力耦合器、润滑系统、液压系统、控制系统等部分组成，适用于冶金、建筑、化学及硅酸盐行业中原料的破碎，可以破碎中等和中等硬度以上的各种矿石和岩石。

1）圆锥破碎机开车前的检查、开车顺序及注意事项如下：

①开车前要注意检查润滑系统、防尘系统、传动部分、机体各部、弹簧部分、电气装置部分、液压部分等。

②运转前必须按检查项目的规定进行检查。

③开车按下列顺序进行：开动润滑油泵，确认机器各部已充分润滑，回油管回油 2 min，油压保持在 $0.7 \sim 1.5\ kg/cm^2$。开动液压油泵，操纵锁紧缸的换向阀，锁紧调整环。电机开停应按电机操作规程执行。电机启动后，应注意设备运转声音及电流表指示位置，有异常时应立即停车检查，处理正常后再开车。确认机器各部正常运转后，开动排矿皮带输送机，然后打开防尘（水）开关，开动给矿皮带输送机。

④检查电源设备时，应先切断电源开关，严禁带电作业，严禁用湿手操纵电气设备。

⑤工作中不准擅自离开工作岗位，未经有关领导批准不得将设备移交他人看管。

⑥油箱盖及轴承盖必须密封，严禁灰尘及杂物进入，润滑油必须经过冷却和过滤，冷却水压低于油压 0.25~0.5 kg/cm^{2}为宜。

2）圆锥破碎机运行中的维护及重点检查内容如下：

①运行中注意检查润滑系统、机体各部、防尘系统、电气系统情况，并详细填写运转记录。

②运转中不准移动防护装置，如有移动必须恢复原状后方可运转。

③在运转中，不能用手或身体触动运转部分及电气线路。

④运转中回油温度不能超过 60℃，如超过应及时采取减少给矿量、停车降温或换油等措施处理。

3）圆锥破碎机停车的操作顺序及注意事项如下：

①停车操作顺序如下：停止给矿，按停车按钮或切断电源开关，将电动机短路环置于停车位置，停润滑油泵和液压泵。

②无通知停电时，应采取如下措施：按停车顺序进行停车，清除破碎腔内全部矿石。因发生故障需停车检修时，要按规定进行，然后通知有关人员不得擅自进行处理，并详细填写到运转记录中。

57. 某矿业有限公司防护箱铁板突然掉落导致机械伤害事故

2015 年 2 月 1 日 3 时左右，承德某矿业有限公司（本案例中简称矿业公司）干选车间发生一起机械伤害事故，造成 1 人死亡，直接经济损失 120 余万元。

（1）企业基本情况

1）企业相关情况。矿业公司位于河北省承德市滦平县小营乡二道沟门村，注册资金 2 000 万元，经营范围为加工、销售铁精粉。该公司 2012 年 12 月 3 日成立，2013 年 1 月选矿厂建成并投产，设计年产铁精粉 80 万 t。企业全员职工 475 人。

2）生产情况。该公司选矿厂干选车间共有 7 台悬浮式干选机，正常生产时启动 4~5 台，分 3 个班次轮流作业，每班岗位工 3 名。工艺流程：铁矿石经过 2 次碎矿，粒径达到 10~12 mm，经筛分车间圆振动筛筛选后由皮带输送机输送到干选机内进行分离，精料进入粉矿堆输送到球磨机进行磨矿，废料进入排土场。

（2）事故经过和救援情况

1）事故发生经过。2015 年 2 月 1 日 2 时 58 分左右，矿业公司干选车间 1 号干选机下料口淤堵，车间岗位工段某某拿着锤子通过干选机防护箱顶部前往下料口疏通堵料。3 时左右，段某某疏通完下料口堵料后，经过干选机防护箱顶部返回时，防护箱顶部一块铁板突然掉落，段某某随铁板一起掉进干选机里，被卡在干选机尾轮和防护箱之间。

2）应急救援情况。段某某掉进 1 号干选机发出很大的声音，皮带工陈某某听到异常响动后，立即前往 1 号干选机察看，发现看管 1 号干选机的岗位工段某某不见了，岗位附近无人，随后立即向值班人员报告。值班经理张某某得知该情况后立即拨打“120”急救电话，并组织在场人员围绕 1 号干选机寻找段某某。3 时 14 分，冯某某发现段某某卡在干选机尾轮和防护箱之间，维修工拆下防护箱，把段某某从干选机里抬出来，立即送往滦平县医院进行抢救，4 时 03 分医院宣布段某某抢救无效死亡。

（3）事故原因分析

1）直接原因。岗位工段某某在设备运转状态下违规通过干选机防护箱顶部前往下料口处理淤料，在返回途中防护箱一块铁板突然掉落，段某某随铁板一起掉进干选机里，卡在干选机尾轮和防护箱之间，最终导致段某某死亡。

2）间接原因如下：

①矿业公司对员工安全教育和培训不到位，工人安全意识淡薄。

②矿业公司隐患排查不到位，对工人到干选机顶部违章作业行为没能及时发现。

③矿业公司对车间工人违章作业只是口头批评教育，处理不到位，安全管理制度流于形式，违章作业时有发生。

（4）事故教训和整改措施

1）矿业公司要加强职工安全教育和培训，提高职工安全意识，强化作业现场的安全管理，坚决杜绝“三违”现象发生。

2）矿业公司要开展全厂安全警示教育活动，重点分析事故经过和原因，并对责任人员进行通报，做到人人受警示、人人受教育。

3）矿业公司要进一步完善公司各项规章制度，明确各岗位职责，加强公司安全管理。

4）矿业公司要深刻吸取事故教训，严格落实企业安全生产主体责任，完善岗位安全责任制，对全公司进行一次彻底的隐患排查，并进行认真整改。

（5）相关知识与管理借鉴

在这起事故中，作业人员在设备运转状态下通过干选机防护箱顶部前往下料口处理淤料，这属于违章行为；接着在返回途中，防护箱一块铁板突然掉落，作业人员随铁板一起掉进干选机里，卡在干选机尾轮和防护箱之间，最终导致死亡，这应该属于设备隐患。上述隐患都没有被及时发现并消除。

在及时发现和消除事故隐患方面，可以借鉴某炼铁厂原料二车间丁工段二班构建事故预防体系的做法。

该炼铁厂原料二车间丁工段二班针对班组安全的特点，坚持从点滴着手，狠抓安全教育、安全行为、危险因素预防等工作的落实，不断提高班组成员在人防、物防和技防方面的安全技能，连续 12 年实现了安全生产无事故。

1）班组小舞台，教育唱“大戏”。该班从最简单的小问题入手，认真抓好各项安全教育活动，努力使职工从意识上实现由“要我安全”到“我要安全”的转变，将遵章作业转变为职工自觉的行动。该班组注意开好班前会，讲究针对性。虽然每天的生产任务、工作性质基本相同，但该班针对当班的具体生产任务部署安全防范措施的原则始终不变，尤其是遇到设备检修和有临时任务时，更是想在前，说在前，无论是节假日还是中夜班都雷打不动，5 min 时间同样起到预防的大作用。安排“互保对子”时，该班按照互补的原则，按人员工作经验多少、体力大小、性格差异等不同特点合理搭配，真正发挥“互保”的作用。在班前会上，该班还注意了解职工身体状况和精神状态，及时发现“危险人物”，在工作安排及“互保对子”搭配等方面采取相应的防护措施。

2）抓住“小重点”，预防做在前。该班善于梳理班组安全工作的“小重点”，采取相应措施，将预防工作做在前。一是确定“重点人”。班组对职工进行了分类，把性格急躁、冒险蛮干的职工定为安全工作的“危险分子”，发动职工和指定专人重点监护。二是设备隐患实行重点监控。原料仓库 6 号 20 t 桥式抓斗吊车，已负重运转了 30 多年，属于超期“服役”设备。该班每班安排专人对这台吊车进行详细检查，指定技术水平高、操作经验丰富的吊车司机操作，确保了这台吊车的正常运转。三是强化对危险作业方式的监控。原料仓库堆放了 10 多种原料，部分原料中大块原料和杂物较多，班里发动职工从运转皮带上把大块原料和杂物用手捡出。为了避免事故，该班要求职工捡大块原料时，必须站在安全栏杆处，遇到大块原料和杂物较多时停机捡出，并指派专人负责现场监护。

 58. 某矿业公司人员不停车清理输送漏料机械伤害事故

2014 年 2 月 19 日 23 时 23 分，承德县某矿业有限责任公司（本案例中简称矿业公司）三选厂筛分车间发生一起机械伤害事故，造成 1 人死亡，直接经济损失 92 万元。

（1）企业基本情况

1）企业相关情况。矿业公司企业性质为有限责任公司。该公司三选厂位于河北省承德县岔沟乡解营村上台子，始建于 2007 年 4 月，2008 年 3 月试生产，主要加工铁矿石和生产铁精粉。设计生产能力年产铁精粉 50 万 t，共有员工 141 人。副厂长王某某，负责该选厂全面工作，主要负责人、安全管理人员等相关资格证齐全有效。

2）生产情况。事故发生在该选厂破碎筛分车间。该车间三班运转生产，主要工作是将大块矿石加工破碎为粒度在 0～14 mm 的细小颗粒。车间内有 6 台圆振筛和 3 条 1.8 m 宽的输送皮带，事故发生时有 5 台圆振筛和 3 条输送皮带正在运转生产。

（2）事故经过和救援情况

2014 年 2 月 19 日 23 时 19 分，矿业公司三选厂破碎筛分车间岗位工卢某违规进入 4 号圆振筛下方 2 号皮带输送机尾轮下面清理漏料，23 时 23 分 39 秒卢某在从皮带底部爬出时，被皮带卷起夹到皮带与圆振筛下料口之间，造成头部、左臂、右小腿、腹部等部位受伤。

2 月 20 日零点班交接班的时候，破碎筛分车间岗位工王某某到工作现场接班，看见车间内的设备正在运转，但未发现当班工人卢某，4 号圆振筛平台的漏料也没有清理，就给本班工艺协调员汪某某打电话，汪某某又给当班工艺协调员许某某打电话询问卢某的下落。许某某在确认卢某没有下班的情况下，立即组织韩某某、汪某某、王

某某等6人分头寻找卢某。2月20日0时10分左右，许某某、王某某2人在4号圆振筛下料口内发现伤者后，立即关停圆振筛和圆振筛下料口处的2号皮带输送机，组织人员开始施救，同时报告选厂副厂长和公司主管安全的总经理助理袁某某以及公司安全处处长刘某某等人，并向县医院急救中心打电话，请求派急救车辆和医护人员。公司和厂领导赶到后，与在场人员共同研究救援方案。0时40分左右，救援人员用壁纸刀割断卢某挂在下料斗封闭螺栓处的衣服，从2号皮带输送机的西侧把伤者救出后，立即用棉被包裹送上公司在筛分车间门口等候的汽车，送往县医院救治。该车辆于1时20分左右在承德县六沟镇高速口附近与县医院的救护车辆相遇后，紧急将伤者抬上救护车，经医生检查，伤者已无生命体征，确认已经死亡。

（3）事故原因分析

1）直接原因。矿业公司三选厂破碎筛分车间岗位工违反安全操作规程，在没有停车的情况下，进入距作业平台高度仅0.56 m的输送皮带下面清理漏料，被皮带卷起夹到皮带与圆振筛下料口之间。

2）间接原因如下：

①矿业公司安全管理工作存在漏洞，隐患排查治理责任制度未得到及时有效落实。

②矿业公司三选厂破碎筛分车间2号皮带输送机尾轮防护装置损坏后未及时修复，隐患未及时整改。

③矿业公司安全教育和培训工作不到位，员工安全意识淡薄，对工作现场存在的事故隐患认识不足。

（4）事故教训和整改措施

1）矿业公司要继续加强职工的安全生产教育和培训工作，切实提高职工的安全意识和危险因素辨识能力，增强职工的自我保护意识，坚决杜绝“三违”现象。

2）矿业公司要深刻吸取事故教训，严格落实隐患排查治理责任制度，对发现的事故隐患，要明确专人负责盯办，切实把隐患排查治理工作落到实处。

3）矿业公司要立即在公司内部全面开展隐患排查和治理活动，规范作业现场。要逐工艺、逐部位、逐设施排查事故隐患，对排查出的事故要立即采取有效措施予以消除，切实防范类似事故再次发生，确保各岗位安全生产。

4）矿业公司要根据本企业的实际情况，进一步修改完善各工种的岗位操作规程，使之具有较强的可操作性，并监督本企业职工有效地贯彻落实，同时加强技术装备投入。

5）矿业公司要加强班前会工作，要充分利用班前会逐岗位宣讲安全操作规程，强调易发生事故的部位及注意事项，确保安全生产。

（5）相关知识与管理借鉴

在这起事故中，设备操作人员在未停车的情况下，进入距作业平台高度仅 0.56 m 的输送皮带下面清理漏料，被皮带卷起夹到皮带与圆振筛下料口之间导致死亡。发生事故的时间正是零点班交接班之前，之所以不停车清理漏料，就是为了节省时间，以便交接班之后能够立刻下班回家。

预防此类事故，要充分发挥班组的约束力，在这方面，中国某公司氧化铝厂六车间过滤清理班“提高员工安全技能，全面推进无伤害”的做法值得借鉴。

过滤清理班共有职工 12 名，包括过滤工、清理工、换布工、电焊工、起重工 5 个工种，其中持有特殊工种操作证的有 5 名职工。班组主要负责氢氧化铝过滤、种分分解系统清理检修、流程改造以及 10 台过滤机的换布工作。该班组根据本班组实际情况，建立了自身的目标：创建学习型班组，打造和谐团队，提高员工安全技能，实现

“人员无伤害、设备无隐患”目标，使班组工作逐步向本质化安全推进。

1）创建学习型班组，全面提高班组职工整体素质。清理班组的工作性质决定了班组职工经常处于各种危险状态之中，班组要实现“人员无伤害、设备无隐患”的目标，只有使班组职工不断增强安全意识和安全技能，提高危险辨识能力。为此，该班组根据自身特点，在提高职工素质上进行全员、交叉、换岗等多种形式的培训。为提高班组职工的学习积极性，班组开展了形式多样的安全活动。例如，班组职工轮流主持安全日活动，职工根据自己的特长确定活动主题，并提前通知班组，使班组其他成员了解主题，在活动中进行讨论、学习，通过安全活动达成共识，解决相应的问题。班组根据职工需要，每月进行一次生产、安全知识培训，经常性开展事故应急演练、各种作业的反事故演习、现场作业技术比武、安全知识竞赛等职工乐于参加的安全活动，提高职工应对突发事件的能力和综合素质，也增强了职工之间比、学、赶、帮、超的学习意识。

2）从规范制度入手，推进班组向本质化安全发展。没有规矩不成方圆，没有标准就不能保证各项工作的顺利进行。为此，班组首先对清理检修作业和各种操作行为进行危险辨识，然后逐步完善、补充每项危险因素，并结合实际情况制定每项作业活动的操作标准。通过标准的讨论、制定和实施，每一位职工在进行各种作业活动时都能够按标准操作，有效杜绝了事故的发生。

在规范职工作业行为、消除习惯性违章上，班组通过在活动中运用具体事故案例，辨识各种不规范行为的危害性，并在工作中要求做好互保、联保，发现他人违章必须及时制止。通过活动的开展，班组已经基本消除了不规范行为的发生。在工作中，班组定期对职工进行HSE（健康、安全、环境）教育培训，提高职工的危险辨识能力，并在对现场清理检修作业进行危险辨识的基础上，制定各种作业的危险预案，保障了清理检修作业的安全进行。

班组通过发动全员对现场隐患进行查找与治理，打造安全作业绿色通道，提高了职工的危险辨识能力，将事故隐患消除在萌芽状态，同时改善了职工的作业环境，使职工在安全、舒适的环境中快乐地工作。班组开展查隐患、堵漏洞活动，每月治理隐患 10 余项。

3）挖掘职工潜能和创新能力，增强班组凝聚力。在日常清理检修工作中，班组杜绝习惯性违章，在确保安全生产每一天的同时，注重挖掘每位职工的潜能和创新能力，为职工搭建施展才华的舞台。此外，班组还通过家访、搞联谊活动、轮值安全员、彼此交流、民主生活会、不断美化职工小家等形式，增进职工之间的感情，增强班组成员的责任感和集体荣誉感，营造和谐的班组氛围，达到相互理解、团结互助、形成班组合力的目的，使班组安全工作做到群策群力，齐心协力搞好“无伤害班组”的创建工作。